鄞州职业高级中学物流专业校本实训教材

供应链管理实务操作之设备篇

主　编　王永宏　冯　期

浙江工商大学出版社
ZHEJIANG GONGSHANG UNIVERSITY PRESS

图书在版编目(CIP)数据

供应链管理实务操作之设备篇 / 王永宏，冯期主编.
—杭州：浙江工商大学出版社，2015.6(2016.9 重印)
ISBN 978-7-5178-1070-4

Ⅰ. ①供… Ⅱ. ①王… ②冯… Ⅲ. ①供应链管理—职业高中—教材 Ⅳ. ①F252

中国版本图书馆 CIP 数据核字(2015)第 100121 号

供应链管理实务操作之设备篇

王永宏　冯　期　主编

责任编辑　吴岳婷　刘　韵
封面设计　许寅华
责任印制　包建辉
出版发行　浙江工商大学出版社
(杭州市教工路 198 号　邮政编码 310012)
(E-mail:zjgsupress@163.com)
(网址:http://www.zjgsupress.com)
电话:0571-88904980,88831806(传真)
排　　版　杭州朝曦图文设计有限公司
印　　刷　虎彩印艺股份有限公司
开　　本　787mm×1092mm　1/16
印　　张　18.5
字　　数　411 千
版 印 次　2015 年 6 月第 1 版　2016 年 9 月第 2 次印刷
书　　号　ISBN 978-7-5178-1070-4
定　　价　37.00 元

浙江工商大学出版社营销部邮购电话　0571-88904970

编写委员会

顾　问　王任祥　闵亨峰

总主编　汤　涛

编　委　王永宏　冯　期　艾　玲　倪君海　董金才　洪燕琴

李璐璐　王　勇　孙徐晨　曹飞梅　李亚荣

审　稿　沈　哲(《供应链管理实务操作之设备篇》)

李秋正(《国际货运代理实务操作之海运出口篇》)

傅仕伟(《金蝶 K/3 V12.1 软件操作之供应链篇》)

金文姬(《叉车驾驶技能》)

总序

PREFACE

物流业是融合运输、仓储、货代、信息等产业的复合型服务业，是支撑国民经济发展的基础性、战略性产业。物流业的快速发展也使物流人才成为我国12类紧缺人才之一。培养具有扎实的物流理论知识、丰富的实践能力和创新意识的应用型物流人才，已成为当前中职物流教学的当务之急。

然而，中职物流专业的发展也只是近十年的事情。在这个新兴专业的建设过程中我们遇到过很多困惑，也做了很多努力。其中，最大的一个问题就是如何有效地开展物流实训教学工作。

物流专业本身涵盖多个方向，实训室建设又缺乏统一标准。因此，明确专业方向、配置专业设备是物流实训教学的基础。我校本着“以服务为宗旨、以就业为导向、以能力为本位”的职业教育指导思想，以“学生技能与企业需求无缝对接”的基本原则，在明确仓储配送、货运代理、物流信息处理为主要方向的基础上，结合物流企业实际，在进行物流实训室的建设时完全遵循企业标准：以工业级的标准配备仓储配送实训室，使其达到商业零售企业供应链管理之操作要求；以在本地货代企业市场占有率最高的国际货运软件HY2008为核心软件配备货代实训室，使其达到货代企业业务操作之要求；以市场知名度较高的金蝶K/3 V12.1 ERP软件为核心软件配备物流信息操作实训室，使其达到对企业信息平台操作之要求。在完成实训平台的建设之后，配套实训教材的开发已迫在眉睫。

为此，我们邀请长期工作在科研、教学一线的专家、教授作为本配套丛书的编写顾问，邀请企业资深专家与我们的一线老师组成编写团队，针对当前企业对中职物流人才的能力需求，结合我校物流实训平台，编写了“中职物流专业实训教材丛书”。该丛书包括《供应链管理实务操作之设备篇》《国际货运代理实务操作之海运出口篇》《金蝶K/3 V12.1软件操作之供应链篇》《叉车驾驶技能实训教材》《供应链管理实务操作之流程篇》《国际货运代理实务操作之海运进口与空运篇》《金蝶K/3 V12.1软件操作之商业零售与生产制造篇》。涵盖了本专业所确定的专业方向的核心实训课程。首次出版一期开发的四种教材，后续我们还将编写并出版剩余的三种教材。

本丛书在设计过程中，大胆预测未来教材的新趋势，努力将实训教材打造成全媒体教材。教材以模块化、项目化、任务驱动的方式突出对学生技能的培养，让学生在做中学。每本教材又在重、难点上设置有二维码，学生可利用无线终端设备(如 IPAD、手机等)，通过我们定制开发的 APP 终端程序，以扫描二维码的方式登录到后台教学资源库，随时访问我们的微课资源，并能浏览课程介绍，完成在线测试、师生互动、群组讨论等活动。使静态教材与动态资源库实现完美对接。

本丛书的编写团队由一线老师与企业专家组成，他们均具有丰富的教学经验与生产实践经验，使教材更具实用性。教材内容凸显企业实际操作，培养学生实际动手能力，有利于激发学生的学习兴趣。

本丛书的编写得到金蝶软件(中国)有限公司宁波分公司、浙江省邮政速递物流有限公司宁波市分公司、宁波鹏信国际货运代理有限公司、宁波港技工学校的大力支持，再次向他们表示真挚的感谢!

希望本丛书的编写，能为我国中职物流专业实训教育教学更上一个台阶提供帮助，这是我们最大的心愿。

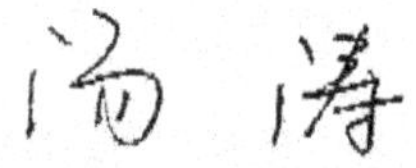

2014 年 10 月

前 言

PERFACE

“供应链管理实务操作之设备篇”是我国中等职业学校物流管理专业的一门公共基础课,是中职学校物流管理专业进行物流实训教学的第一层次的课程。该课程实践性很强,要求学生对物流常用设备有很好的理解和操作能力,我们编写本教材就是从基本实践能力培养的角度出发,让学生通过我们的引导和实训的安排,循序渐进地掌握相关设备的运用。

随着经济全球化大环境的形成,生产和流通领域在结构、运营和管理等方面都发生了很大的改革与发展,生产系统与流通产业的结合越来越紧密,企业在产品供应链中的伙伴关系更加明晰,物流活动的现代化、全球化、科学化、信息化、规模化的特点将十分突出,本书就是为了适应现代化物流快速发展的需要而编写,可以作为中职学校学生学习的实训指导用书。

全书共分为8个模块,内容如下:

模块一为集装设备,主要介绍了重叠式堆码、纵横交错式堆码、正反交错式堆码和旋转交错式堆码这4种常用的堆码方式。模块二为装卸/搬运设备,主要介绍了手推车、手动液压托盘车、手动插腿式液压叉车和半电动叉车的使用。模块三为包装设备,主要介绍了胶带切割器、纸塑两用打包机、塑料薄膜封口机、自动封箱机、自动打包机、半自动栈板打包机和PE膜专用热收缩机的使用方法。模块四为分拣设备,具体讲解了摘取式和播种式两种分拣方式的区别。模块五为打印设备,主要介绍了激光打印机、票据打印机和条码打印机的常规操作方式。模块六为信息采集与处理设备,主要介绍了RF手持在仓储管理中的各种操作。模块七为自动化立体库,主要介绍了如何通过仓储软件实线全自动化仓储管理的方法。模块八为超市管理,主要介绍了电子标签与门禁以及超市POS机的基本操作。

本书由王永宏提出编写思路,负责全书知识链接的补充和图像的采集与编辑,冯期完成全书的实训目标、任务说明、实训准备、实训内容和注意事项的编写。在本书的编写过程中,得到了宁波邮政速递有限公司艾玲、浙江大学宁波理工学院沈哲的大力支持,编者在此一并表示感谢。

本书的编写指导思想是尽量吸取最新和成熟的物流仓储技术,努力反映当前物流基础教育的教学实践要求,力图通俗易懂、适合教学、方便自学,尽量体现知识的科学性、先进性。本书虽经认真讨论,反复修改,但限于编者水平,错误仍在所难免,衷心希望广大任课教师、学生和读者指正,使本书在使用中不断补正和完善。

编　者

2014年9月

目录
CONTENTS

模块一　集装设备

项目　堆码

任务一　重叠式堆码

【实训目标】

按规范要求在规定时间内完成重叠式堆码作业。

【任务说明】

重叠式堆码方式也称直堆法，是逐件、逐层向上重叠堆码，一件压一件的堆码方式，即各层码放方式相同，上下对应。其优点是易于操作，四个角边垂直，承载力大，缺点是层间缺少咬合，稳定性差。适用于自动堆码，需对堆码加固。该任务安排1/2课时，每个学生规定用时3分钟。

【实训准备】

4个1200mm×1000mm木制标准托盘；50个285mm×380mm×270mm纸箱、70个190mm×370mm×270mm纸箱，两种纸箱各分两组，无须混箱，准备阶段场地、物料摆放参考图1-1-1、图1-1-2，本次实训学生共分4个小组，两种纸箱各分两组。

图 1-1-1

图 1-1-2

【实训内容】

共分4个小组，两种纸箱各分两组。单人操作，安排每个托盘4名学生实训，一名学生操作，一名学生进行操作前准备，两名学生检查评分，并实行职责轮流变换制度。实训教师负责讲解操作任务的作业流程、操作步骤、技术规范和注意事项，组织管理学生进行操作并在实训中进行检查、指导，纠正学生的错误。

【注意事项】

1. 堆码过程中严禁脚踩托盘。

2. 堆码过程中必须遵循由远及近的原则。

3. 堆码过程中严禁野蛮操作，不能扔、丢、摔货品。

4. 堆码过程中禁止跨越货品。

【操作步骤】

1. 将纸箱平行排列，根据托盘规格决定列数和每列的数量。

2. 堆码过程中按先远后近的原则堆码。

3. 将底层的纸箱堆码整齐，箱与箱之间不留空隙。

4. 箱与箱的交界面为正面与正面交接，侧面与下侧面衔接。

5. 将纸箱逐层堆码，层与层之间的纸箱平行，纸箱的四个角边重叠，方向相同直到堆码完成。

重叠式堆码完成后参考图 1-1-3、图 1-1-4。

图 1-1-3

图 1-1-4

【知识链接】

1. 堆码的概念。堆码(Stacking)指将物品整齐、规则地摆放成货垛的作业(可以有或者无托盘)。

2. 托盘的概念。托盘(Pallet)用于集装、堆放、搬运和运输的放置作为单元负荷的货物和制品的水平平台装置。

【考核评价】

日　期：　　年　　月　　日　　　　　　　　节　次：

操作人：

评分要素表

序号	作业环节	说明	级别	分值	箱数/次数	小计
1	码盘操作	码盘方式选择不当(按托计数)，包括： 1.码盘方式选择不当(参考码垛示意图) 2.没有隔层交错堆码 3.货物超出托盘边缘 4.四面均能看到纸箱条码标签和包装标识(同一面的条码标签和包装标识的数量比例不限)	4级	2		
2	码盘操作	1.人工搬运时，一次搬运超过1个纸箱或者整列移动货物(按纸箱个数计数) 2.堆码过程中脚踩托盘 3.堆码过程中未遵循由远及近原则 4.堆码过程中野蛮操作，扔、丢、摔货品 5.堆码过程中跨越货品	5级	2		
心得体会						

填表人：

【课后作业】

1.当堂上交考核评分表。

2.简述重叠式堆码的含义。

3.简述重叠式堆码的优、缺点。

4.分别解释堆码、托盘的概念。

任务二　纵横交错式堆码

【实训目标】

按规范要求在规定时间内完成纵横交错式堆码作业。

【任务说明】

纵横交错式堆码指相邻摆放旋转90度，一层横向放置，另一层纵向放置的堆码方式。其优点是每层间有一定咬合效果，缺点是咬合强度不高。该任务安排1/2课时，每个学生规定用时3分钟。

【实训准备】

4 个 1200mm×1000mm 木制标准托盘；50 个 285mm×380mm×270mm 纸箱、70 个 190mm×370mm×270mm 纸箱；两种纸箱各分两组，无须混箱，共分四组。准备阶段场地、物料摆放参考图 1-1-1 和图 1-1-2。本次实训学生共分 4 个小组，两种纸箱各分两组。

【实训内容】

共分 4 个小组，两种纸箱各分两组。单人操作，安排每个托盘 4 名学生实训，一名学生操作，一名学生进行操作前准备，两名学生检查评分，并实行职责轮流变换制度。实训教师负责讲解操作任务的作业流程、操作步骤、技术规范和注意事项，组织管理学生进行操作并在实训中进行检查、指导和纠正学生的错误。

【操作步骤】

1. 纸箱的每层堆码方式同重叠式一样，水平同方向摆放。

2. 纸箱的第二层与底层旋转 90 度摆放，如此循环，直到堆码结束。

纵横交错式堆码完成后参考图 1-1-5、图 1-1-6。

图 1-1-5

图 1-1-6

【知识链接】

1. 集装的概念：集装指用集装器具或采用捆扎方法，把物品组成标准规格的单元货件，以加快装卸、搬运、储存、运输等物流活动。

2. 托盘的种类：

(1)以托盘制造材料分类，包括木托盘、塑料托盘、纸托盘、钢托盘、复合材料托盘。

(2)以托盘应用范围分类，包括平托盘、柱式托盘、箱式托盘、轮式托盘、特种专用托盘。

【考核评价】

日 期： 年 月 日 节 次：

操作人：

评分要素表

序号	作业环节	说明	级别	分值	箱数/次数	小计
1	码盘操作	码盘方式选择不当(按托计数)，包括： 1.码盘方式选择不当(参考码垛示意图)。 2.没有隔层交错堆码。 3.货物超出托盘边缘。 4.四面均能看到纸箱条码标签和包装标识(同一面的条码标签和包装标识的数量比例不限)。	4 级	2		
2	码盘操作	1.人工搬运时，一次搬运超过 1 个纸箱或者整列移动货物(按纸箱个数计数)。 2.堆码过程中脚踩托盘。 3.堆码过程中未遵循由远及近原则。 4.堆码过程中野蛮操作，扔、丢、摔货品。 5.堆码过程中跨越货品。	5 级	2		
心得体会						

填表人：

【课后作业】

1.当堂上交考核评分表。

2.解释集装概念。

3.简述托盘的种类。

任务三 正反交错式堆码

【实训目标】

按规范要求在规定时间内完成正反交错式堆码作业。

【任务说明】

正反交错式堆码指同一层中，不同列的以 90 度垂直码放，相邻两层的码放形式是另一层旋转 90 度形式的堆码方式。这种方式类似于建筑上的砌砖方式，不同层间咬合强度较高，相邻层之间不重逢，因而码放后稳定性较高，但操作性较为麻烦，且包装体之间不是垂直且相互承受荷载。该任务安排 1/2 课时，每个学生规定用时 3 分钟。

【实训准备】

4 个 1200mm×1000mm 木制标准托盘；50 个 285mm×380mm×270mm 纸箱、70 个 190mm×370mm×270mm 纸箱；两种纸箱各分两组，无须混箱，共分四组。准备阶段场地、物料摆放参考图 1-1-1 和图 1-1-2。本次实训学生共分 4 个小组，两种纸箱各分两组。

【实训内容】

共分 4 个小组，两种纸箱各分两组。单人操作，安排每个托盘 4 名学生实训，一名学生操作，一名学生进行操作前准备，两名学生检查评分，并实行职责轮流变换制度。实训教师负责讲解操作任务的作业流程、操作步骤、技术规范和注意事项，组织管理学生进行操作并在实训中进行检查、指导和纠正学生的错误。

【操作步骤】

1. 每层纸箱在排列的时候，列与列之间的纸箱垂直放置。
2. 箱与箱的交接面为正面与侧面衔接。
3. 层与层之间的纸箱摆放的时候，上层的纸箱与下层的纸箱旋转 90 度摆放。

正反交错式堆码参考图 1-1-7、图 1-1-8。

图 1-1-7

图 1-1-8

【知识链接】

选择托盘可以从以下几个方面考虑：(1)托盘尺寸；(2)应用承载的要求；(3)托盘材料；(4)托盘结构；(5)成本。

【考核评价】

日　期：　　　年　　　月　　　日　　　　　　　　节　次：

操作人：

评分要素表						
序号	作业环节	说明	级别	分值	箱数/次数	小计
1	码盘操作	码盘方式选择不当(按托计数),包括： 1. 码盘方式选择不当(参考码垛示意图)。 2. 没有隔层交错堆码。 3. 同层中不同列没有垂直码放。 4. 货物超出托盘边缘。 5. 四面均能看到纸箱条码标签和包装标识(同一面的条码标签和包装标识的数量比例不限)。	4 级	2		
2	码盘操作	1. 人工搬运时,一次搬运超过 1 个纸箱或者整列移动货物(按纸箱个数计数)。 2. 堆码过程中脚踩托盘。 3. 堆码过程中未遵循由远及近原则。 4. 堆码过程中野蛮操作,扔、丢、摔货品。 5. 堆码过程中跨越货品。	5 级	2		
心得体会						

填表人：

【课后作业】

1. 当堂上交考核评分表。
2. 解释正反交错堆码方式。
3. 请问如何选择托盘类型？

任务四　旋转交错式堆码

【实训目标】

按规范要求在规定时间内完成旋转交错式堆码作业。

【任务说明】

旋转交错式堆码是指第一层相邻的两个包装体互为 90 度,两层间的码放又相差 180 度,这样相邻两层之间互相咬合交叉的一种堆码方式。其上的纸箱稳定性较高,不易塌垛。其缺点是,码放的难度较大,且中间形成空穴,降低了托盘的利用效率。该任务安排 1/2 课时，每个学生规定用时 3 分钟。本次实训学生共分 4 个小组，两种纸箱各分两组。

【实训准备】

4 个 1200mm×1000mm 木制标准托盘；50 个 285mm×380mm×270mm 纸箱、70 个 190mm×370mm×270mm 纸箱；两种纸箱各分两组，无须混箱，共分四组。准备阶段场地、物料摆放参考图 1-1-1 和图 1-1-2。本次实训学生共分 4 个小组，两种纸箱各分两组。

【实训内容】

本次实训学生共分 4 个小组，两种纸箱各分两组。单人操作，安排每个托盘 4 名学生实训，一名学生操作，一名学生进行操作前准备，两名学生检查评分，并实行职责轮流变换制度。实训教师负责讲解操作任务的作业流程、操作步骤、技术规范和注意事项，组织管理学生进行操作并在实训中进行检查、指导和纠正学生的错误。

【操作步骤】

1. 相邻的纸箱相互垂直旋转摆放，根据托盘及纸箱的规格，也可以两个纸箱为一个单位相互垂直摆放。

2. 每个堆码单位的交接面必须有一个正面和一个侧面。

旋转交错式堆码参考图 1-1-9、图 1-1-10。

图 1-1-9

图 1-1-10

【知识链接】

1. 托盘标准化的理由。托盘是物流产业中最基本的集装单元和搬运器具，它随着货物在生产商、批发商、销售商和用户之间流通。托盘的这种流通性，要求托盘尺寸要与产品包装模数相适应，以保证托盘有最佳的载货效率；要与各类叉车尺寸相适应，以优化装卸效率；要与货架规格相适应，以提高仓储效率；要与货运汽车、货运火车、集装箱规格相适应，以改善运输效率，所以托盘尺寸是物流产业最为基础、最为典型的关联性标准。

2. 我国托盘尺寸的标准。我国物流专家在 2006 年提出对我国托盘标准进行修订。在充分考虑我国对欧美贸易、东北亚贸易和东盟贸易发展的现实需要，我国托盘使用现状，当前物流设备之间的系统性，ISO 世界标准化组织 2003 年推荐的 6 种规格之间的互换性与相近性，托盘规格多样降低物流系统运行效率的弊端等因素，充分借鉴国际经验和广泛听取专家意见基础上，最终选定 1200mm×1000mm 和 1100mm×1100mm 两种规格作为我国托盘的国家标准，并向企业优先推荐使用前者，以实现逐步过渡到一种托盘规格的理想目标。

【考核评价】

日 期： 年 月 日 节 次：

操作人：

评分要素表

序号	作业环节	说明	级别	分值	箱数/次数	小计
1	码盘操作	码盘方式选择不当(按托计数)，包括： 1.码盘方式选择不当(参考码垛示意图)。 2.没有隔层交错堆码。 3.货物超出托盘边缘。 4.四面均能看到纸箱条码标签和包装标识(同一面的条码标签和包装标识的数量比例不限)。	4 级	2		
2	码盘操作	1.人工搬运时，一次搬运超过 1 个纸箱或者整列移动货物(按纸箱个数计数)。 2.堆码过程中脚踩托盘。 3.堆码过程中未遵循由远及近原则。 4.堆码过程中野蛮操作，扔、丢、摔货品。 5.堆码过程中跨越货品。	5 级	2		
心得体会						

填表人：

【课后作业】

1.当堂上交考核评分表。

2.解释托盘标准化的理由。

3.我国确定的托盘标准尺寸是多少？

【总结】

一、四种堆码方式的优缺点

1.重叠式堆码：优点是易于操作，四个角边垂直，承载力大；缺点是层间缺少咬合，稳定性差。

2.纵横式堆码：优点是每层间有一定咬合效果；缺点是咬合强度不高。

3.正反交错式堆码：优点是不同层间咬合强度较高，相邻层之间不重逢，因而码放后稳定性较高；缺点是操作性较为麻烦。

4.旋转交错式堆码：优点是纸箱稳定性较高，不易塌垛；缺点是，码放的难度较大，且中间形成空穴，降低了托盘的利用效率。

二、堆码的基本要求

1. 堆码过程中严禁脚踩托盘。
2. 堆码过程中必须遵循由远及近的原则。
3. 堆码过程中严禁野蛮操作，扔、丢、摔货品。
4. 堆码过程中严禁跨越货品。

模块二　装卸/搬运设备

项目一　手推车

任务一　小件搬运

【实训目标】

在规定时间内按要求完成小件搬运任务。

【任务说明】

小件搬运指学生取空周转箱放置到手推车上，根据流通加工单从货架区取相应的货品放入周转箱内并推行至加工区进行加工或装箱作业的操作，考验学生识单拣货和驾车平衡的能力。该任务安排1/2课时，每个学生规定用时5分钟。

【实训准备】

手推车1辆(轮式扶手可折叠载重50kg以上)；5个480mm×380mm×150mm的周转箱；模拟货品光盘盒若干；流通加工单1张。该任务安排一个4人小组进行操作。

【实训内容】

本节课由4个任务组成，分别是手推车小件搬运，纵横交错式堆码、正反交错式堆码和旋转交错式堆码。实训时共分为4组。授新课时，全大组同学集中进行听讲，由老师示范演示手推车小件搬运操作。待授课结束后，四个组进行轮换练习，一名学生操作，一名学生进行操作前准备，两名学生检查评分。具体轮换方式见下表2-1-1。

表2-1-1

	手推车小件搬运	纵横交错式堆码(中箱)	正反交错式堆码(小箱)	旋转交错式堆码(小箱)
第一轮	第一组	第二组	第三组	第四组
第二轮	第二组	第三组	第四组	第一组
第三轮	第三组	第四组	第一组	第二组
第四轮	第四组	第一组	第二组	第三组

续 表

	手推车小件搬运	纵横交错式堆码(中箱)	正反交错式堆码(小箱)	旋转交错式堆码(小箱)
第五轮	第一组	第二组	第三组	第四组

【注意事项】

1. 禁止使用手推车载人(图 2-1-1)。
2. 禁止操作员单脚踩在手推车上滑行(图 2-1-2)。
3. 禁止载货时逆向推行(图 2-1-3)。

图 2-1-1

图 2-1-2

图 2-1-3

【操作步骤】

小件搬运

第一步:领取流通加工单。

流通加工单

仓库:SCM 实训室　　　　客户:家乐福超市　　客户指令号:CK20120801001

货品编码	货品名称	规格	单位	数量	批号	备注
6900000000021	小熊学英语 第二阶段		个	4	201201	
6900000000052	小熊学电脑 第一阶段		个	5	201202	
6900000000137	小熊学美术 第一阶段		个	4	201203	
6900000000175	小熊学数学 第一阶段		个	7	201204	

第二步:从设备摆放区提取手推车如图 2-1-4、图 2-1-5。

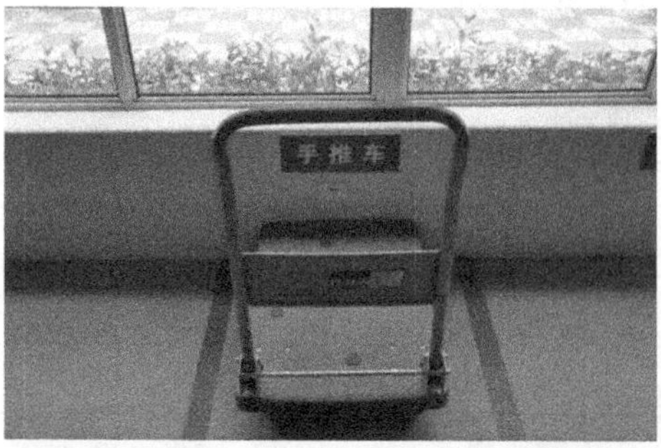

图 2-1-4

图 2-1-5

第三步:将手推车推至周转箱摆放区,根据流通加工单取一定数量的周转箱放置在手推车上,如图 2-1-6。

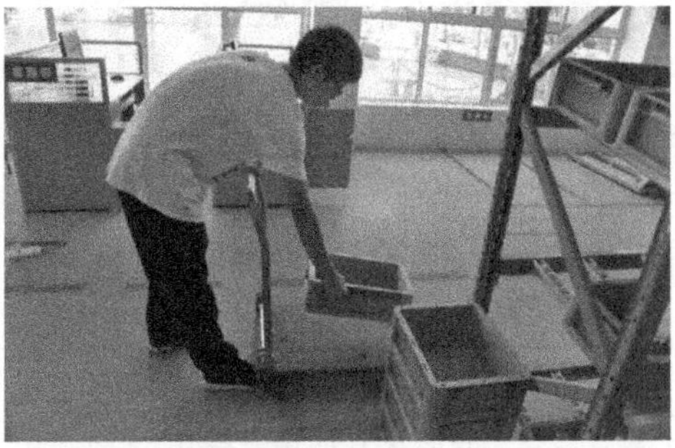

图 2-1-6

第四步:将手推车沿作业通道推至货架区,根据单子上的信息进行拣货下架,如图 2-1-7。

图 2-1-7

第五步:沿着通道将车安全地推至加工区卸货,等待流通加工,如图 2-1-8。

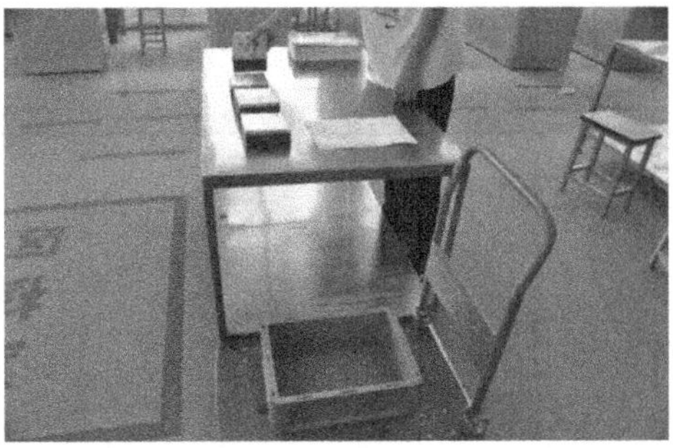

图 2-1-8

第六步:将手推车、周转箱归位。(推行线路可由教师根据场地实际情况进行设计)

【知识链接】

一、搬运(**Handling/Carrying**)的概念

在同一场所内,对物品进行水平移动为主的物流作业。

二、装卸(Loading and unloading)的概念

指物品在指定地点以人力或机械装入运输设备或卸下。

【考核评价】

日　期：　　年　　月　　日　　　　　　　　节　次：

操作人：

评分要素表

序号	作业环节	说明	级别	分值	箱数/次数	小计
1	规范要求	人工跨区搬运货品或装有货品的周转箱	4 级	1		
2	5S 要素	周转箱、手推车未归位(按未归位设备计数)	3 级	0.6		
3	安全	货物或人员及设备压实线或超出区域(货物按箱计数,人员和设备按发生次数计数)	4 级	1		
4	安全	货物散件掉落(按货品掉落的个数计数)	3 级	0.6		
5	安全	作业过程中人员、设备、设施之间发生碰撞或者人员摔倒	4 级	1		
6	安全	置设备于无人看管(按发生次数计数,设备移动作为计数点)	2 级	0.4		
7	安全	1. 使用手推车载人 2. 使用手推车滑行 3. 手推车载货逆向推行	6 级	2		
心得体会						

填表人：

【课后作业】

1. 当堂上交考核评分表。
2. 分别解释搬运、装卸的概念。

任务二　纸箱搬运

【实训目标】

在规定时间内按要求完成纸箱搬运任务。

【任务说明】

纸箱搬运是指将封箱打包好的纸箱用手推车运至发货理货区，并根据纸箱上不同的客户标签进行卸货，要求不同客户间的纸箱要分开，最后将手推车归位的操作。该任务安排1/2课时，每个学生规定用时5分钟。

【实训准备】

手推车1辆(轮式，扶手可折叠，载重50kg以上)；规格为370mm×190mm×270mm的纸箱2个，货品名称为五月花卷筒纸；规格为380mm×285mm×270mm的纸箱2个，货品名称为康师傅天然水；规格为480mm×320mm×200mm的纸箱1个，货品名称为雀巢优活；客户标签3种5张，分别为家乐福2张、沃尔玛2张、欧尚1张，客户标签根据小件分拣单进行粘贴；该任务安排一个4人小组进行操作。

【实训内容】

一、课堂组织

本节课由4个任务组成，分别是手推车纸箱搬运，纵横交错式堆码、正反交错式堆码和旋转交错式堆码。实训时共分为4组。授新课时，全大组同学集中进行听讲，由老师示范演示手推车纸箱搬运操作，待授课结束后，四个组进行轮换练习，一名学生操作，一名学生进行操作前准备，两名学生检查评分。具体轮换方式见表2-1-2：

表2-1-2

	手推车纸箱搬运	纵横交错式堆码(小箱)	正反交错式堆码(小箱)	旋转交错式堆码(中箱)
第一轮	第一组	第二组	第三组	第四组
第二轮	第二组	第三组	第四组	第一组
第三轮	第三组	第四组	第一组	第二组
第四轮	第四组	第一组	第二组	第三组
第五轮	第一组	第二组	第三组	第四组

二、实训过程

第一步：根据客户数量(家乐福、沃尔玛、欧尚)领取相应的(3张)小件分拣单。

小件分拣单1

仓库：SCM实训室　　　　客户：家乐福超市　　　客户指令号：CK20120801002

货品编码	货品名称	规格	单位	数量	批号	备注
6922233611362	五月花卷筒纸		箱	2	201205	

小件分拣单 2

仓库:SCM 实训室　　客户:沃尔玛超市　　客户指令号:CK20120801003

货品编码	货品名称	规格	单位	数量	批号	备注
6942417395437	康师傅天然水		箱	2	201206	

小件分拣单 3

仓库:SCM 实训室　　客户:欧尚超市　　客户指令号:CK20120801004

货品编码	货品名称	规格	单位	数量	批号	备注
6918976555599	雀巢优活		箱	1	201207	

第二步:从设备摆放区提取手推车。

图 2-1-9

第三步:将手推车推至包装区,如图 2-1-9。

第四步:领取客户标签。

第五步:将客户标签根据小件分拣单粘贴在对应的货品外包装上,如图 2-1-10。

图 2-1-10

第六步:将已完成封箱、打包的货品搬至手推车上,注意大不压小、重不压轻。

第七步：沿着通道将货品安全推至发货理货区卸货，并按照不同的客户加以区分，如图2-1-11。

图 2-1-11

第八步：将手推车归位；推行线路根据教学实际场地进行设计。

【注意事项】

1. 搬运时严禁出现重压轻、大压小现象，如图 2-1-12。

图 2-1-12

2. 卸货时严禁未按客户区分，如图 2-1-13。

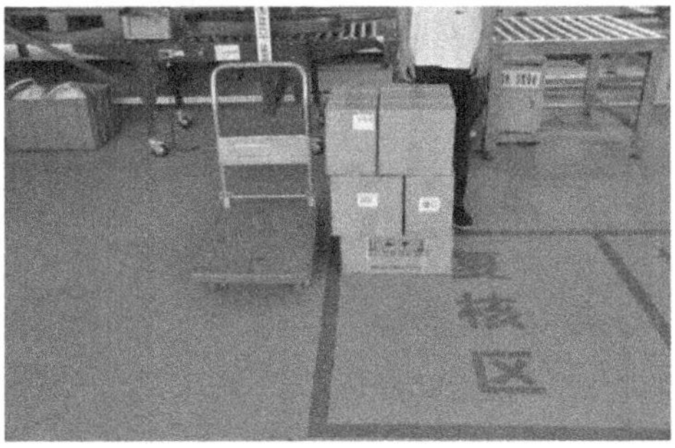

图 2-1-13

3. 严禁客户标签粘贴与单据不符。

【知识链接】

一、周转箱的概念

周转箱也称为物流箱，适用于工厂物流中的运输、配送、储存、流通加工等环节。周转箱可与多种物流容器和工位器具配合，用于各类仓库、生产现场等多种场合，能帮助完成物流容器的通用化、一体化管理，是生产及流通企业进行现代化物流管理的必备品。

二、单元装卸(**Unit loading and unloading**)的概念

用托盘、容器或包装物将小件或散装物品集成一定重量或体积的组合件，以便利用机械进行作业的装卸方式。

【考核评价】

日　期：　　年　　月　　日　　　　　　　节　次：

操作人：

评分要素表

序号	作业环节	说明	级别	分值	箱数/次数	小计
1	规范要求	人工跨区搬运货品或装有货品的周转箱	4级	1		
2	规范要求	1.搬运时出现重压轻、大压小现象 2.卸货时未按客户区分 3.客户标签粘贴与单据不符	4级	1		
3	5S要素	手推车未归位(按未归位设备计数)	3级	0.6		
4	安全	货物或人员及设备压实线或超出区域(按货物按箱计数，人员和设备按发生次数计数)	4级	1		
5	安全	货物整箱掉落(按货品掉落的个数计数)	3级	0.6		
6	安全	作业过程中人员、设备、设施之间发生碰撞或者人员摔倒	4级	1		
7	安全	置设备于无人看管(按发生次数计数，设备移动作为计数点)	2级	0.4		
8	安全	1.使用手推车载人 2.使用手推车滑行 3.手推车载货逆向推行	6级	2		
心得体会						

填表人：

【课后作业】

1.当堂上交考核评分表。

2.分别解释周转箱与单元装卸的概念。

项目二　手动液压托盘车

任务一　空载操作

【实训目标】

在规定时间内按要求完成取车、进叉提升、运行、停车降叉、归车的操作。

【任务说明】

手动液压托盘车空载操作是指运用手动液压托盘车将空托盘提升驶离及停车下降的操作。要求学生在提升中做到人车不动，运行中安全平稳，停车时要领规范地操作。该任务安排 1/2 课时，每个学生规定用时 5 分钟。

【实训准备】

手动搬运车一辆；一个 1200mm×1000mm 的托盘。该任务安排一个 4 人小组进行操作。

【实训内容】

一、课程组织

本节课由 4 个任务组成，分别是手动液压托盘车空载操作，手推车小件搬运、旋转交错式堆码和正反交错式堆码。实训时共分为 4 组。授新课时，全大组同学集中进行听讲，由老师示范演示手动液压托盘车空载操作。待授课结束后，四个组进行轮换练习，一名学生操作，一名学生进行操作前准备，两名学生检查评分。具体轮换方式见下表 2-2-1。

表 2-2-1

	液压车空载操作	手推车小件搬运	旋转交错式堆码（中箱）	正反交错式堆码（小箱）
第一轮	第一组	第二组	第三组	第四组
第二轮	第二组	第三组	第四组	第一组
第三轮	第三组	第四组	第一组	第二组
第四轮	第四组	第一组	第二组	第三组
第五轮	第一组	第二组	第三组	第四组

二、实训过程

第一步：从设备停放区取一辆手动液压托盘车进入空托盘，如图 2-2-1、图 2-2-2。

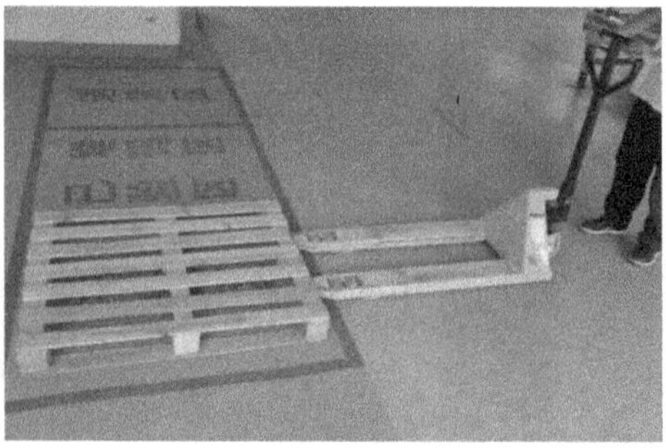

图 2-2-1

图 2-2-2

第二步：人双脚弓步站立，一只手将手柄按下，摆动手臂将货叉升起，注意上升时保持托盘稳定不动，如图 2-2-3、图 2-2-4。

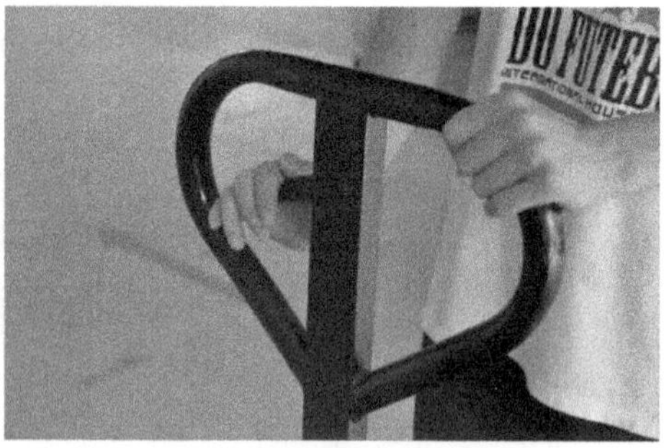

图 2-2-3

图 2-2-4

第三步：待托盘离地后，将手柄回至空档，将手推车驶出，如图 2-2-5。

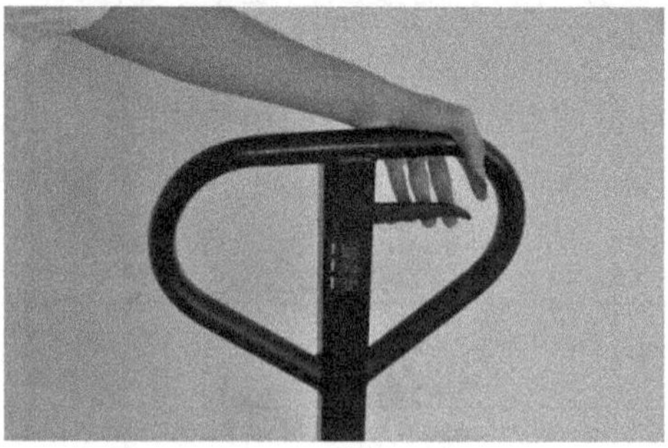

图 2-2-5

第四步：停车时，将手柄抬指上端，等货叉完全和托盘分离后手柄旋转 90 度，如图 2-2-6、图 2-2-7。

图 2-2-6

图 2-2-7

第五步：将车辆停放至设备区。

【注意事项】

1. 绝对禁止在手柄提升时载人，如图 2-2-8。

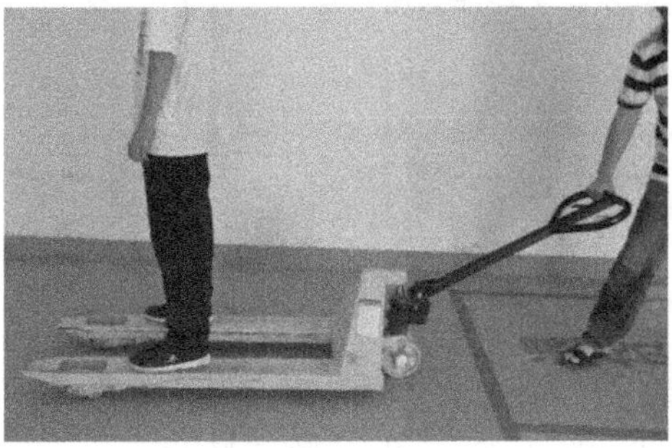

图 2-2-8

2. 禁止人站在搬运车上滑行、扭动前行等，如图 2-2-9、图 2-2-10。

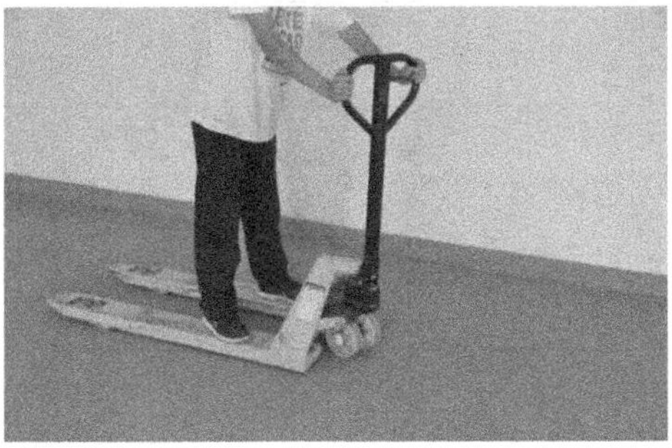

图 2-2-9

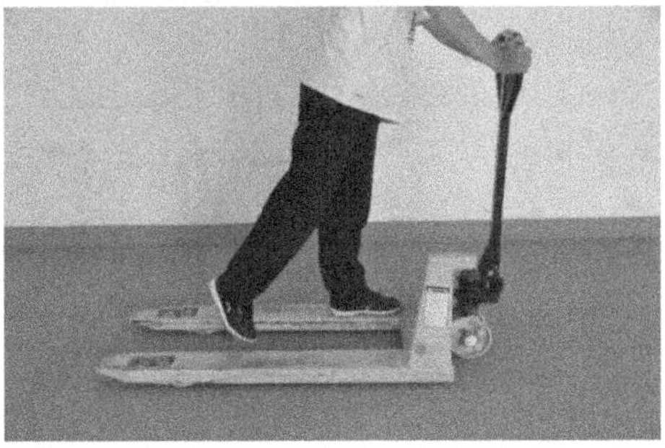

图 2-2-10

【知识链接】

一、手动液压托盘车的概念

手动液压托盘车是工厂、仓库、车间最为常用的搬运工具，因为其造型简单，功能强大而美其名曰“地牛”，拥有提升、搬运、放下三大功能，操作简单，灵活方便是最常见的装卸搬运设备之一。

二、液压的概念

液压就是通过液压油来传递压力的装置。一个完整的液压系统由五个部分组成，即动力元件、执行元件、控制元件、辅助元件和液压油。液压由于其传动力量大，易于传递及配置，在工业、民用行业得到应用广泛。

【考核评价】

日　期：　　年　　月　　日　　　　　　　　节　次：

操作人：

评分要素表

序号	作业环节	说明	级别	分值	箱数/次数	小计
1	手动搬运车操作	进退叉失误（按发生次数计数）：在插取和退出过程中货叉与托盘相刮蹭	2级	0.4		
2	手动搬运车操作	行进起降叉（按发生次数计数）	2级	0.4		
3	手动搬运车操作	不规范停放（按发生次数计数）： 1.停放时手动搬运车牵引杆未扭转90度刹车 2.停放时未降叉	4级	1		
4	5S管理	手动搬运车未归位（按未归位设备计数）	3级	0.6		
5	安全	作业过程中人员、设备、设施之间发生碰撞或者人员摔倒	4级	1		
6	安全	置设备于无人看管（按发生次数计数，设备移动作为计数点）	2级	0.4		
7	安全	1.手柄提升时载人 2.人站在搬运车上滑行、扭动前行等	4级	1		
心得体会						

填表人：

【课后作业】

1. 当堂上交考核评分表。
2. 解释手动液压托盘车的概念。

任务二　载货操作

【实训目标】

在规定时间内按要求完成取车、绕桩、归车的操作。

【任务说明】

手动液压托盘车载货操作是指运用手动液压托盘车将载有一定数量纸箱推或拉进行绕桩的操作。要求学生在行驶时平稳驾驶，不能碰撞。该任务安排 1/2 课时，每个学生规定用时 5 分钟。

【实训准备】

手动搬运车 1 辆；1 个 1200mm×1000mm 的托盘；40 个 190mm×370mm×270mm；交通桩 4 个，摆放间距为 1.5 米。该任务安排一个 4 人小组进行操作。

【实训内容】

一、课程组织

本节课由 4 个任务组成，分别是手动液压托盘车载货绕桩操作，手推车小件搬运、正反交错式堆码和旋转交错式堆码。实训时共分为 4 组。授新课时，全大组同学集中进行听讲，由老师示范演示手动液压托盘车载货绕桩操作。待授课结束后，四个组进行轮换练习，一名学生操作，一名学生进行操作前准备，两名学生检查评分。具体轮换方式见表 2-2-2：

表 2-2-2

	液压车载货绕桩操作	手推车小件搬运	正反交错式堆码（中箱）	旋转交错式堆码（小箱）
第一轮	第一组	第二组	第三组	第四组
第二轮	第二组	第三组	第四组	第一组
第三轮	第三组	第四组	第一组	第二组
第四轮	第四组	第一组	第二组	第三组
第五轮	第一组	第二组	第三组	第四组

二、实训过程

第一步：从设备停放区取一辆手动液压托盘车进入载有货物的托盘。

第二步：人双脚弓步站立，一只手将手柄按下，摆动手臂将货叉升起，注意上升时保持托盘稳定不动。

第三步：待托盘离地后，将手柄回至空档，将搬运车驶出进行推行或拉行绕桩，如图 2-2-11、图 2-2-12。

图 2-2-11

图 2-2-12

第四步：将车辆停放至设备区。

【知识链接】

1. 整托、散托的概念。

整托和散托是相对而言的，整托指出库下架的托盘需要在发货理货区卸下托盘上所有的货品；散托指出库下架的托盘在发货理货区只需卸下部分货品，其他的货品连同托盘还需放回到托盘交接区并重新返库上架。

【考核评价】

日　期：　　年　　月　　日　　　　　　　　节　次：

操作人：

评分要素表

序号	作业环节	说明	级别	分值	箱数/次数	小计
1	手动搬运车操作	进退叉失误（按发生次数计数）：在插取和退出过程中货叉与托盘相刮蹭	2 级	0.4		
2	手动搬运车操作	行进起降叉（按发生次数计数）	2 级	0.4		
3	手动搬运车操作	不规范停放（按发生次数计数）： 1. 停放时手动搬运车牵引杆未扭转 90 度刹车 2. 停放时未降叉	4 级	1		
4	5S 管理	手动搬运车未归位（按未归位设备计数）	3 级	0.6		
5	安全	作业过程中人员、设备、设施之间发生碰撞或者人员摔倒	4 级	1		
6	安全	置设备于无人看管（按发生次数计数，设备移动作为计数点）	2 级	0.4		
7	安全	1. 手柄提升时载人 2. 人站在搬运车上滑行、扭动前行等	4 级	1		

续　表

评分要素表	
心得体会	

填表人：

【课后作业】

1. 当堂上交考核评分表。
2. 解释整托、散托的概念。
3. 手动液压托盘搬运车使用完毕归位时，为防止搬运车溜动，应如何处置？
4. 想一想整托盘货物卸完后，搬运车归位前空托盘该怎么处置？

项目三　手动插腿式液压叉车

任务一　空载操作

【实训目标】

在规定时间内完成手动叉车空载启动、行驶、升、降、制动等规范操作。

【任务说明】

手动插腿式液压叉车主要控制部件的功能介绍，空载完成手动叉车的起步，行驶，制动，货叉升、降训练。该任务安排 0.5 课时，每个学生规定用时 6 分钟。

【实训准备】

手动插腿式液压叉车 1 部；交通桩 4 个，以间距 1.5 米进行摆放。该任务安排一个 4 人小组进行操作。

【实训内容】

一、课程组织

本节课由 4 个任务组成，分别是手动叉腿式液压车空载操作，手动液压托盘车载货操作、手推车纸箱搬运和正反交错式堆码。实训时共分为 4 组。授新课时，全大组同学集中进行听讲，由老师示范演示手动叉腿式液压车空载操作。待授课结束后，四个组进行轮换练习，一名学生操作，一名学生进行操作前准备，两名学生检查评分。具体轮换方式见表2-3-1。

表 2-3-1

	手动叉腿式液压车空载操作	手动液压托盘车载货操作	手推车纸箱搬运	正反交错式堆码（小箱）
第一轮	第一组	第二组	第三组	第四组
第二轮	第二组	第三组	第四组	第一组
第三轮	第三组	第四组	第一组	第二组
第四轮	第四组	第一组	第二组	第三组
第五轮	第一组	第二组	第三组	第四组

二、实训过程

第一步：学生佩戴安全帽到手动叉车指定的停放位置，如图 2-3-1。

图 2-3-1

第二步：检查货叉是否降至最低位，若未降至最低位，松开控制阀，交货叉降至最低位，如图 2-3-2。

图 2-3-2

第三步：解除脚刹制动，如图 2-3-3。

图 2-3-3

第四步:按规定线路空车绕桩行驶(4 根交通桩间距为 1.5 米),如图 2-3-4。

图 2-3-4

第五步:停车,踩脚刹,如图 2-3-5。

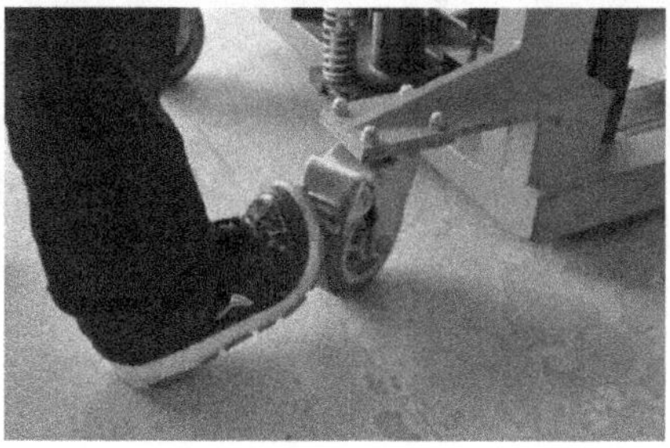

图 2-3-5

第六步:检查控制阀是否旋紧,若未旋紧,则必须顺时针旋紧控制阀。

第七步:使用操作手柄起升货叉至规定高度(规定高度参照重型货架第二层横梁高度),如图 2-3-6。

图 2-3-6

第八步：货叉升至规定高度后，逆时针旋松控制阀，将货叉降至最低位，如图 2-3-7。

图 2-3-7

第九步：顺时针旋紧控制阀，使用脚踩器起升货叉至规定高度（规定高度参照重型货架第二层横梁高度）。

第十步：货叉升至规定高度后，逆时针旋松控制阀，将货叉降至最低位。

第十一步：按规定线路，将叉车驶回指定位置，车辆归位，制动；安全帽交还。

【注意事项】

1. 操作手动叉车过程中，必须佩戴安全帽。

2. 在叉车行驶过程中，任何人不得站立在货叉上，如图 2-3-8。

图 2-3-8

3. 起升、降落货叉的过程中，任何人不得站立在货叉上，如图 2-3-9。

图 2-3-9

4. 任何时候，不得有人员站立在货叉下，如图 2-3-10。

图 2-3-10

5. 降叉速度不能过快，恰当控制控制阀，以合理速度降落货叉。

6. 操作过程中需谨慎小心，不得与人员、其他设备发生碰撞。

【知识链接】

搬运活性指数是指搬运某种状态下的物品所需要进行的四项作业(集中、搬起、运走)中已经不需要进行的作业数目。

【考核评价】

日　期：　　年　　月　　日　　　　　　　　节　次：

操作人：

评分要素表

序号	作业环节	说明	级别	分值	箱数/次数	小计
1	堆高车操作	1. 刹车处置不当(按发生次数计数)：停止、起升货叉时未按规定踩下刹车，行驶时未松开刹车 2. 不规范停放(按发生次数计数)：停放堆高车时须踩下脚刹、并将货叉落下	2 级	0.4		
2	堆高车操作	行进中，货叉离地超过 30cm(按发生次数计数)	2 级	0.4		
3	堆高车操作	驾驶堆高车未戴安全帽(按发生次数计数)	4 级	1		
4	安全	作业过程中人员、设备、设施之间发生碰撞或者人员摔倒	4 级	1		
5	安全	置设备于无人看管(按发生次数计数，设备移动作为计数点)	2 级	0.4		

续 表

评分要素表						
6	安全	1.行驶、升降过程中，人员站立在货叉上 2.货叉下有人站立 3.控制阀放得太快	6 级	2		
7	5S 要素	堆高车未归位(按未归位设备计数)	3 级	0.6		
心得体会						

填表人：

【课后作业】

1. 当堂上交考核评分表。
2. 在操作手动液压叉车时应注意哪些安全问题?

任务二　载货上、下架

【实训目标】

在规定时间内完成手动叉车启动、行驶、上下架、制动等规范操作。

【任务说明】

本次任务分两个过程，第一个过程载货上架要求学生驾驶插腿式液压叉车将托盘存放区内的一托货物进行上架，第二个过程载货下架要求学生把之前上架的那一托进行下架，放置到托盘交接区，然后将车辆归位。该任务安排 1/2 课时，每个学生规定用时 6 分钟。

【实训准备】

手动插腿式液压叉车 1 部；载货托盘 1 托；横梁式重型货架 1 组；该任务安排一个 4 人小组进行操作。

【实训内容】

一、课程组织

本节课由 4 个任务组成，分别是手动叉腿式液压车载货上、下架操作，手动液压托盘车载货操作、手推车小件搬运和旋转交错式堆码。实训时共分为 4 组。授新课时，全大组同学集中进行听讲，由老师示范演示手动叉腿式液压车载货上、下架操作。待授课结束后，四个组进行轮换练习，一名学生操作，一名学生进行操作前准备，两名学生检查评分。具体轮换方式见表 2-3-2：

表 2-3-2

	手动叉腿式液压车载货上、下架操作	手动液压托盘车载货操作	手推车小件搬运	旋转交错式堆码（小箱）
第一轮	第一组	第二组	第三组	第四组
第二轮	第二组	第三组	第四组	第一组
第三轮	第三组	第四组	第一组	第二组
第四轮	第四组	第一组	第二组	第三组
第五轮	第一组	第二组	第三组	第四组

二、实训过程

第一步：学生佩戴安全帽到手动叉车指定的停放位置。

第二步：检查货叉是否降至最低位，若未降至最低位，松开控制阀，将货叉降至最低位。

第三步：解除脚刹制动。

第四步：按规定线路行驶至托盘交接区（规定线路可由教师根据场地情况灵活规划），如图 2-3-11。

图 2-3-11

第五步：将货叉叉入托盘底部，停车，踩脚刹；检查控制阀是否旋紧，若未旋紧，则必需顺时针旋紧控制阀。

第六步：使用手柄或脚踏致托盘与地面完全脱离后解除脚刹，驾驶叉车至空货位前并调整至最佳位置。

第七步：踩脚刹，使用脚踏起升货叉至相应高度（相应高度指货架一层或二层的底层距离），如图 2-3-12。

图 2-3-12

第八步：解除脚刹，驾驶叉车水平推进，至托盘进入空储位并处于安全状态。

第九步：踩脚刹，逆时针旋松控制阀，使货叉降至托盘和横梁之间。

第十步：使用脚踏起升货叉至托盘于底部横梁分离即可。

第十一步：解除脚刹，驾驶叉车驶出货位并使托盘处于安全状态。

第十二步：踩脚刹，逆时针旋松控制阀，使货叉降至离地面 30cm 以内不能触地。

第十三步：解除脚刹，驾驶车辆把托盘放入托盘交接区，踩脚刹。

第十四步：解除脚刹，按规定线路，将叉车驶回指定位置，车辆归位，制动，安全帽交还。

【注意事项】

1. 操作手动叉车过程中，必须佩戴安全帽。
2. 在叉车行驶过程中，任何人不得站立在货叉上。
3. 起升、降落货叉的过程中，任何人不得站立在货叉上。
4. 任何时候，不得有人员站立在货叉下。
5. 降叉速度不能过快，恰当控制控制阀，以合理速度降落货叉。
6. 操作过程中需谨慎小心，不得与人员、其他设备发生碰撞。

【知识链接】

一、什么是装卸搬运合理化？

装卸搬运合理化是指以尽可能少的人力和物力消耗，高质量、高效率地完成仓库的装卸搬运任务，保证供应任务的完成。装卸搬运合理化，是针对装卸不合理而言。合理与不合理是相对的，由于各方面客观条件的限制，不可能达到绝对合理。

二、装卸搬运合理化的标志是什么？

1. 装卸搬运次数最少。
2. 装卸搬运距离最短。
3. 各作业环节衔接要好。
4. 库存物品的装卸搬运活动性指数较高、可移动性强。

【考核评价】

日　期：　　年　　月　　日　　　　　　　　节　次：

操作人：

评分要素表

序号	作业环节	说明	级别	分值	箱数/次数	小计
1	堆高车操作	1.刹车处置不当(按发生次数计数)：停止、起升货叉时未按规定踩下刹车，行驶时未松开刹车 2.不规范停放(按发生次数计数)：停放堆高车时须踩下脚刹、并将货叉落下	2级	0.4		
2	堆高车操作	行进中，货叉离地超过30cm(按发生次数计数)	2级	0.4		
3	堆高车操作	驾驶堆高车未戴安全帽(按发生次数计数)	4级	1		
4	安全	作业过程中人员、设备、设施之间发生碰撞或者人员摔倒	4级	1		
5	安全	置设备于无人看管(按发生次数计数，设备移动作为计数点)	2级	0.4		
6	安全	1.行驶、升降过程中，人员站立在货叉上 2.货叉下有人站立 3.控制阀放得太快	6级	2		
7	5S要素	堆高车未归位(按未归位设备计数)	3级	0.6		
心得体会						

填表人：

【课后作业】

1.当堂上交考核评分表。

2.简述装卸搬运合理化的标志有哪些。

项目四　半电动叉车

任务一　空载操作

【实训目标】

在规定时间内完成半电动叉车空载启动、行驶、升、降、制动等规范操作。

【任务说明】

半电动叉车主要控制部件的功能介绍，空载完成半电动叉车的起步、行驶、制动、货叉升、降训练。该任务安排 1/2 课时，每个学生规定用时 6 分钟。

【实训准备】

半电动叉车一辆；交通桩两个，桩距 3 米。该任务安排一个 4 人小组进行操作。

【实训内容】

一、课程组织

本节课由 4 个任务组成，分别是半电动叉车空载操作，插腿式叉车载货上、下架操作，手动液压托盘车载货操作和手推车纸箱搬运。实训时共分为 4 组。授新课时，全大组同学集中进行听讲，由老师示范演示半电动叉车空载操作。待授课结束后，四个组进行轮换练习，一名学生操作，一名学生进行操作前准备，两名学生检查评分。具体轮换方式见表 2-4-1：

表 2-4-1

	半电动叉车空载操作	插腿式叉车载货上、下架操作	手动液压托盘车载货操作	手推车纸箱搬运
第一轮	第一组	第二组	第三组	第四组
第二轮	第二组	第三组	第四组	第一组
第三轮	第三组	第四组	第一组	第二组
第四轮	第四组	第一组	第二组	第三组
第五轮	第一组	第二组	第三组	第四组

二、实训过程

第一步：学生佩戴安全帽到手动叉车指定的停放位置，打开电源开关，如

图 2-4-1、图 2-4-2。

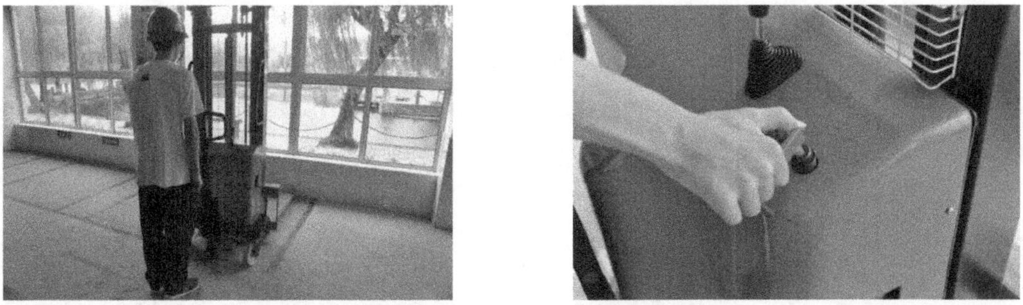

图 2-4-1 中力牌半电动堆高车

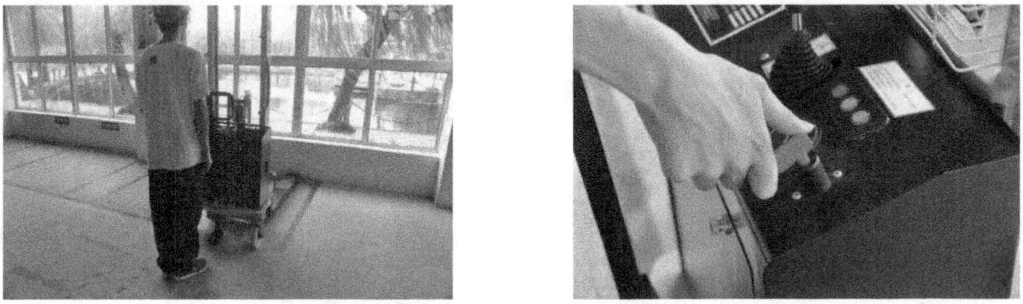

图 2-4-2 龙工牌半电动堆高车

第二步：检查货叉是否降至最低位，若未降至最低位，后拉（龙工）/前推（中力）操纵杆将货叉降至最低位，如图 2-4-3、图 2-4-4。

图 2-4-3

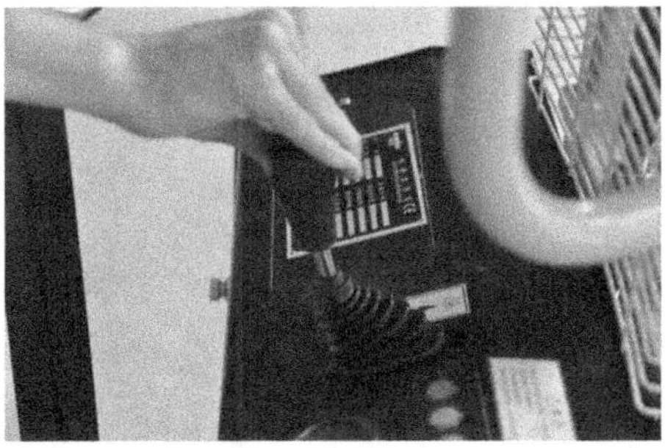

图 2-4-4

第三步：解除脚刹制动，如图 2-4-5、图 2-4-6。

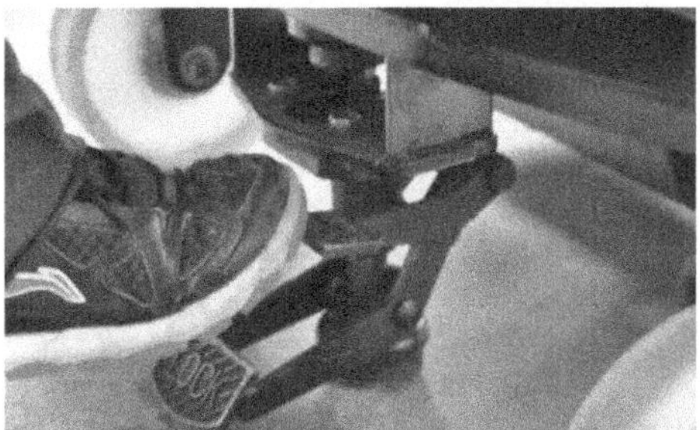

图 2-4-5

图 2-4-6

第四步：按规定线路空车行驶，具体指拉或推堆高车绕两个交通桩行驶（非 S 型），如图 2-4-7、图 2-4-8。

图 2-4-7

图 2-4-8

第五步：停车，踩脚刹，如图 2-4-9、图 2-4-10。

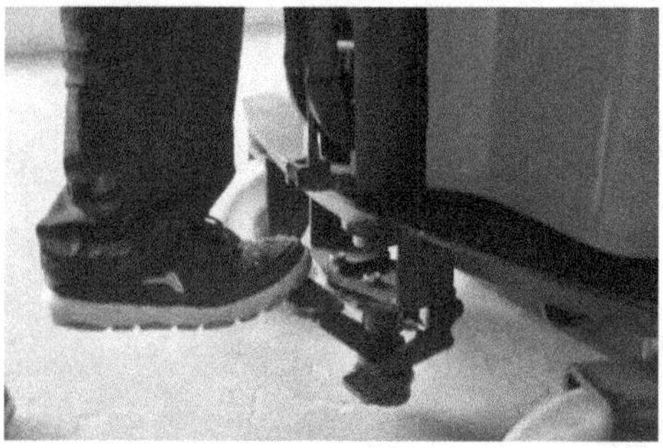

图 2-4-9

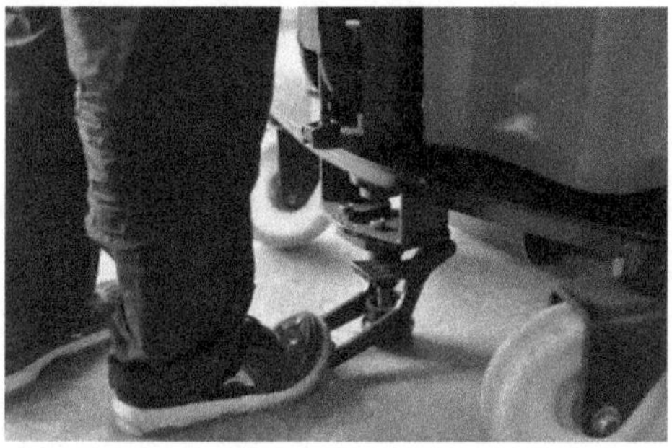

图 2-4-10

第六步：后拉（中立）/前推（龙工）推操纵杆起升货叉至规定高度（规定高度参照重型货架第二层横梁高度），如图 2-4-11。

图 2-4-11

第七步：后拉操纵杆使货叉降至底部。

第八步：解除脚刹，按规定线路，将叉车驶回指定位置，车辆归位，制动；安全帽交还。

【注意事项】

1. 操作半电动叉车过程中，必须佩戴安全帽。

2. 在叉车行驶过程，任何人不得站立在货叉上，如图 2-4-12。

图 2-4-12

3. 起升、降落货叉的过程中，任何人不得站立在货叉上，如图 2-4-13。

图 2-4-13

4. 降落货叉时，任何人不得站立在货叉下，如图 2-4-14。

图 2-4-14

5. 操作过程中须谨慎小心，不得与人员、其他设备发生碰撞。

6. 禁止停放在坡道或台阶上。

7. 禁止骑跨操作，如图 2-4-15。

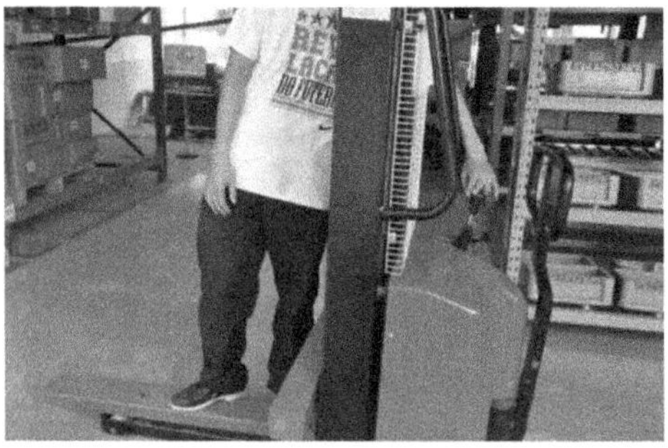

图 2-4-15

【知识链接】

一、堆高车的定义

堆高车是指对成件托盘货物进行装卸、堆高、堆垛和短距离运输作业的各种轮式搬运车辆。国际标准化组织 ISO/TC110 称为工业车辆。其结构简单、操控灵活、微动性好、防爆安全性能高。适用于狭窄通道和有限空间内的作业，是高架仓库、车间装卸托盘化的理想设备。

二、电动堆高车概述

电动堆高车是一种以电动机为动力，蓄电池为能源的工业搬运车辆，是指对成件托盘货物实行装卸、堆高、堆垛和短距离运输作业的各种轮式搬运车辆。

【考核评价】

日　期：　　　年　　　月　　　日　　　　　　　　　节　次：

操作人：

评分要素表

序号	作业环节	说明	级别	分值	箱数/次数	小计
1	堆高车操作	1. 刹车处置不当(按发生次数计数)：停止、起升货叉时未按规定踩下刹车，行驶时未松开刹车 2. 不规范停放(按发生次数计数)：停放堆高车时须踩下脚刹、并将货叉落下	2 级	0.4		
2	堆高车操作	行进中，货叉离地超过 30cm(按发生次数计数)	2 级	0.4		
3	堆高车操作	驾驶堆高车未戴安全帽(按发生次数计数)	4 级	1		
4	安全	作业过程中人员、设备、设施之间发生碰撞或者人员摔倒	4 级	1		
5	安全	置设备于无人看管(按发生次数计数，设备移动作为计数点)	2 级	0.4		

续 表

评分要素表						
6	安全	1. 行驶、升降过程中，人员站立在货叉上 2. 货叉下有人站立 3. 骑跨操作	6 级	2		
7	5S 要素	堆高车未归位(按未归位设备计数)	3 级	0.6		
心得体会						

填表人：

【课后作业】

1. 当堂上交考核评分表。
2. 操作半电动堆高车时应注意哪些安全事项？
3. 解释堆高车的含义。

任务二 载货上、下架

【实训目标】

在规定时间内完成半电动叉车启动、行驶、上下架、制动等规范操作。

【任务说明】

本次任务分两个过程，第一个过程载货上架要求是学生驾驶半电动叉车将托盘存放区内的一托货物进行上架，第二个过程载货下架要求把之前上架的那一托进行下架，放置到托盘交接区，然后将车辆归位。该任务安排 1/2 课时，每个学生规定用时 6 分钟。

【实训准备】

半电动叉车 1 部；载货托盘 1 托；横梁式重型货架 1 组；该任务安排一个 4 人小组进行操作。

【实训内容】

一、课程组织

本节课由 4 个任务组成，分别是半电动叉车载货上、下架操作，插腿式叉车载货上、下架操作、手动液压托盘车载货操作和手推车纸箱搬运。实训时共分为 4 组。授新课时，全大组同学集中进行听讲，由老师示范演示半电动叉车载货上、下架操作。待授课结束后，四个组进行轮换练习，一名学生操作，一名学生进行操作前准备，两名学生检查评分。具体轮换方式见表 2-4-2：

表 2-4-2

	半电动叉车载货上、下架操作	插腿式叉车载货上、下架操作	手动液压托盘车载货操作	手推车纸箱搬运
第一轮	第一组	第二组	第三组	第四组
第二轮	第二组	第三组	第四组	第一组
第三轮	第三组	第四组	第一组	第二组
第四轮	第四组	第一组	第二组	第三组
第五轮	第一组	第二组	第三组	第四组

二、实训过程

第一步：学生佩戴安全帽到半电动叉车指定的停放位置，打开电源开关。

第二步：检查货叉是否降至最低位，若未降至最低位，后拉操纵杆将货叉降至最低位。

第三步：解除脚刹制动。

第四步：按规定线路空车行驶向托盘交接区，路线参照任务一中的路线，如图 2-4-16。

图 2-4-16

第五步：将货叉叉入托盘底部，停车，踩脚刹。

图 2-4-17

第六步：前推操纵杆至托盘与地面完全脱离后解除脚刹，驾驶叉车至空货位前并调整至最佳位置，如图 2-4-17。

第七步:踩脚刹,前推操纵杆使货叉升至相应高度(相应高度指货架一层或二层的底层距离)。

第八步:解除脚刹,驾驶叉车水平推进,至托盘进入空储位并处于安全状态。

第九步:踩脚刹,后拉操纵杆,使货叉降至托盘和横梁之间。

第十步:前推操纵杆,起升货叉至托盘于底部横梁分离即可。

第十一步:解除脚刹,驾驶叉车驶出货位并使托盘处于安全状态。

第十二步:踩脚刹,后拉操纵杆,使货叉降至离地面 30cm 以内但不能触地。

第十三步:解除脚刹,驾驶车辆把托盘放入托盘交接区,踩脚刹。

第十四步:解除脚刹,按规定线路,将叉车驶回指定位置,车辆归位,制动;关闭电源,安全帽交还。

【注意事项】

1. 操作手动叉车过程中,必须佩戴安全帽。
2. 在叉车行驶过程,任何人不得站立在货叉上。
3. 起升、降落货叉的过程中,任何人不得站立在货叉上。
4. 降落货叉时,任何人不得站立在货叉下。
5. 操作过程中需谨慎小心,不得与人员、其他设备发生碰撞。
6. 禁止停放在坡道或台阶上。
7. 禁止骑跨操作。

【知识链接】

电瓶充电方法:

1. 打开堆高车电锁开关,当显示电压表警示红格灯亮或者点击发出不正常的蜂鸣声时,则必须充电。严禁使用至电量全无再充电。

2. 将充电机插头插入充电插座内,另一端接通 220V 的交流电源。这时“POWER”指示灯亮(红灯亮),经过数秒后,工作指示灯(中间绿灯)亮,充电机将自动按正常充电程序进行充电;如蓄电池没有连接,则充电机将一直处于待机状态(电源指示灯亮)。当电瓶电量充满以后,指示灯(绿灯)亮。充电结束后拔掉充电插头结束充电。

3. 充电必须在无光线直射、通风、干燥的地方进行。

4. 长期不使用时,应该对蓄电池每月进行一次充放电操作。

【考核评价】

日　期：　　年　　月　　日　　　　　　　　节　次：

操作人：

评分要素表

序号	作业环节	说明	级别	分值	箱数/次数	小计
1	堆高车操作	1. 刹车处置不当(按发生次数计数)：停止、起升货叉时未按规定踩下刹车，行驶时未松开刹车 2. 不规范停放(按发生次数计数)：停放堆高车时须踩下脚刹、并将货叉落下	2 级	0.4		
2	堆高车操作	行进中，货叉离地超过 30cm(按发生次数计数)	2 级	0.4		
3	堆高车操作	驾驶堆高车未戴安全帽(按发生次数计数)	4 级	1		
4	安全	作业过程中人员、设备、设施之间发生碰撞或者人员摔倒	4 级	1		
5	安全	置设备于无人看管(按发生次数计数，设备移动作为计数点)	2 级	0.4		
6	安全	1. 行驶、升降过程中，人员站立在货叉上 2. 货叉下有人站立 3. 骑跨操作	6 级	2		
7	5S 要素	堆高车未归位(按未归位设备计数)	3 级	0.6		
心得体会						

填表人：

【课后作业】

1. 当堂上交考核评分表。
2. 回答半电动堆高车电瓶充电方法。

模块三　包装设备

项目一　胶带切割器

任务一　手工封箱

【实训目标】

在规定时间内封 3 个纸箱。

【任务说明】

手工封箱前先简要说明如何安装胶带切割器与胶带，然后对纸箱进行两面封口，要求学生掌握封箱技巧，一次性既快又好地完成封箱作业。该任务安排 1/4 课时，每个学生规定用时 3 分钟。

【实训准备】

工作台 1 张；工具箱 1 个；胶带切割器 1 个；胶带 1 个；未封口的纸箱 3 个。该任务安排一个 4 人小组进行操作。

【实训内容】

一、课程组织

本节课由 4 个任务组成，分别是：胶带切割器封箱、手动打包器打包、塑料薄膜封口机小件封口及自动封箱机全自动双面封箱。授新课时，全大组同学集中跨立听讲，由老师示范演示切割器和胶带的组装和封箱的规范操作。待授课结束后，教师引领全组学生依次讲解其余任务。待四项任务讲授结束，学生开始分小组进行操作，一名学生操作，一名学生进行操作前准备，两名学生检查评分。具体轮换方式见表 3-1-1：

表 3-1-1

	手工封箱	手动打包	薄膜小件封口	全自动封箱
第一轮	第一组	第二组	第三组	第四组
第二轮	第二组	第三组	第四组	第一组

续 表

	手工封箱	手动打包	薄膜小件封口	全自动封箱
第三轮	第三组	第四组	第一组	第二组
第四轮	第四组	第一组	第二组	第三组
第五轮	第一组	第二组	第三组	第四组

二、实训过程

第一步：从纸箱存放区拿 3 个纸板箱到工作台，如图 3-1-1。

图 3-1-1

第二步：从工具箱内取胶带切割器，若切割器与胶带没有组装，根据老师讲解完成两者的组装，如图 3-1-2。

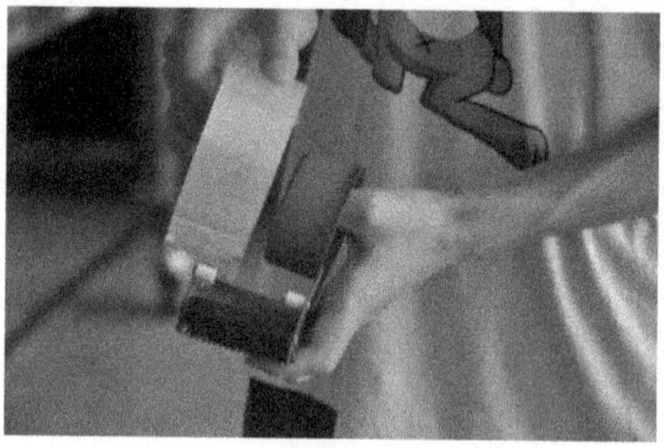

图 3-1-2

第三步：根据包装标识，将纸箱上层朝下放稳，底面各两边翻折，如图 3-1-3。

图 3-1-3

第四步：右手正确佩戴切割器，左手拉出胶带粘与纸箱侧面并按住，如图 3-1-4。

图 3-1-4

第五步：右手往另一侧拉切割器，当纸箱两边重合时将胶带按下，左手顺势一捋。

第六步：右手用切割器将胶带切除，尽可能保持两面胶带深度一致。

第七步：将纸箱翻转，重复第四步至第六步。

第八步：依次将剩下两个纸板进行封箱。

第九步：将胶带切割器放回工具箱。

【注意事项】

1. 安装胶带切割器时不要划破手；

2. 若没有一次性切割，不要用手撕扯，继续切割并注意安全。

【知识链接】

包装（package/packaging）：指为在流通过程中保护产品、方便储运、促进销售，按一定技术方法而采用的容器、材料及辅助物等的总体名称。也指为了达到上述目的而采用容器、材料和辅助物的过程中施加一定技术方法等的操作活动。

【考核评价】

日　期：　　年　　月　　日　　　　　　　　节　次：

操作人：

评分要素表

序号	作业环节	说明	级别	分值	箱数/次数	小计
1	包装	封箱前纸箱倒置	3 级	0.6		
2	包装	封箱时切割器使用不规范	3 级	0.6		
3	包装	封箱完两边胶带有翘起	3 级	0.6		
4	安全	切割时碰撞纸箱	3 级	1		
5	安全	没有正确安装切割器	3 级	0.4		
6	5S 要素	工具未归位	3 级	0.6		

续　表

评分要素表	
心得体会	

填表人：

【课后作业】

1. 当堂上交考核评分表。

2. 简述包装的定义。

项目二　纸塑两用打包机

任务一　手动打包

【实训目标】

在规定时间内打包 1 个纸箱。

【任务说明】

运用纸塑两用打包机将封完箱的纸箱进行手动打包作业，先用机身将打包带与纸箱固定，然后切割打包带，套上钢扣，用钳子将打包带与钢扣固定，进行十字打包。该任务安排 1/4课时，每个学生规定用时 5 分钟。

【实训准备】

工作台一张；工具箱一个；纸塑两用打包机一副；钢扣若干；封口的纸箱 1 个，该任务安排一个 4 人小组进行操作。

【实训内容】

一、课程组织

本节课由 4 个任务组成，分别是：胶带切割器封箱、手动打包器打包、塑料薄膜封口机小件封口及自动封箱机全自动双面封箱。授新课时，全大组同学集中跨立听讲，由老师示范演示手动打包器打包的规范操作。待授课结束后，教师引领全组学生依次讲解其余任务。待四项任务讲授结束，学生开始分小组进行操作，一名学生操作，一名学生进行操作前准备，两名学生检查评分。具体轮换方式见表 3-2-1。

表 3-2-1

	手动打包	手工封箱	薄膜小件封口	全自动封箱
第一轮	第一组	第二组	第三组	第四组
第二轮	第二组	第三组	第四组	第一组
第三轮	第三组	第四组	第一组	第二组
第四轮	第四组	第一组	第二组	第三组
第五轮	第一组	第二组	第三组	第四组

二、实训过程

第一步：放置机身，将打包机平放在纸箱上，下拉手柄至末端，如图 3-2-1。

第二步：将包装袋一头扣在机身顶端，并保留 8cm 的长度以备打扣并用夹子固定，另一头绕过纸箱固定在机身另一端，用夹子固定，如图 3-2-2。

图 3-2-1

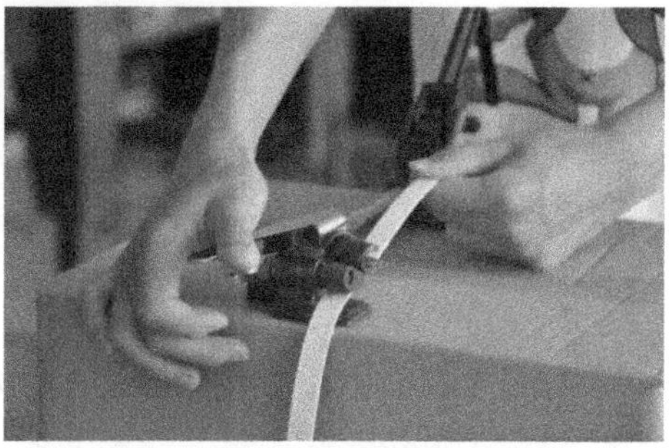

图 3-2-2

第三步：推进手柄，至明显感觉到打包带把纸箱卡紧，如图 3-2-3。

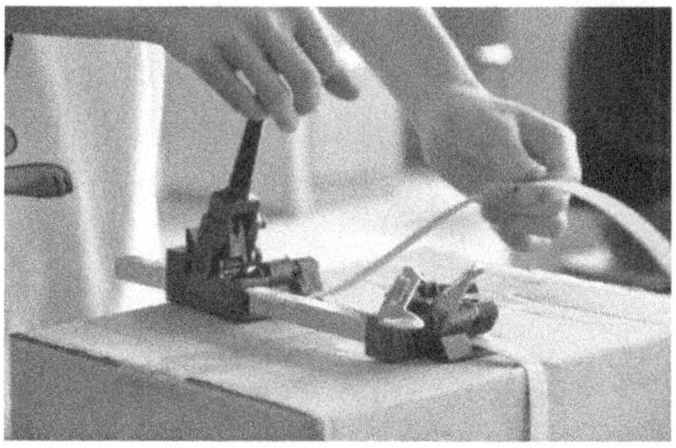

图 3-2-3

第四步:用机身尾端刀片割断打包带,如图 3-2-4。

图 3-2-4

第五步:取一钢扣,将两边的打包带塞进钢扣内,使打包带各边露出钢扣即可,如图3-2-5。

图 3-2-5

第六步:选择合适位置用钳子将钢扣与打包带固定,如图 3-2-6、图 3-2-7。

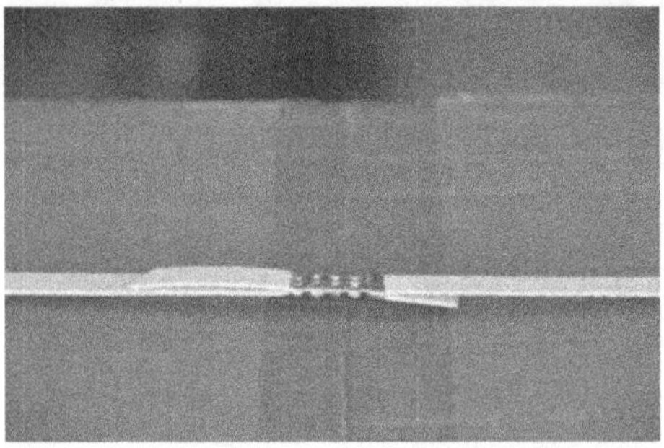

图 3-2-6

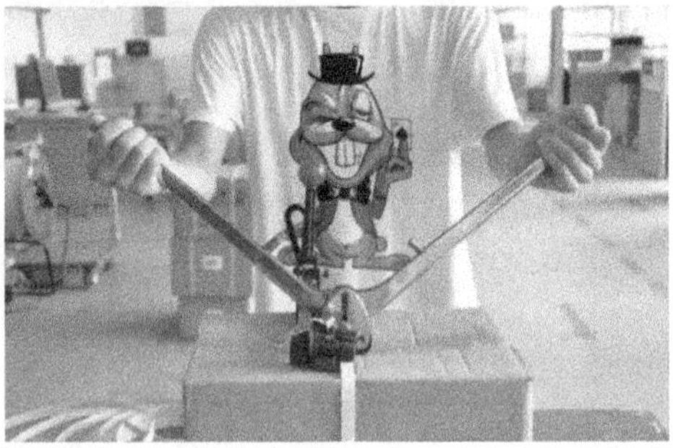

图 3-2-7

第七步:取下机身,重复第一步至第六步完成纸箱另一侧打包。

第八步:将工具归位。

【注意事项】

1. 在使用纸塑打包机时,注意安全,以免割伤手指。

2. 禁止使用纸塑两用打包机做危险动作。

【知识链接】

包装设备是指能完成全部或部分产品和商品包装过程的设备。包装过程包括充填、裹包、封口等主要工序，以及与其相关的前后工序，如清洗、堆码和拆卸等。此外，包装还包括计量或在包装件上盖印等工序。使用机械包装产品可提高生产率，减轻劳动强度，适应大规模生产的需要，并满足清洁卫生的要求。

【考核评价】

日　期：　　年　　月　　日　　　　　　　　节　次：

操作人：

评分要素表

序号	作业环节	说明	级别	分值	箱数/次数	小计
1	包装	未采用十字打带	3 级	0.6		
2	包装	打包不居中	3 级	0.6		
3	包装	包装箱出现凹凸情况	3 级	0.6		
4	包装	打包带松弛	3 级	1		
5	安全	使用工具做危险动作	3 级	0.4		
6	5S 要素	工具未归位	3 级	0.6		
心得体会						

填表人：

【课后作业】

1. 当堂上交考核评分表。
2. 回答纸塑两用打包机打包操作的操作步骤。
3. 简述包装设备的定义。

项目三　塑料薄膜封口机

任务一　塑料薄膜小件封口

【实训目标】

在规定时间内封一个 PVC 膜。

【任务说明】

取一段 PVC 膜，将若干垃圾袋装入薄膜中，运用塑料薄膜封口机将四周多余的空间切除并进行封口操作。该任务安排 1/4 课时，每个学生规定用时 5 分钟。

【实训准备】

工作台 1 张；工具箱 1 个；塑料薄膜封口机 1 台；PVC 膜若干；垃圾袋若干。该任务安排一个 4 人小组进行操作。

【实训内容】

一、课程组织

本节课由 4 个任务组成，分别是：胶带切割器封箱、手动打包器打包、塑料薄膜封口机小件封口及自动封箱机全自动双面封箱。授新课时，全大组同学集中听讲，由老师示范演示塑料薄膜封口机小件封口的规范操作。待授课结束后，教师引领全组学生依次讲解其余任务。待四项任务讲授结束，学生开始分小组进行操作，一名学生操作，一名学生进行操作前准备，两名学生检查评分。具体轮换方式见表 3-3-1。

表 3-3-1

	薄膜小件封口	手工封箱	手动打包	全自动封箱
第一轮	第一组	第二组	第三组	第四组
第二轮	第二组	第三组	第四组	第一组
第三轮	第三组	第四组	第一组	第二组
第四轮	第四组	第一组	第二组	第三组
第五轮	第一组	第二组	第三组	第四组

二、实训过程

第一步：接通塑料薄膜封口机电源，调节温度开关，使其预热，如图 3-3-1。

图 3-3-1

第二步：切取一段 PVC 膜，将指定数量的垃圾袋装入膜中，调整好长、宽，原则上多余的膜尽量不要超过 2cm，如图 3-3-2。

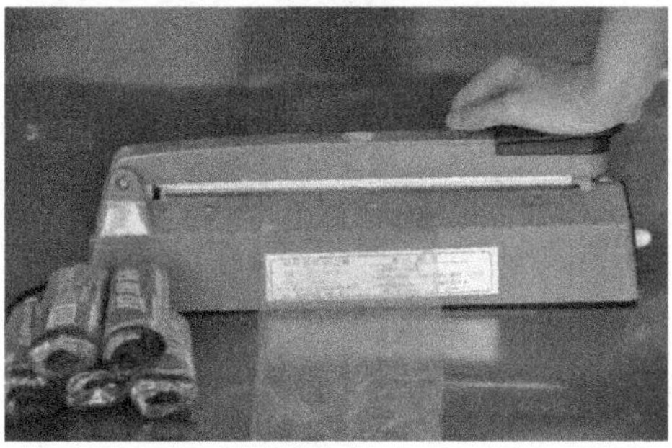

图 3-3-2

第三步：将 PVC 膜放入薄膜封口机切口处，按下手柄，如图 3-3-3。

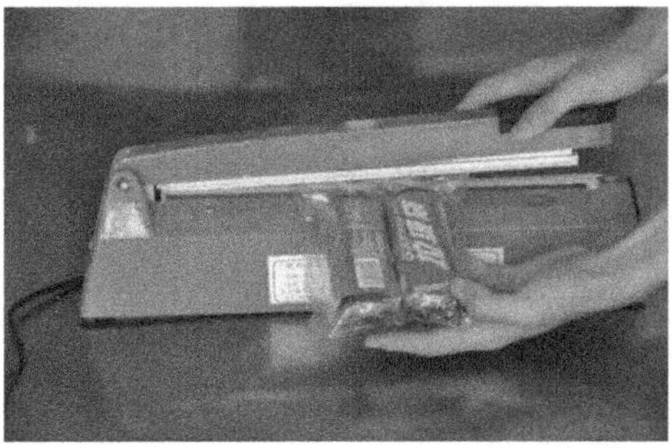

图 3-3-3

第四步：听到吱的一声即可抬起，如图 3-3-4。

图 3-3-4

第五步：重复第三步至第四步，依次切除其余四边。

第六步：将工具归位。

【注意事项】

1. 在使用薄膜封口机时，不要用手去触碰钢条，以免烫伤。
2. 禁止使用塑料薄膜封口机做危险动作。

【知识链接】

一、包装设备的作用

包装是产品进入流通领域的必要条件，而实现包装的主要手段是使用包装机械。随着时代的发展，技术的进步，包装设备在包装领域中正起着越来越大的作用，其主要作用有以下几点：

(1)可大大提高劳动生产率。

(2)能有效地保证包装质量。

(3)能实现手工包装无法实现的操作。

(4)可降低劳动强度，改善劳动条件。

(5)有利于工人的劳动保护。

(6)可降低包装成本，节省贮运费用。

(7)能可靠地保证产品卫生。

(8)可促进相关工业的发展。

二、塑料薄膜封口机适用范围。

塑料薄膜封口机是适用于医药、农药、食品、日化、润滑油等行业的铝箔袋、塑料袋、复合袋的理想封口机械。

【考核评价】

日　期：　　年　　月　　日　　　　　　　　节　次：

操作人：

评分要素表

序号	作业环节	说明	级别	分值	箱数/次数	小计
1	包装	装入膜内时造成破裂	4级	1		
2	包装	封口机未预热就进行操作	3级	0.6		
3	包装	长时间封口，未及时抬起手柄	3级	0.6		
4	包装	封口粗糙	3级	1		
5	安全	使用工具做危险动作	3级	0.4		
6	5S要素	工具未归位	3级	0.6		
心得体会						

填表人：

【课后作业】

1. 当堂上交考核评分表。
2. 简述包装设备的作用。
3. 简述塑料薄膜封口机适用的范围。

项目四　自动封箱机

任务一　全自动双面封箱

【实训目标】

在规定时间完成纸箱封口。

【任务说明】

调节自动封箱机的高度和宽度，使其正好能通过一个纸箱，将未封箱的纸箱上下底翻折后塞入轨道内，纸箱上下、左右紧贴轨道，开启输送带开关，进行全自动封箱。该任务安排

1/4课时,每个学生规定用时 2 分钟。

【实训准备】

自动封箱机 1 台;未封完的纸箱 1 个,该任务安排 1 个 4 人小组进行操作。

【实训内容】

一、课程组织

本节课由 4 个任务组成,分别是:胶带切割器封箱、手动打包器打包、塑料薄膜封口机小件封口及自动封箱机全自动双面封箱。授新课时,全大组同学集中听讲,由老师示范演示自动封箱机全自动双面封箱的规范操作。待授课结束后,教师引领全组学生依次讲解其余任务。待四项任务讲授结束,学生开始分小组进行操作,一名学生操作,一名学生进行操作前准备,两名学生检查评分。具体轮换方式见表 3-4-1:

表 3-4-1

	全自动封箱	手动打包	手工封箱	薄膜小件封口
第一轮	第一组	第二组	第三组	第四组
第二轮	第二组	第三组	第四组	第一组
第三轮	第三组	第四组	第一组	第二组
第四轮	第四组	第一组	第二组	第三组
第五轮	第一组	第二组	第三组	第四组

二、实训过程

第一步:打开自动封箱机电源。

第二步:将未封口的纸箱放置到输送带上,如图 3-4-1。

图 3-4-1

第三步:调节两边的宽度和下降的高度,使其上下、左右两边紧贴纸箱,如图 3-4-2、图3-4-3。

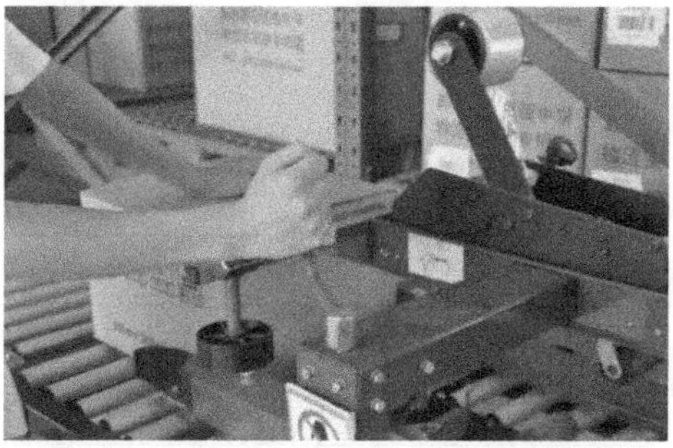

图 3-4-2

图 3-4-3

第四步：按住自动开关，直至纸箱封完口驶出输送带，如图 3-4-4、图 3-4-5；

图 3-4-4

图 3-4-5

第五步：关闭电源。

【知识链接】

包装设备种类繁多，从不同角度考虑可有不同的分类方法。以下重点介绍按包装设备的功能分类：

1. 充填机：将包装物料按预订量充填到包装容器内的机器。

2. 灌装机：将液体产品按预订量灌注到包装容器内的机器。

3. 封口机：将产品盛装于包装容器内后，对容器进行封口的机器。

4. 裹包机：用绕性包装材料裹包产品局部或全部表面的机器。

5. 多功能包装机：能完成多项包装工序的机器。

6. 贴标签机：采用黏合剂或其他方式将标签展示在包装件或品上的机器。

7. 清洗机：对包装容器、包装材料、包装物、包装件进行清洗以达到预期清洁度要求的机器。

8. 干燥机：对包装容器、包装材料、包装辅助物以及包装件上的水分进行去除，并进行预期干燥的机器。

9. 杀菌机：对产品、包装容器、包装材料、包装辅助物以及包装件上的有害生物进行杀灭，使其降低到允许范围内的机器。

【考核评价】

日　期：　　年　　月　　日　　　　　　　　节　次：

操作人：

评分要素表(入库环节)

序号	作业环节	说明	级别	分值	箱数/次数	小计
1	包装	调节长、宽不到位	3级	0.6		
2	包装	开启开关后，纸箱不动	3级	0.6		
3	包装	胶带未封箱	3级	0.6		
4	包装	封完不美观				
心得体会						

填表人：

【课后作业】

1. 当堂上交考核评分表。
2. 简述包装设备的种类。

项目五　自动打包机

任务一　田字型打包

【实训目标】

在规定时间内打包1个纸箱。

【任务说明】

田字型打包任务要求学生自己操作自动打包机，完成纸箱摆放、送带、打包等操作，要求打包带居中，外观美观，松紧适度。该任务安排1/2个课时，每个学生规定用时3分钟。

【实训准备】

自动打包机一台；封完箱的纸箱1个。该任务安排一个4人小组进行操作。

【实训内容】

一、课程组织

授新课时，全大组同学集中进行。待授课结束后，将本组同学分为四个小组，每组 4 人左右，除一个小组操作当前课程所授内容外，其余小组复习之前讲授的手工封箱、手动打包、塑料薄膜小件封口作业。以田字型打包为基准，当前组该任务操作完成，即可更换其他组进行该任务的操作训练，一名学生操作，一名学生进行操作前准备，两名学生检查评分，具体轮换方式见表 3-5-1。

表 3-5-1

	田字型打包	手工封箱	手动打包	薄膜小件封口
第一轮	第一组	第二组	第三组	第四组
第二轮	第二组	第三组	第四组	第一组
第三轮	第三组	第四组	第一组	第二组
第四轮	第四组	第一组	第二组	第三组
第五轮	第一组	第二组	第三组	第四组

二、实训过程

第一步：接通电源，观察“POWER”变亮即可，如图 3-5-1、图 3-5-2。

图 3-5-1

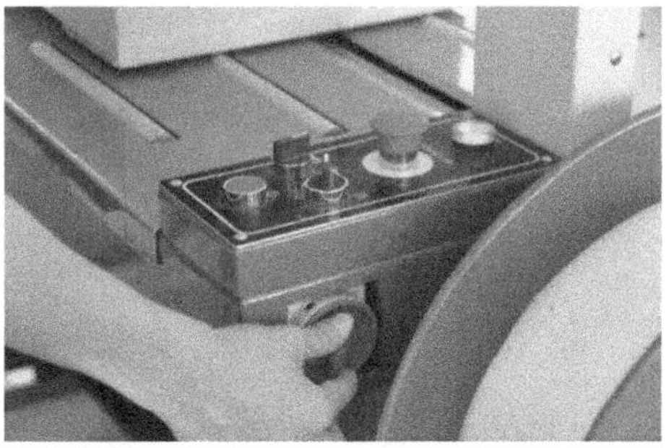

图 3-5-2

第二步：将右下角按键拨至手动界面，如图 3-5-3。

图 3-5-3

第三步：观察轨道内输送带，若轨道内没有输送带，按送带按键直到按下后没有送带反应即可，如图 3-5-4。

图 3-5-4

第四步：将封完箱的纸箱搬运到台面，调整位置，使纸箱胶带与轨道在同一平面。

第五步：按下打包键打包，如图 3-5-5。

图 3-5-5

第六步：听到机器内切割打包带的声音即可。重复第三步至第五步操作，完成另一面打包，完成后可参考图 3-5-6、图 3-5-7。

图 3-5-6

图 3-5-7

【注意事项】

1. 若发现无法送带或打包带没完成打包作业时，立刻按下“EMERGENCY”按键，然后退带，重新送带，打开“EMERGENCY”继续操作，如图 3-5-8。

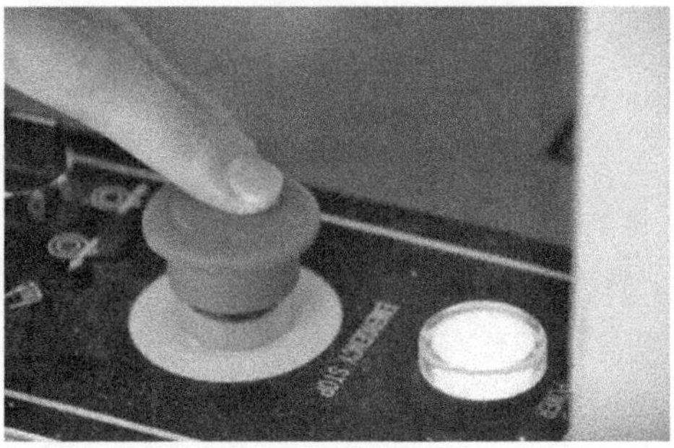

图 3-5-8

2.禁止在没有纸箱的状态下,进行空载打包。

【知识链接】

一、常见的危险货物包装标志

爆炸品标志
(符号:黑色;底色:橙红色)

1.爆炸品标志,见左图。

用于货物外包装上。表示包装体内有爆炸品,受到高热、摩擦、冲击或其他物质接触后,即发生剧烈反应,产生大量的气体和热量而引起爆炸,例如,炸药、雷管、导火线、三硝甲苯、过氧化氢等。

易燃气体标志
(符号:黑色或白色;底色:正红色)

2.易燃气体标志,见左图。

用于货物外包装上。表示包装体内为容易燃烧,并因冲击、受热而产生气体膨胀,有可能引起爆炸和燃烧危险的气体,例如,丁烷等。

不燃压缩气体标志
（符号：黑色或白色；底色：绿色）

3. 不燃压缩气体标志，见左图。

用于货物外包装上。表示包装体内为有爆炸危险的不燃压缩气体，易因冲击、受热而产生气体膨胀，引起爆炸，例如，液氮等。

有毒气体标志
（符号：黑色；底色：白色）

4. 有毒气体标志，见左图。

用于货物外包装上。表示包装体内为有毒气体，即易因冲击、受热而产生膨胀，有可能引起爆炸、造成中毒危险的气体。

易燃液体标志
（符号：黑色或白色；底色：正红色）

5. 易燃液体标志，见左图。

用于货物外包装上。表示包装体内为易燃性液体，燃点较低，即使不与明火接触，也会因受热、冲击或接触氧化剂，引起急剧的、连续性的燃烧或爆炸等危险，例如，汽油、甲醇、煤油、香蕉水等。

易燃固体标志
（符号：黑色或白色；底色：正红色）

6. 易燃固体标志，见左图。

用于货物外包装上。表示包装体内为易燃性固体，燃点较低，即使不与明火接触，也会因受热、冲击或摩擦以及与氧化剂接触时，引起急剧的、连续性的燃烧或爆炸等危险，例如，电影胶片、硫黄、赛璐珞、炭黑。

【考核评价】

日　期：　　年　　月　　日　　　　　　　　节　次：

操作人：

评分要素表

序号	作业环节	说明	级别	分值	箱数/次数	小计
1	包装	未采用田字打带	3 级	0.6		
2	包装	打包不居中	3 级	0.6		
3	包装	包装箱出现凹凸情况	3 级	0.6		
4	包装	打包带松弛	3 级	1		
5	安全	使用工具做危险动作	3 级	0.4		
心得体会						

填表人：

【课后作业】

1. 当堂上交考核评分表。
2. 填写以下危险货物包装标志图标的名称及含义。

危险货物包装标志	名称	含义

续　表

危险货物包装标志	名称	含义

项目六　半自动栈板打包机

任务一　托盘载货打包

【实训目标】

在规定时间内打包 1 个载货托盘。

【任务说明】

托盘载货打包任务要求学生自己操作栈板打包机对载货的托盘进行两次送带、打包作业，由于载货托盘体积比一般纸箱大得多，所以操作时一定要注意安全。该任务安排1/2个课时，每个学生规定用时5分钟。

【实训准备】

半自动栈板打包机1台；放有二层纸箱的托盘1个。该任务安排1个4人小组进行操作。

【实训内容】

一、课程组织

授新课时，全大组同学集中进行。待授课结束后，将本组同学分为四个小组，每组4人左右，除一个小组操作当前课程所授内容外，其余小组复习之前讲授的田字型打包、全自动双面封箱、塑料薄膜小件封口作业。以田字型打包为基准，当前组该任务操作完成，即可更换其他组进行该任务的操作训练。一名学生操作，一名学生进行操作前准备，两名学生检查评分。具体轮换方式见表3-6-1。

表 3-6-1

	托盘载货打包	田字型打包	全自动双面封箱	薄膜小件封口
第一轮	第一组	第二组	第三组	第四组
第二轮	第二组	第三组	第四组	第一组
第三轮	第三组	第四组	第一组	第二组
第四轮	第四组	第一组	第二组	第三组
第五轮	第一组	第二组	第三组	第四组

二、实训过程

第一步：接通栈板打包机电源，观察“POWER”亮了即可，如图3-6-1。

图 3-6-1

第二步：将送带轨道放下，送入托盘底部，如图3-6-2、图3-6-3。

图 3-6-2

图 3-6-3

第三步：按下绿色“FEED”送带键或前端绿色送带微调键，目测打包带够长即可，松开送带键，如图 3-6-4。

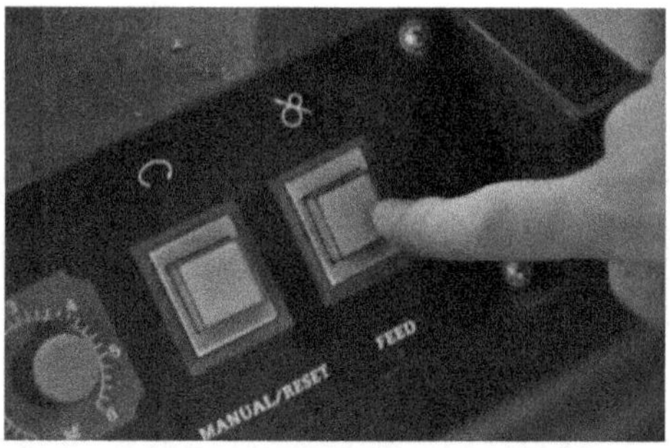

图 3-6-4

第四步：将打包带一头轻轻塞入打包机切口处，如图 3-6-5。

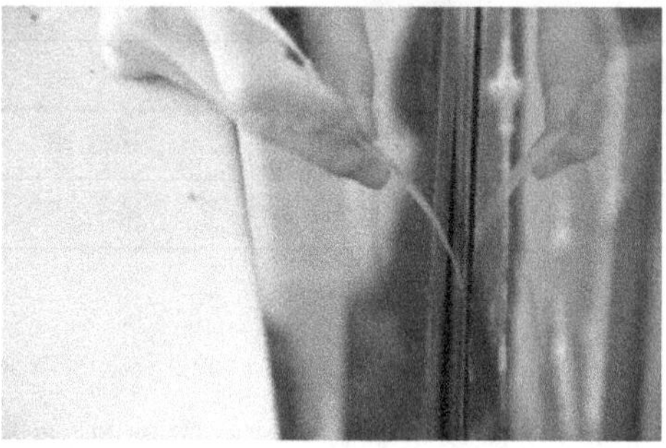

图 3-6-5

第五步：按下打包键，即完成栈板打包作业，如图 3-6-6。

图 3-6-6

第六步：重复第二步至第五步，完成托盘另一地面的打包作业，如图 3-6-7、图 3-6-8。

图 3-6-7

图 3-6-8

第七步：收起轨道，将栈板打包机归位。

【注意事项】

1. 若发现无法送带或打包带没完成打包作业时，按下黄色“MANUAL/RESET”键后，重新操作。

2. 禁止在没有托盘的状态下，进行空载打包。

【知识链接】

包装储运图示标志是根据产品的某些特性如怕湿、怕震、怕热、怕冻等而确定的。其目的是在货物运输、装卸和储存过程中，引起作业人员的注意，使他们按图示标志的要求进行操作。

1. 常见包装储运图示标志、名称及含义解释。

序号	包装储运图标标志	名称	含义
1		小心轻放	用于货物的外包装上。表示包装内货物易碎，不能承受冲击和震动，也不能承受大的压力，如灯泡、电表、钟、电视机、瓷器、玻璃器皿等，要求搬运装卸时小心轻放。
2		向上	用于货物的外包装上。表示包装内货物不得倾倒、倒置。例如，墨水、洗净剂、电冰箱等产品在倾倒的情况下会受损以致影响使用，要求在搬运和放置货物时注意其向上的方向。

续 表

序号	包装储运图标标志	名称	含义
3	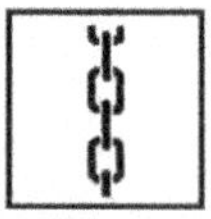 （白纸印黑色）	由此吊起	用于货物外包装上。表示吊运货物时挂链条或绳索的位置。可在图形符号近处找到方便起吊的起吊钩、孔、槽等。避免了在装卸中发生破箱等损坏现象，也有利于提高装卸效率。

【考核评价】

日　期：　　年　　月　　日　　　　　　节　次：

操作人：

评分要素表

序号	作业环节	说明	级别	分值	箱数/次数	小计
1	包装	打包不居中	3 级	0.6		
2	包装	包装箱出现凹凸情况	3 级	0.6		
3	包装	打包带松弛	3 级	1		
4	安全	使用工具做危险动作	3 级	0.4		
心得体会						

填表人：

【课后作业】

1. 当堂上交考核评分表。
2. 填写以下常见包装储运图示标志的名称及含义。

序号	包装储运图标标志	名称	含义
1			
2			
3	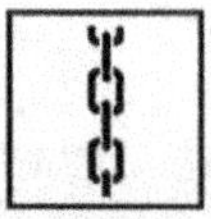 （白纸印黑色）		

项目七　PE 膜专用热收缩机

任务　热收缩机封膜作业

【实训目标】

进行两次封膜操作，要求后一次比前一次质量高。

【任务说明】

热收缩机封膜作业是指将事先用塑料薄膜封口机封好的包装放入热收缩机内进行高温加热、低温冷却的作业过程，要求同学通过第一次成品观察，第二次操作并通过调节输送带速度开关或调温开关，保证第二次成品外观饱满，包装无破损。该任务安排 1/2 个课时，每个学生规定用时 5 分钟。

【实训准备】

工作台 1 张；塑料薄膜封口机 1 台；PE 膜若干；垃圾袋若干。该任务安排一个 4 人小组进行操作。

【实训内容】

一、课程组织

授新课时，全大组同学集中进行，先复习塑料薄膜小件封口的操作，然后由老师操作两次收缩机封膜操作，并指出如何调节速控和温控开关达到较高的封膜质量。待授课结束后，将本组同学分为四个小组，每组 4 人左右，除一个小组操作当前课程所授内容外，其余小组复习之前讲授的托盘载货打包、全自动双面封箱、手动打包作业。以热收缩机封膜作业为基准，当前组该任务操作完成，即可更换其他组进行该任务的操作训练。一名学生操作，一名学生进行操作前准备，两名学生检查评分。具体轮换方式见表 3-7-1。

表 3-7-1

	薄膜封口、热收缩作业	托盘载货打包	全自动双面封箱	手动打包作业
第一轮	第一组	第二组	第三组	第四组
第二轮	第二组	第三组	第四组	第一组
第三轮	第三组	第四组	第一组	第二组

续 表

	薄膜封口、热收缩作业	托盘载货打包	全自动双面封箱	手动打包作业
第四轮	第四组	第一组	第二组	第三组
第五轮	第一组	第二组	第三组	第四组

二、实训过程

第一步：打开位于最左端白色闸刀处的总电源开关，至电源“指示灯”亮，如图 3-7-1、图 3-7-2。

图 3-7-1

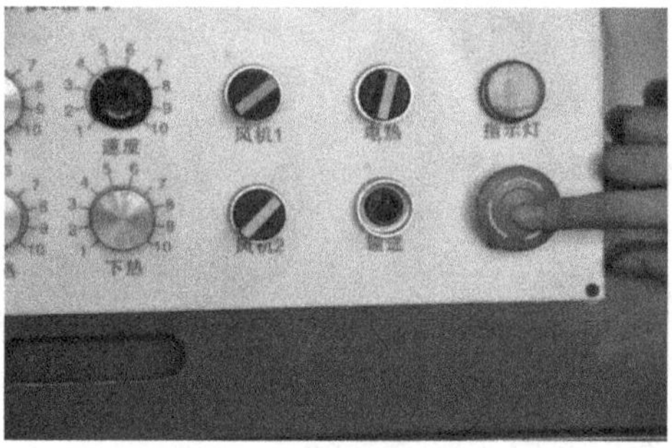

图 3-7-2

第二步：依次旋转打开“电热”“输送”“风机 1”“风机 2”开关，如图 3-7-3、图 3-7-4、图 3-7-5、图 3-7-6。

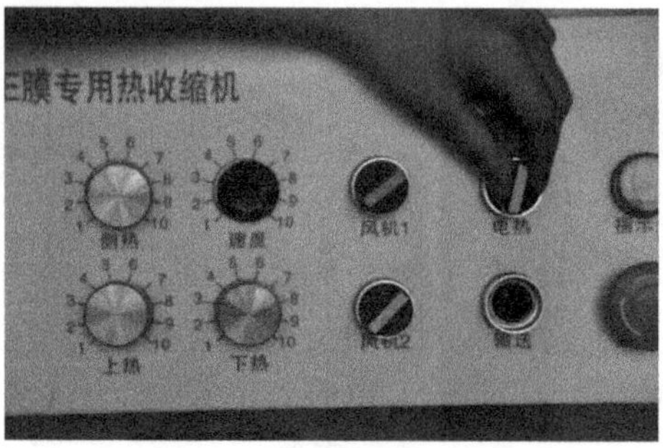

图 3-7-3

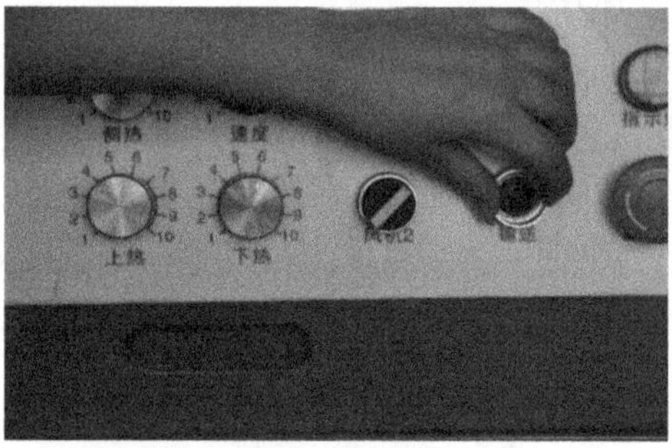

图 3-7-4

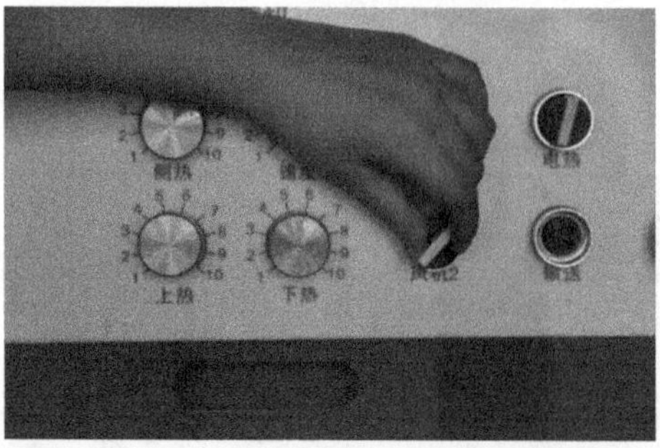

图 3-7-5

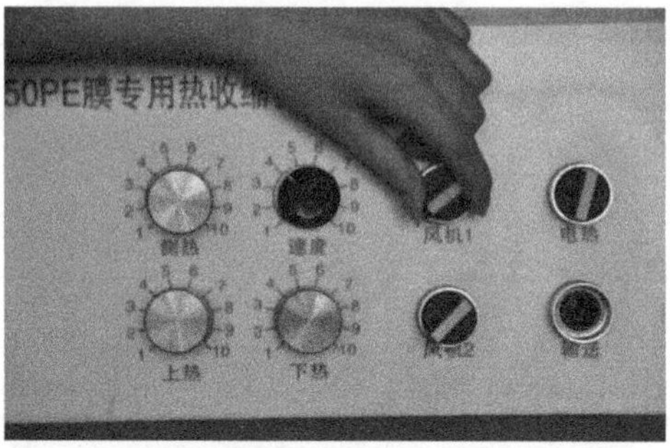

图 3-7-6

第三步：依次旋转调节“侧热”“上热”“下热”开关至刻度 8（即 800 度），同时调节“速度”开关至刻度 3，让输送带运行起来，如图 3-7-7、图 3-7-8、图 3-7-9、图 3-7-10。

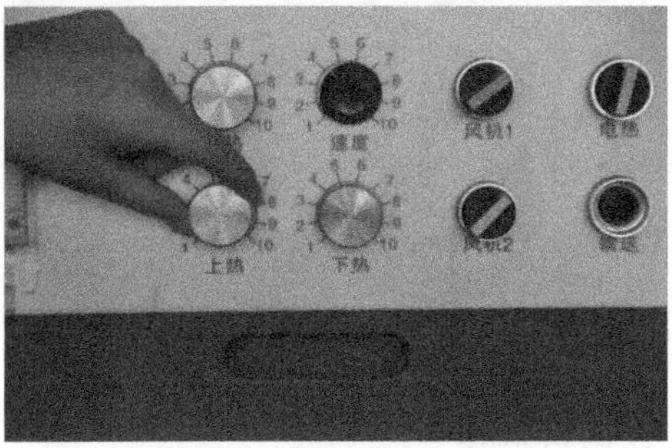

图 3-7-7

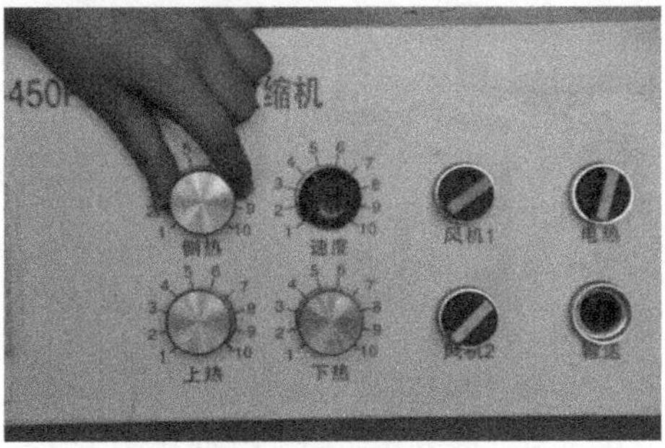

图 3-7-8

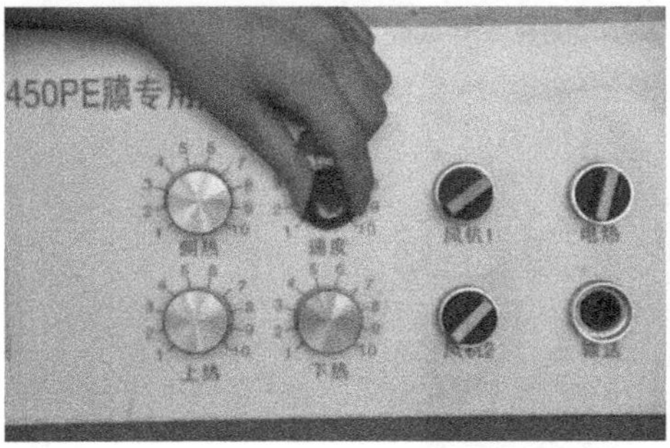

图 3-7-9

图 3-7-10

第四步：第一次将事先封好膜的小件放入输送带入口，在出口等待成品，如图 3-7-11。

图 3-7-11

第五步：观察成品，若薄膜起皱（如图 3-7-12）说明温度偏低，应调高温度或减慢输送带速度；若薄膜破损（如图 3-7-13），甚至融化说明温度过高，应调低温度或加快输送带速度。

图 3-7-12(薄膜起皱)

图 3-7-13(薄膜破损)

第六步:重复第四步,根据第五步提示进行第二次改进操作。

第七步:关机时首先将“侧热”“上热”“下热”三个温度开关关闭,调到刻度 1。

第八步:将烤箱两侧的吊帘掀起,让风机继续吹风,如图 3-7-14。

图 3-7-14

第九步:约 5 分钟后,待烤箱内温度降下来后,在关闭“风机 1”“风机 2”“输送”开关。

第十步:关闭总电源。

【注意事项】

1.“风机 1”控制热风使烤箱内部温度(加热)均匀;“风机 2”控制冷风,产品收缩后,在输出端进行冷却。

2. PE 膜要求高,必须使用冷风冷却,温度在 200 度左右;PVC 膜可以不用冷风冷却,温度要求在 130 度左右;POF 膜要求比 PVC 膜高些,温度要求在 180 度左右。

3. 收缩性质。

(1)若温度偏低,会起皱,输送速度应调慢,或调高加热温度;(2)如温度过高,会破损(即融化掉),输送速度应调快,或调低加热温度。

4. 按要求规范开启并关闭收缩机,以免损坏设备。

5. 禁止在放置和拿取时将手伸进烤箱内灼伤手。

6. 发生突发情况时,第一时间按下急停按钮,并及时向上课老师汇报。

【知识链接】

货品防护安全要求

1. 储存应遵循三原则:防火、防水、防压;定点、定位、定量;鲜活物品要先进先出。

2.物料上下叠放时要做到“上小下大，上轻下重”。

3.易受潮物料，严禁直接摆放于地上，应放在货架或卡板上进行隔离。

4.不允许有火种进仓，晚上下班前应关好门窗及电源。

5.对危险化学物品的保管，须遵守“三远离、一严禁”的原则，即远离火源、远离水源、远离电源、严禁混合堆放。

6.危险化学物品和易燃易爆品要进入指定区域，并有专人保管。

7.仓内严禁烟火，严禁做与本职工作无关的事情。

8.认真执行货仓管理的“十二防”安全工作，即防火、防水、防锈、防腐、防蛀、防磨、防爆、防电、防盗、防晒、防倒塌、防变形。

9.定期检查电线绝缘是否良好。

10.消防设施齐全，按消防部门颁布的标准配备，每季度定期检查一次，确保其使用功能。

【考核评价】

日　期：　　年　　月　　日　　　　　　　节　次：

操作人：

评分要素表

序号	作业环节	说明	级别	分值	箱数/次数	小计
1	包装	装入膜内时造成破裂	4级	1		
2	包装	封口机未预热就进行操作	3级	0.6		
3	包装	长时间封口，未及时抬起手柄	3级	0.6		
4	包装	封口粗糙	3级	1		
5	安全	使用工具做危险动作	3级	0.4		
6	5S管理	工具未归位	3级	0、6		
心得体会						

填表人：

【课后作业】

1.当堂上交考核评分表。

2.货品防护安全要求有哪些？

模块四　分拣设备

项目一　摘取式分拣

任务一　人工识单拣货

【实训目标】

根据拣货单，按单据要求完成分拣、分类、复核操作。

【任务说明】

摘取式人工识单拣货要求每个学生根据纸质的拣货单到货架区进行货品分拣，拣货时要使用周转箱并对拣出来的货品作适当的分类，最后将周转箱放置在指定位置上对货品的种类和数量做简单的复核并签字。该任务安排 1/4 课时，每个学生规定用时 3 分钟。

【实训准备】

摘取式货架区 1 排；480mm×380mm×150mm 的周转箱 3 个；拣货单 20 张。该任务安排一个 4 人小组进行操作。

【实训内容】

一、课程组织

本节课由 4 个任务组成，分别是：摘取式人工拣货、摘取式电子标签辅助拣货、播种式人工拣货及播种式电子标签人工拣货。授新课时，全大组同学集中进行，由老师示范摘取式人工拣货。待授课结束后，教师引领全组学生依次讲解其余任务。一名学生操作，一名学生进行操作前准备，两名学生检查评分。具体轮换方式见表 4-1-1。

表 4-1-1

	摘取式人工拣货	摘取式电子标签拣货	播种式人工拣货	播种式电子标签拣货
第一轮	第一组	第二组	第三组	第四组
第二轮	第二组	第一组	第四组	第三组
第三轮	第三组	第四组	第一组	第二组

续 表

	摘取式人工拣货	摘取式电子标签拣货	播种式人工拣货	播种式电子标签拣货
第四轮	第四组	第三组	第二组	第一组
第五轮	第一组	第二组	第三组	第四组

二、实训过程

人工识单拣货

第一步：从老师手中领取摘取式拣货单。

摘取式拣货单

购货单位：家乐福江东店　　　　编号：XOUT000001

产品代号	产品名称	规格型号	单位	数量	单价	发货仓库	仓库储位	源单单号	备注
03.08	农夫山泉天然饮用水	Net. 380m	瓶	1	5	货架库	010324		
01.01	高露洁草本萃爽牙膏	140g	瓶	2	3	货架库	010111		
02.12	清风抽取式纸巾	155mm×150mm(2层)	个	3	7	货架库	010233		

第二步：快速浏览，对所拣货品进行分类。

第三步：按照货品种类数取对应个数的空周转箱放置输送带上。

第四步：按拣货单上的要求进行依次拣货放置周转箱内，如图 4-1-1。

图 4-1-1

第五步：对所有拣出的货品进行种类和数量的复核，发现问题及时改正。

第六步：若数量种类与单据相符，在拣货单空白处签名，如图 4-1-2。

图 4-1-2

第七步：将工具设备还原归位。

【知识链接】

良好仓库管理标准——维护良好品质

维护产品或物料的良好品质是仓库管理的关键要求。为了满足这一要求，在仓储规划和设计时就应充分考虑以下因素：

1. 温度、光线、湿度等自然因素对产品的影响。
2. 防水、防火、防盗措施及设备。
3. 灰尘、公害、虫害等问题。
4. 除锈措施以及对酸、碱、盐的防护。
5. 物料搬运的方便情况。
6. 照明设备。
7. 邻近产品或物料之间的相互影响。
8. 有效储存期间及其保证。
9. 物料重量影响与卡板放置情形。

【考核评价】

日　期：　　年　　月　　日　　　　　　　　节　次：

操作人：

评分要素表

序号	作业环节	说明	级别	分值	箱数/次数	小计
1	拣选操作	拣出货品没有进行分类	3 级	0.6		
2	拣选操作	拣出的货品与单据不符	3 级	0.6		
3	拣选操作	拣出的货品数量与单据不符	3 级	0.6		
4	安全	单据掉落随意处置	3 级	1		
5	规范	没有复核、签字	4 级	0.8		
6	5S 要素	工具未归位	3 级	0.6		

续　表

评分要素表	
心得体会	

填表人：

【课后作业】

1. 当堂上交考核评分表。
2. 为维护产品或物料的良好品质，在进行仓储规划和设计时应充分考虑哪些因素？

任务二　电子标签辅助拣货 DPS

【实训目标】

根据人工拣货单在金蝶 K3 软件中制作一样的拣货单，并根据电子标签提示，完成拣货、分类、复核、签字、贴标签、装箱、还原等操作。

【任务说明】

摘取式电子标签辅助拣货要求每个学生按照人工拣货的单据在金蝶 K3 软件中制作一张拣货单（不需要打印）保存审核，然后拿拣货单去货架区进行电子标签拣货，将拣出来的货品进行分类、放置指定位置上进行复核并在单据上签字，最后进行贴标签、装箱。该任务安排 1/4 课时，每个学生规定用时 5 分钟。

【实训准备】

摘取式货架区 1 排；电子标签辅助拣货管理系统 1 套；480mm×380mm×150mm 的周转箱 3 个；拣货通知单 20 张；单面封好的纸箱若干个（存放于货架库流利架，储位为：010241、010242、010243）；客户标签若干。老师负责启动电子标签辅助拣货管理系统。该任务安排一个 4 人小组进行操作。

【实训内容】

一、课程组织

本节课由 4 个任务组成，分别是：摘取式人工拣货、摘取式电子标签辅助拣货、播种式人工拣货及播种式电子标签人工拣货。授新课时，全大组同学集中进行，由老师示范摘取式电子标签拣货。待授课结束后，教师引领全组学生依次讲解其余任务。一名学生操作，一名学生进行操作前准备，两名学生检查评分。具体轮换方式见表 4-1-2。

表 4-1-2

	摘取式人工拣货	摘取式电子标签拣货	播种式人工拣货	播种式电子标签拣货
第一轮	第一组	第二组	第三组	第四组
第二轮	第二组	第一组	第四组	第三组
第三轮	第三组	第四组	第一组	第二组
第四轮	第四组	第三组	第二组	第一组
第五轮	第一组	第二组	第三组	第四组

二、实训过程

电子标签辅助拣货

第一步:从老师手中领取摘取式拣货通知单。

摘取式拣货通知单

购货单位:欧尚台州店

产品名称	产品数量	单位
维达卷筒式纸巾	4	卷
清风抽取式纸巾	5	袋
清风卷筒式纸巾	4	卷

购货单位:沃尔玛衢州店

产品名称	产品数量	单位
康师傅冰红茶	4	瓶
黄芪中药高级牙膏	3	个

第二步:在电脑金蝶 K3 软件中制作销售出库单,如图 4-1-3、图 4-1-4。

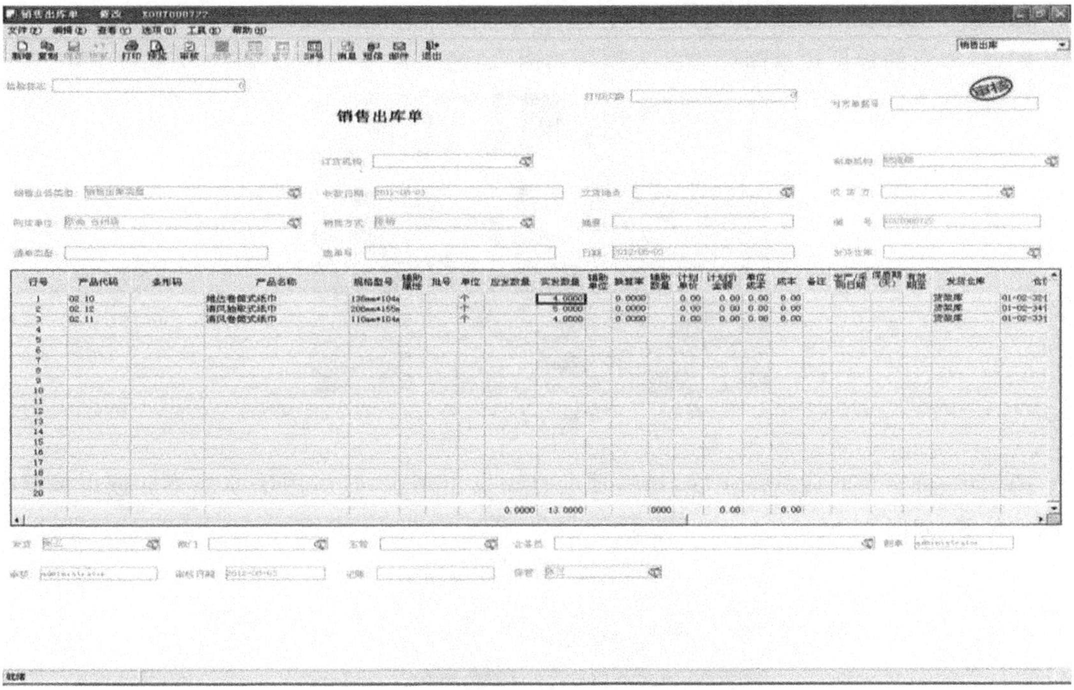

图 4-1-3

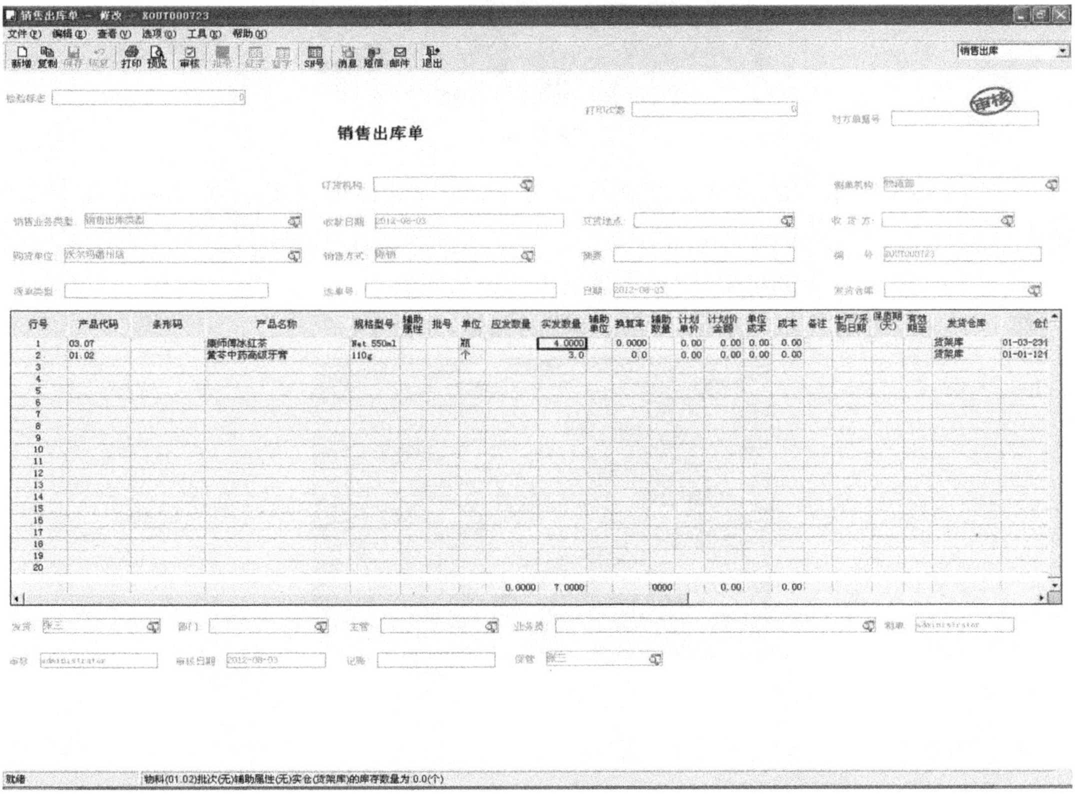

图 4-1-4

第三步：去货架区按照电子标签提示进行人工拣货，要求先拣货，后用手掌或指肚暗灭确认键，将拣出的货品按不同分类放入周转箱内，如图 4-1-5。

图 4-1-5

第四步：待所有的货品拣完后，蜂鸣器会自动发出声音，然后用手掌或指肚按灭蜂鸣器旁的确认键，如图 4-1-6。

图 4-1-6

第五步：将周转箱内的货品放置在输送带上，对所有拣出的货品进行种类和数量的复核。

第六步：若数量与种类单据相符，在拣货单空白处签名。

第七步：根据单据在纸箱上贴上相应客户的标签，如图 4-1-7。

图 4-1-7

第八步：将货品进行分类装箱，如图 4-1-8。

图 4-1-8

第九步:将工具设备还原归位。

【知识链接】

物料或产品的保管应安全第一,因而处处要注意以下几点。

1. 危险物品应利用危险品仓库隔离保存。
2. 易破损的物品应置放于稳定的场所,并标示“易碎”或“禁止倒放”等标签,以示注意。
3. 堆放物品要考虑物品的耐压程度,不应放置过重而将物品压坏。
4. 高价物料宜放置于可上锁的仓库或投以火灾或盗窃保险。

【考核评价】

日　期:　　年　　月　　日　　　　　　　　节　次:

操作人:

评分要素表

序号	作业环节	说明	级别	分值	箱数/次数	小计
1	拣选操作	拣出货品没有进行分类	3 级	0.6		
2	拣选操作	拣出的货品与单据不符	3 级	0.6		
3	拣选操作	拣出的货品数量与单据不符	3 级	0.6		
4	拣选操作	未规范灭灯:不用手掌或指肚,而是用其它方式,特别是拳头(按发生次数计数)	4 级	1		
5	安全	单据掉落随意处置	3 级	1		
6	规范	没有复核、签字	4 级	0.8		
7	5S 要素	工具未归位	3 级	0.6		
心得体会						

填表人:

【课后作业】

1. 当堂上交考核评分表。
2. 为保证保管物料或产品的安全性,应注意哪些问题?

项目二　播种式分拣

任务一　人工识单拣货

【实训目标】

根据拣货单，按单据要求做分拣操作，分类、复核操作。

【任务说明】

播种式人工识单拣货要求每个学生根据纸质拣货单将不同种类的货品按储位先进行分货（每个储位代表一个客户），待所有的货品分完后，将有货储位的周转箱取出，进行客户货品数量和种类的复核，并签字，最后将设备、物品还原。该任务安排 1/4 课时，每个学生规 定用时 3 分钟。

【实训准备】

播种式货架区 1 排；用光盘盒代替实物的光盘盒 200 张，其中农夫山泉饮用天然水、清风卷筒式纸巾、雕牌超能皂、广博图钉各 50 张（四种货品放在货架库隔板架上，储位为 020141、020142、020143、020144）；播种式拣货单 20 张。该任务安排一个 4 人小组进行操作。

【实训内容】

一、课程组织

本节课由 4 个任务组成，分别是：摘取式人工拣货、摘取式电子标签辅助拣货、播种式人工拣货及播种式电子标签人工拣货。授新课时，全大组同学集中进行，由老师示范播种式人工拣货。待授课结束后，教师引领全组学生依次讲解其余任务。一名学生操作，一名学生进行操作前准备，两名学生检查评分。具体轮换方式见表 4-2-1。

表 4-2-1

	摘取式人工拣货	摘取式电子标签拣货	播种式人工拣货	播种式电子标签拣货
第一轮	第一组	第二组	第三组	第四组
第二轮	第二组	第一组	第四组	第三组
第三轮	第三组	第四组	第一组	第二组

续 表

	摘取式人工拣货	摘取式电子标签拣货	播种式人工拣货	播种式电子标签拣货
第四轮	第四组	第三组	第二组	第一组
第五轮	第一组	第二组	第三组	第四组

二、实训过程

第一步：每个同学从老师手中领取一张播种式拣货单。

播种式拣货单 1

货品：农夫山泉饮用天然水　　　　编号：XOUT000005

客户名称	数量	单价	发货仓库	仓库储位	源单单号	备注
欧尚 海曙店	8	5	货架库	020131		
沃尔玛 临平店	8	5	货架库	020231		
新江夏 邱隘店	9	5	货架库	020331		
新江夏 高桥店	10	5	货架库	020333		
家乐福 江东店	10	5	货架库	020321		

播种式拣货单 2

货品：清风卷筒式纸巾　　　　编号：XOUT000006

客户名称	数量	单价	发货仓库	仓库储位	源单单号	备注
欧尚 江东店	9	17	货架库	020132		
沃尔玛 金华店	5	17	货架库	020232		
沃尔玛 浦江店	8	17	货架库	020233		
新江夏 石碶店	9	17	货架库	020334		
家乐福 琴桥店	10	17	货架库	020322		

播种式拣货单 3

货品：雕牌超能皂　　　　编号：XOUT000007

客户名称	数量	单价	发货仓库	仓库储位	源单单号	备注
欧尚 台州店	7	8	货架库	020121		
沃尔玛 桐乡店	8	8	货架库	020221		
新江夏 姜山店	8	8	货架库	020332		
乐购 天一店	7	8	货架库	020311		
家乐福 江东店	10	8	货架库	020321		

播种式拣货单 4

货品：广博图钉　　　　　　　　　　　　　　　　　　　　编号：XOUT000008

客户名称	数量	单价	发货仓库	仓库储位	源单单号	备注
欧尚 上海店	8	3	货架库	020112		
沃尔玛 临平店	6	3	货架库	020231		
新江夏 邱隘店	9	3	货架库	020331		
乐购 江北万达店	6	3	货架库	020312		
家乐福 南京店	10	3	货架库	020324		

第二步：从特定储位上的纸箱内取货品，将货品依次放入对应客户的周转箱内，如图 4-2-1、图 4-2-2。

图 4-2-1

图 4-2-2

第三步：待所有货品分完后，对所有拣出的货品进行种类和数量的复核，发现问题及时改正。

第四步：若数量种类与单据相符，在拣货单空白处签名。

第五步：将工具设备还原归位。

【知识链接】

一、良好仓库管理标准——最大限度地发挥仓储空间的效用

储存物料或产品的场所，不论是仓库、棚舍或场地，必须充分利用空间，以有限的空间，求得合理的最大储存量。

二、良好仓库管理标准——节省人力

物料或产品入库、发料、退料的搬运的工作、仓储保管工作以及相关记录，必然消耗大量人力。故必须以有限的人力发挥仓储管理的功效，并从工作计划、托运方法的合理化及选用适当的搬运工具，以求节省人力。

三、良好仓库管理标准——降低成本

若物料存量过少，生产极易待料而造成很大损失；若物料存量过多，则造成积压物料储

存成本（包括物料成本、物料取得成本、物料保管、搬运、记录、准备仓储的成本以及水、电、保险、税、耗损报废等仓储费用）。仓储位置不适当，以及仓储不能有效利用，则容易引起超额搬运、摆放材料困难，搬运人员与设备增加。所以，应设法降低各方面的成本。

【考核评价】

日　期：　　年　　月　　日　　　　　　　　节　次：

操作人：

评分要素表

序号	作业环节	说明	级别	分值	箱数/次数	小计
1	拣选操作	拣出货品没有进行分类	3 级	0.6		
2	拣选操作	拣出的货品与单据不符	3 级	0.6		
3	拣选操作	拣出的货品数量与单据不符	3 级	0.6		
4	安全	单据掉落随意处置	3 级	1		
5	规范	没有复核、签字	4 级	0.8		
6	5S 要素	工具未归位	3 级	0.6		
心得体会						

填表人：

【课后作业】

1. 当堂上交考核评分表。
2. 良好仓库管理标准有哪些？

任务二　电子标签辅助拣货 DAS

【实训目标】

根据销售订单在金蝶 K3 软件中依次制作销售订单、发货通知单、拣货单，并根据电子标签提示进行播种，然后做拣取、复核、签字、还原等操作。

【任务说明】

播种式电子标签辅助拣货要求每个学生在金蝶 K3 软件中依次制作销售订单、发货通知单、拣货单（不需要打印）并保存审核，然后去播种式货架区将需要播种的货品用扫描枪扫描，根据电子标签提示进行客户播种，将所有的货品播种完成后，将拣出来的货品进行分类、放置指定位置上进行复核并在单据上签字，最后进行贴标签、装箱。该任务安排 1/4 课时，每个学生规定用时 5 分钟。

【实训准备】

摘取式货架区一排;电子标签辅助拣货管理系统一套;用光盘盒代替实物的光盘盒 200 张,其中农夫山泉饮用天然水、清风卷筒式纸巾、雕牌超能皂、广博图钉各 50 张(四种货品放在货架库隔板架上,储位为 020141、020142、020143、020144);480mm×380mm×150mm 的周转箱若干个;拣货通知单 80 张;单面封好的纸箱若干个(存放于货架库流利架,储位为:010241、010242、010243);客户标签若干;老师负责启动电子标签辅助拣货管理系统。该任务安排一个 4 人小组进行操作。

【实训内容】

一、课程组织

本节课由 4 个任务组成,分别是:摘取式人工拣货、摘取式电子标签辅助拣货、播种式人工拣货及播种式电子标签人工拣货。授新课时,全大组同学集中进行,由老师示范播种式电子标签拣货。待授课结束后,教师引领全组学生依次讲解其余任务。一名学生操作,一名学生进行操作前准备,两名学生检查评分。具体轮换方式见表 4-2-2。

表 4-2-2

	摘取式人工拣货	摘取式电子标签拣货	播种式人工拣货	播种式电子标签拣货
第一轮	第一组	第二组	第三组	第四组
第二轮	第二组	第一组	第四组	第三组
第三轮	第三组	第四组	第一组	第二组
第四轮	第四组	第三组	第二组	第一组
第五轮	第一组	第二组	第三组	第四组

二、实训过程

电子标签辅助拣货 DAS

第一步:从老师手中领取一份拣货通知单。

播种式拣货单 1

货品:农夫山泉饮用天然水　　　　编号:XOUT000005

客户名称	数量	单价	发货仓库	仓库储位	源单单号	备注
欧尚 海曙店	8	5	货架库	020131		
沃尔玛 临平店	8	5	货架库	020231		
新江夏 邱隘店	9	5	货架库	020331		
新江夏 高桥店	10	5	货架库	020333		
家乐福 江东店	10	5	货架库	020321		

播种式拣货单 2

货品:清风卷筒式纸巾　　　　编号:XOUT000006

客户名称	数量	单价	发货仓库	仓库储位	源单单号	备注
欧尚 江东店	9	17	货架库	020132		
沃尔玛 金华店	5	17	货架库	020232		
沃尔玛 浦江店	8	17	货架库	020233		
新江夏 石碶店	9	17	货架库	020334		
家乐福 琴桥店	10	17	货架库	020322		

播种式拣货单 3

货品:雕牌超能皂　　　　编号:XOUT000007

客户名称	数量	单价	发货仓库	仓库储位	源单单号	备注
欧尚 台州店	7	8	货架库	020121		
沃尔玛 桐乡店	8	8	货架库	020221		
新江夏 姜山店	8	8	货架库	020332		
乐购 天一店	7	8	货架库	020311		
家乐福 江东店	10	8	货架库	020321		

播种式拣货单 4

货品:广博图钉　　　　编号:XOUT000008

客户名称	数量	单价	发货仓库	仓库储位	源单单号	备注
欧尚 上海店	8	3	货架库	020112		
沃尔玛 临平店	6	3	货架库	020231		
新江夏 邱隘店	9	3	货架库	020331		
乐购 江北万达店	6	3	货架库	020312		
家乐福 南京店	10	3	货架库	020324		

第二步:打开金蝶 K3 软件,点击"供应链"→"销售管理"→"销售订单一新增";如:拣货单 1,见图 4-2-3。

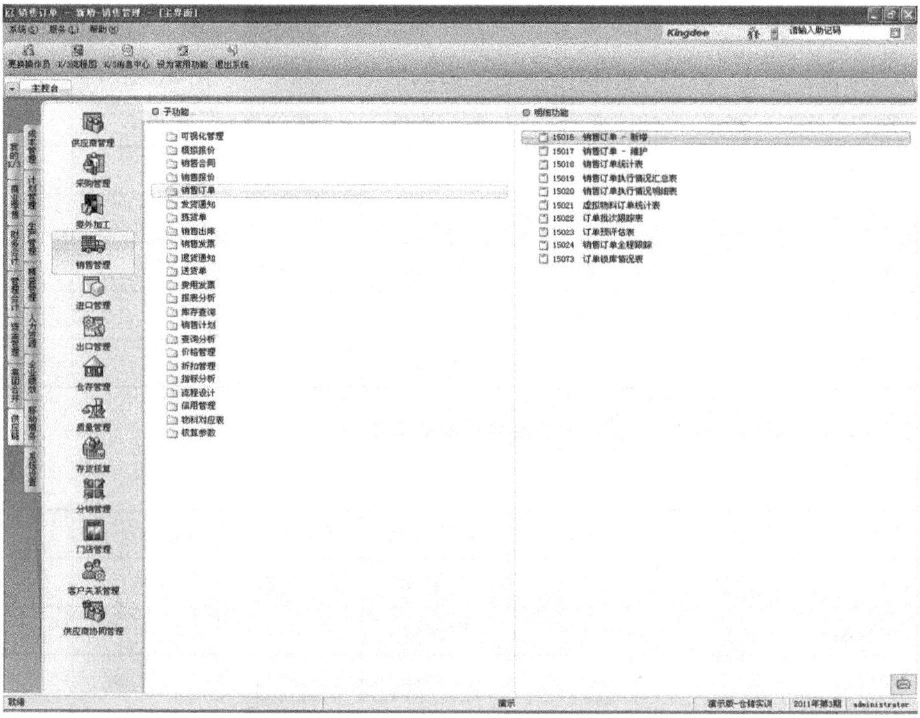

图 4-2-3

第三步：根据出库单的不同客户制作销售订单，点击“保存”，如图 4-2-4。

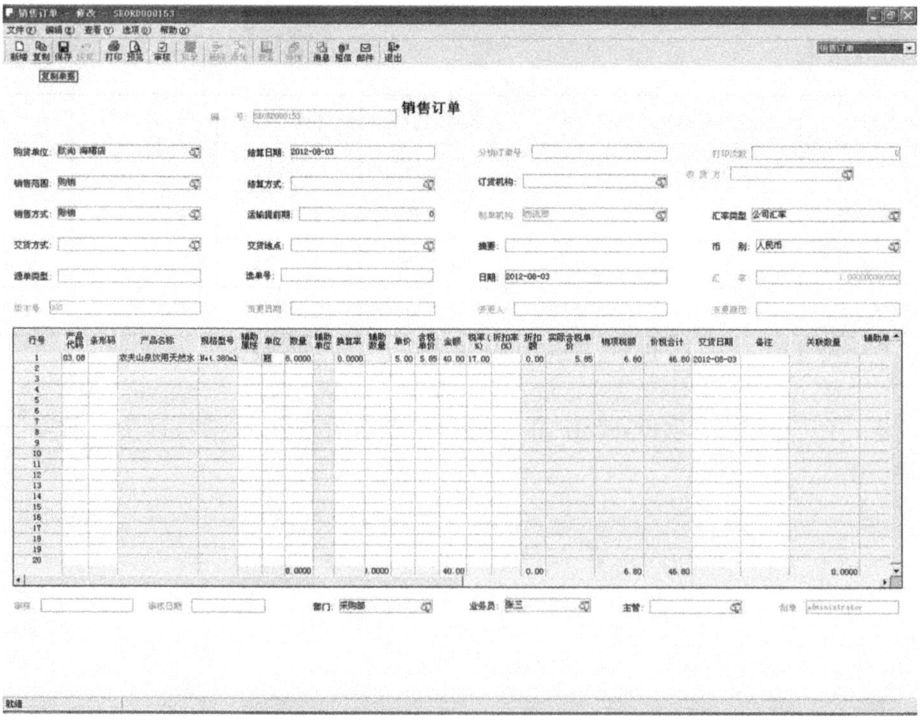

图 4-2-4

第四步：保存完毕后，点击菜单栏“审核”，如图 4-2-5。

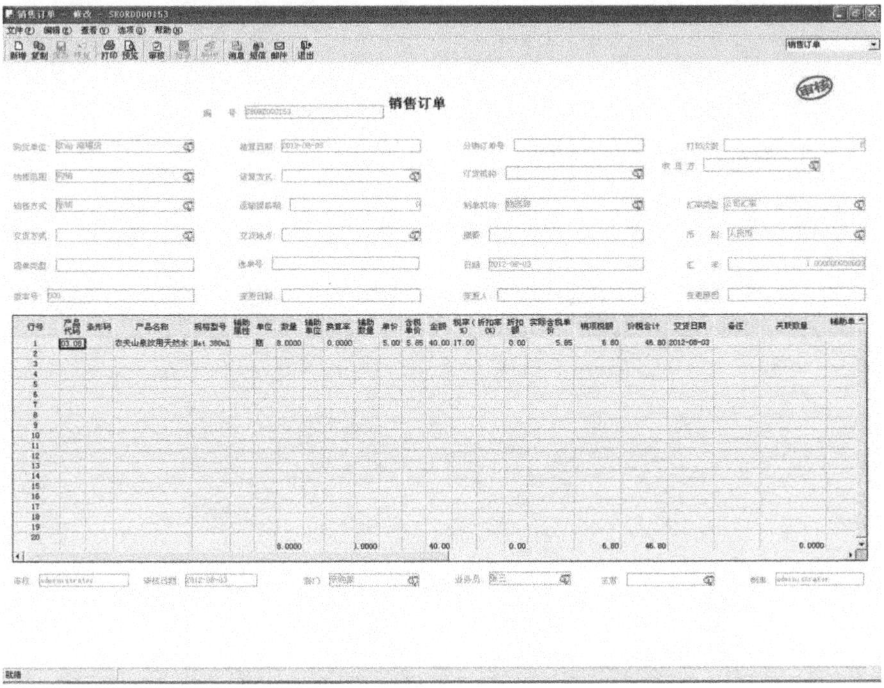

图 4-2-5

第五步：根据客户数量制作相应数量的销售订单，并依次“保存”“审核”，如图 4-2-6、图 4-2-7、图 4-2-8、图 4-2-9(共 5 客户)。

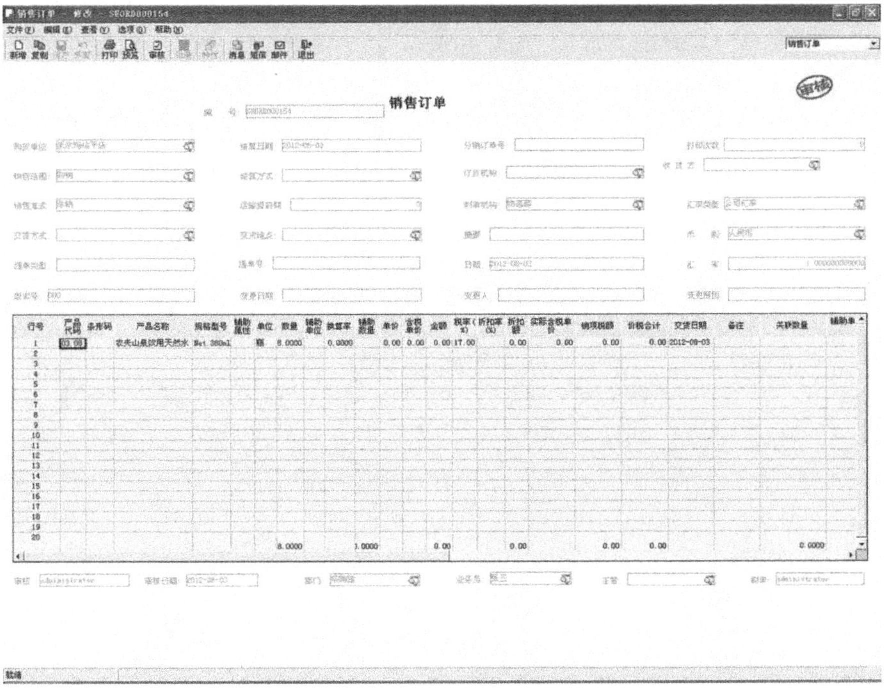

图 4-2-6

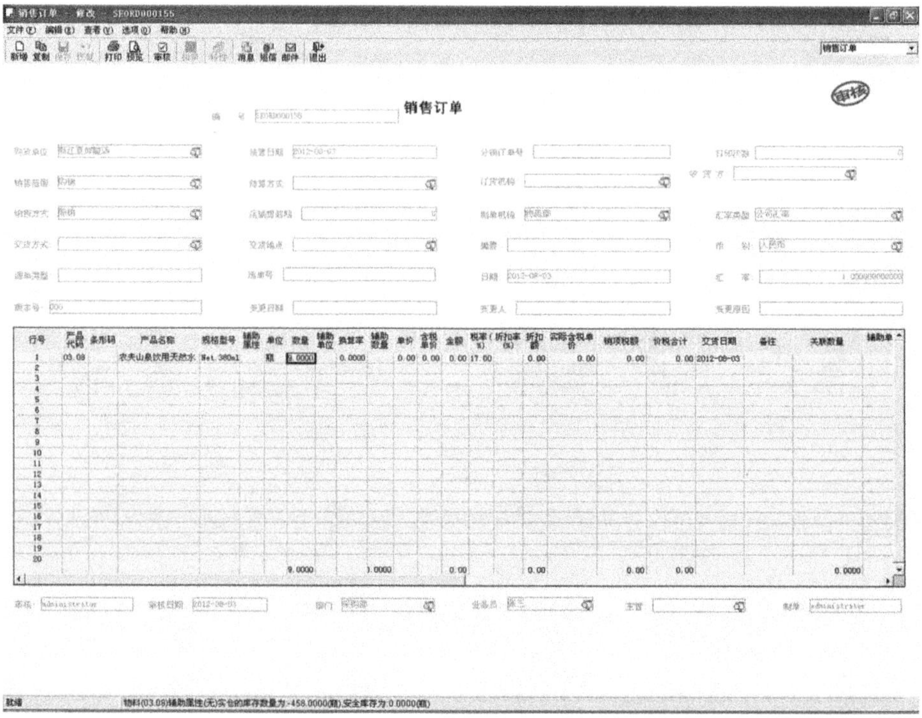
销售订单 - 修改 - SEORD000155
销售订单
行号
产品名称
农夫山泉饮用天然水
Net.380ml
2012-08-03
物料(03.08)辅助属性(无)实仓的库存数量为:-458.0000(瓶),安全库存为:0.0000(瓶)

图 4-2-7

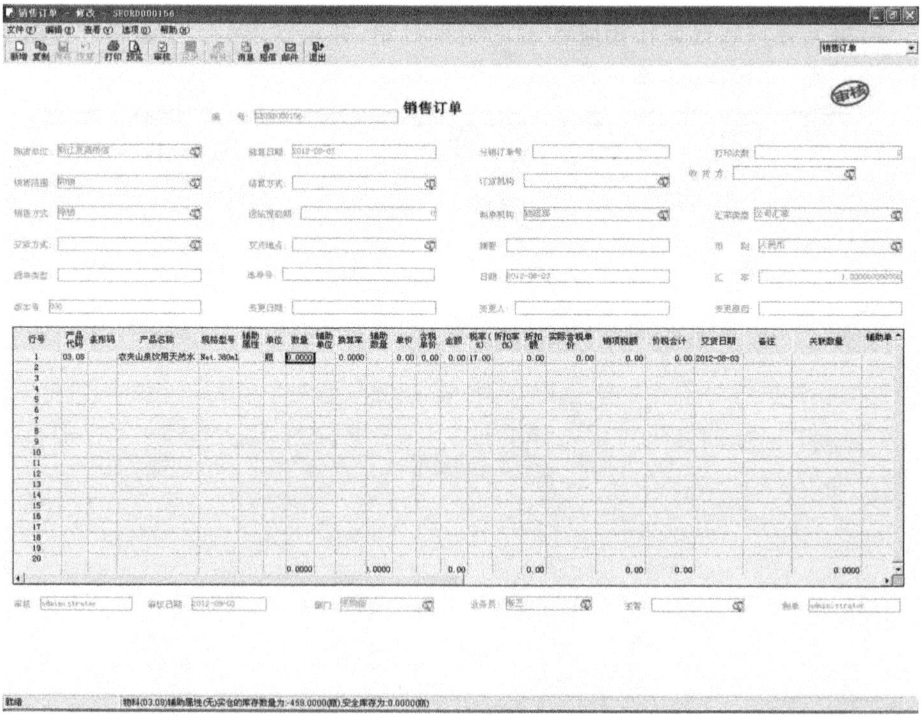
销售订单 - 修改 - SEORD000156
销售订单
行号
产品名称
农夫山泉饮用天然水
Net.380ml
2012-08-03
物料(03.08)辅助属性(无)实仓的库存数量为:-459.0000(瓶),安全库存为:0.0000(瓶)

图 4-2-8

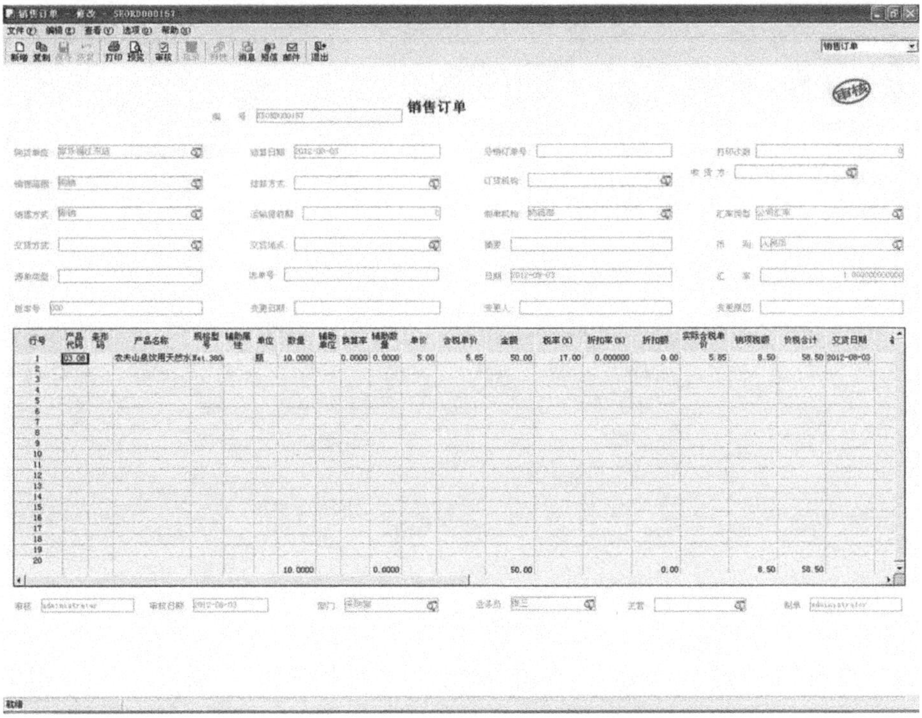

图 4-2-9

第六步：双击“供应链”→“销售管理”→“销售订单一维护”，如图 4-2-10、图 4-2-11。

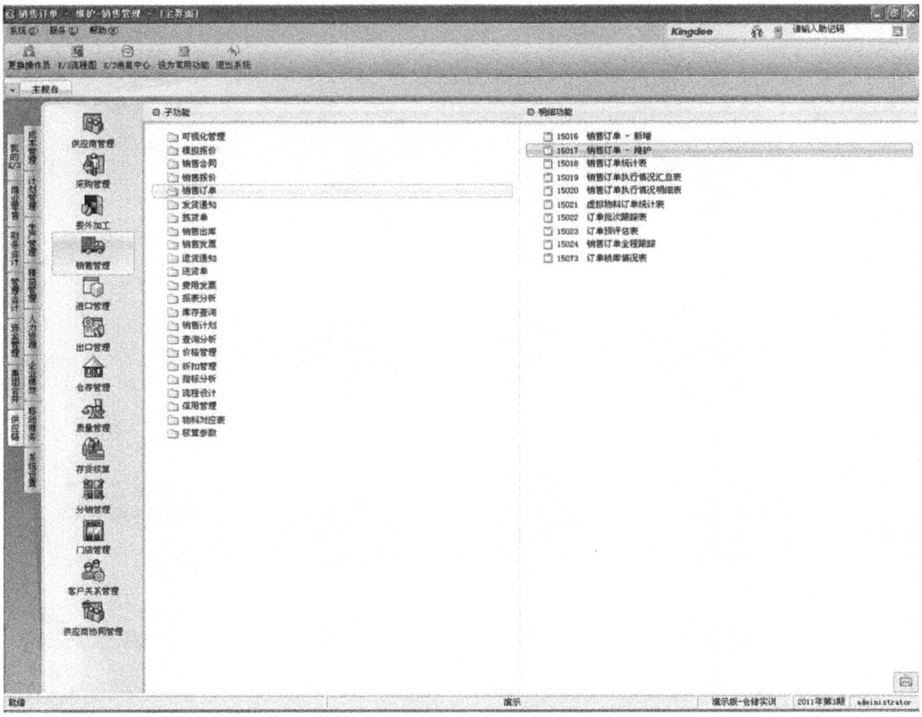

图 4-2-10

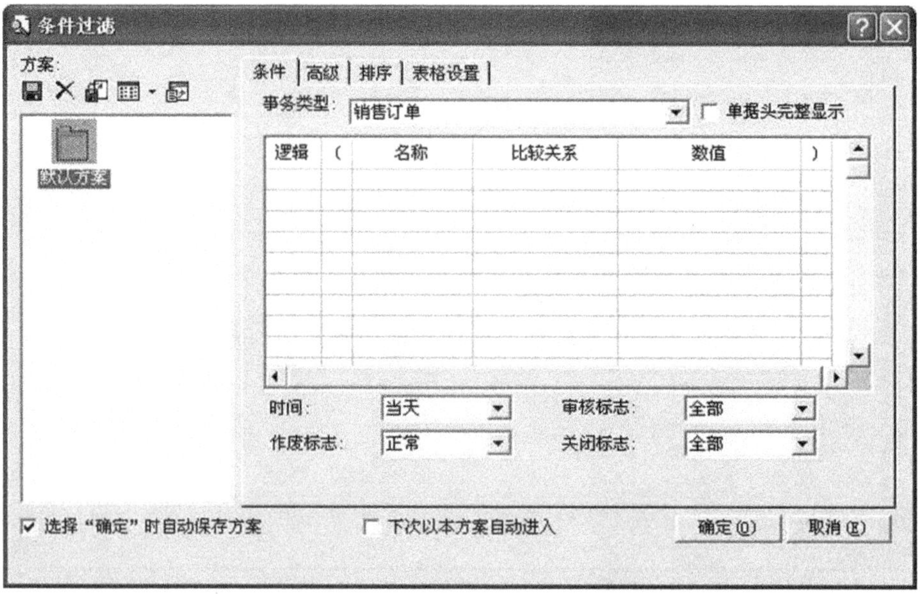

图 4-2-11

第七步:出现“条件过滤”提示框,点击“确定”进入维护界面,按住“ctrl”选中刚做的三张订单,点击菜单栏“下推”→“生成发货通知”,如图 4-2-12、图 4-2-13。

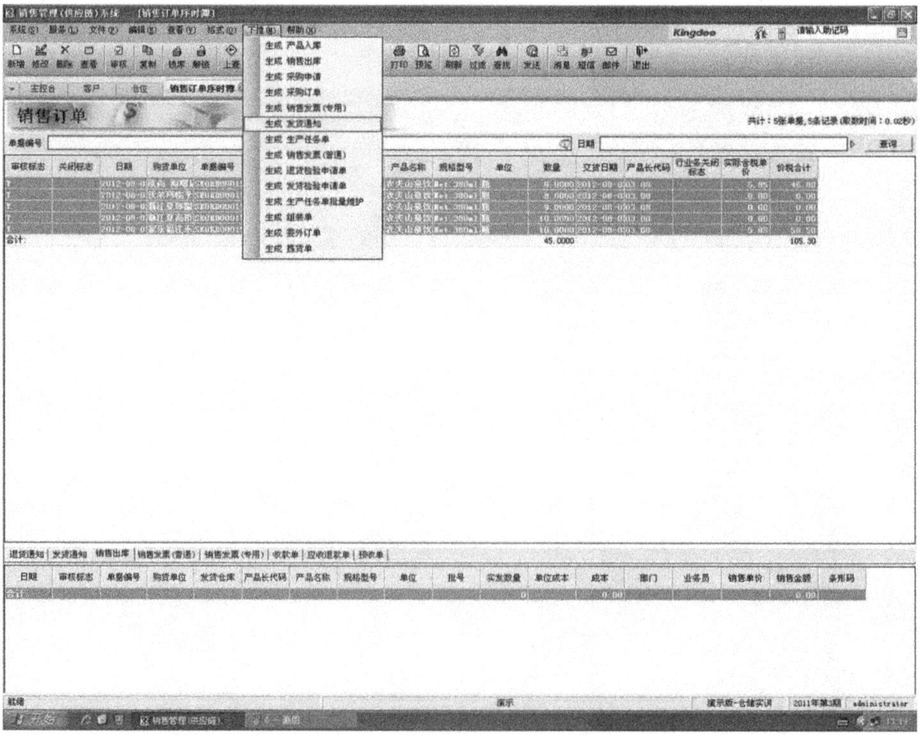

图 4-2-12

第八步:鼠标选中第一条,点击右边“生成”,如图 4-2-14。

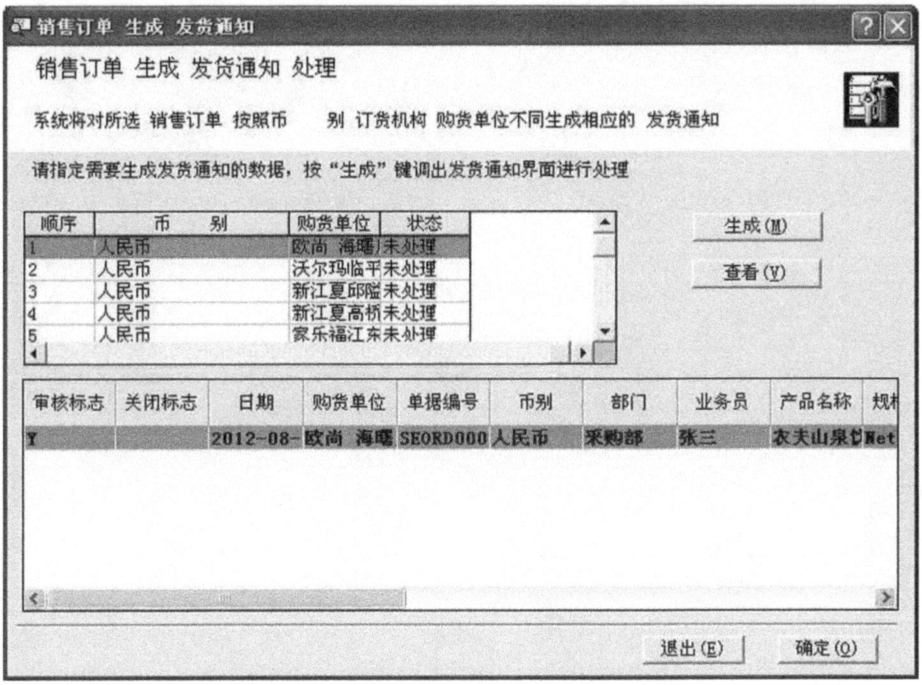

图 4-2-13

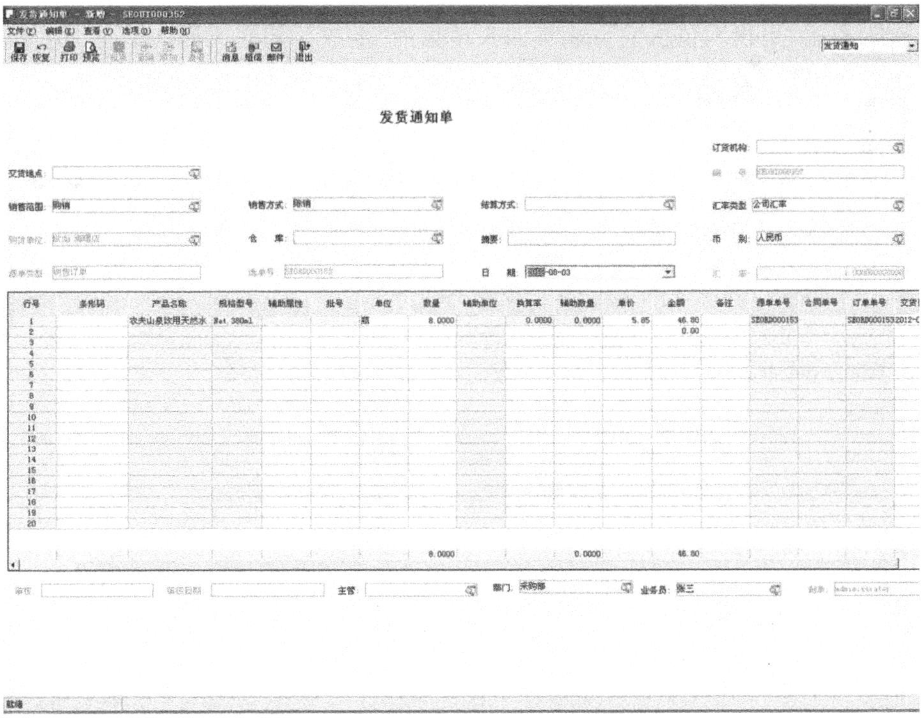

图 4-2-14

第九步：依次点击菜单栏“保存”“审核”，如图 4-2-15。

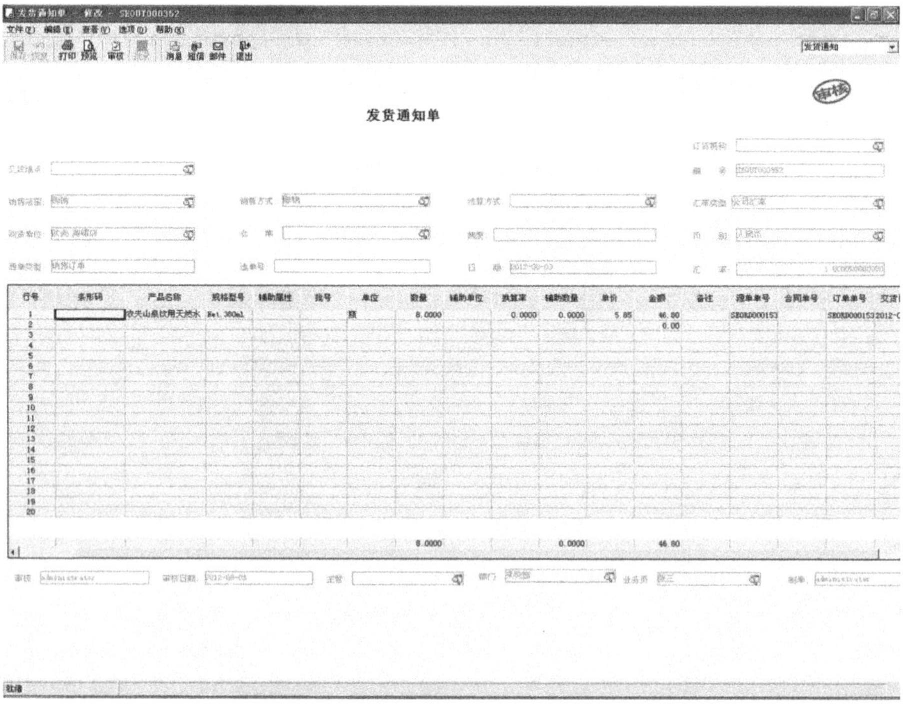

图 4-2-15

第十步：点击“退出”，依次完成剩下四张单据的“生成”，都完成后如图 4-2-16 所示。

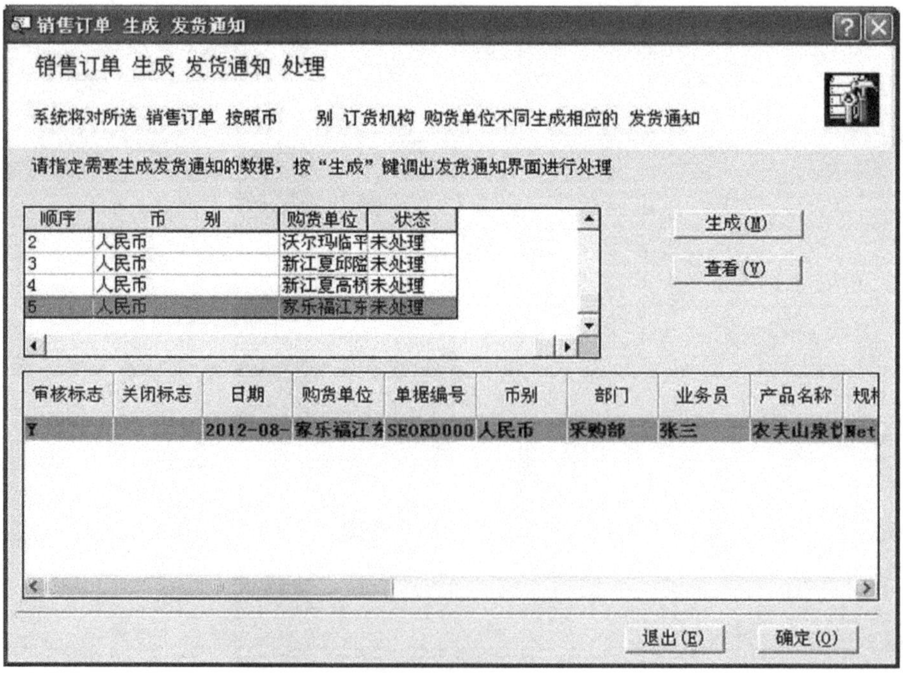

图 4-2-16

第十一步：按“退出”退出后，双击“供应链”→“销售管理”→“发货通知”→“发货通知单一维护”，如图 4-2-17、图 4-2-18。

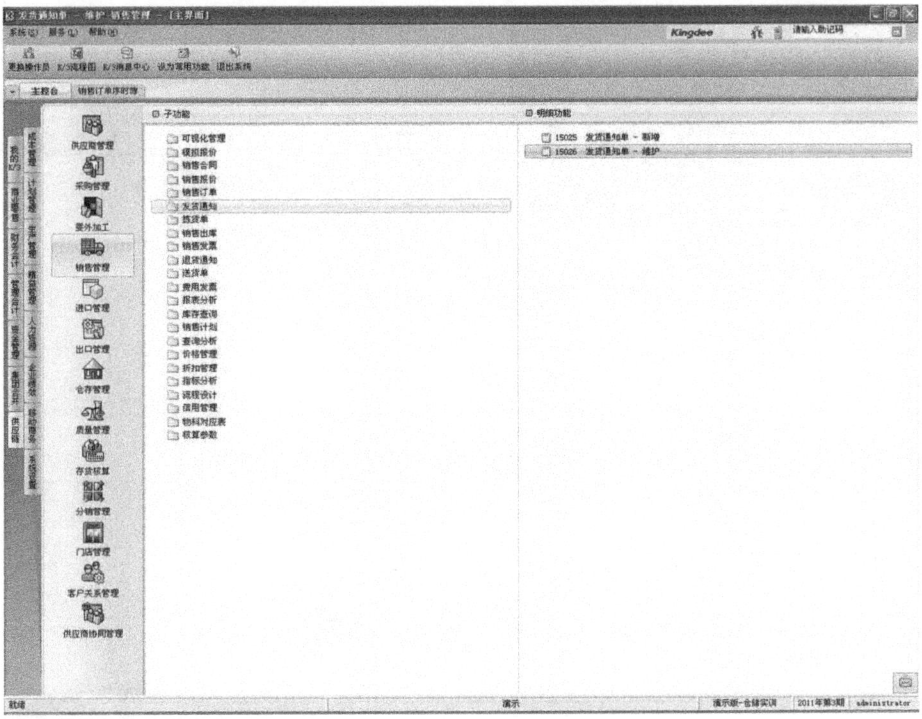

图 4-2-17

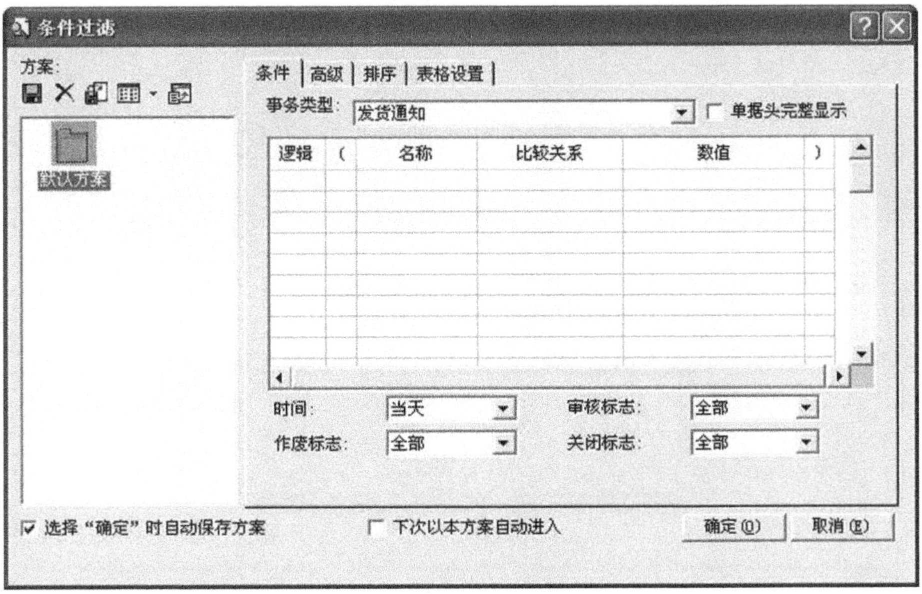

图 4-2-18

第十二步:出现“条件过滤”提示框,点击“确定”进入维护界面,按住“ctrl”选中刚做的五张单据,点击菜单栏“下推”→“生成拣货单”,如图 4-2-19、图 4-2-20。

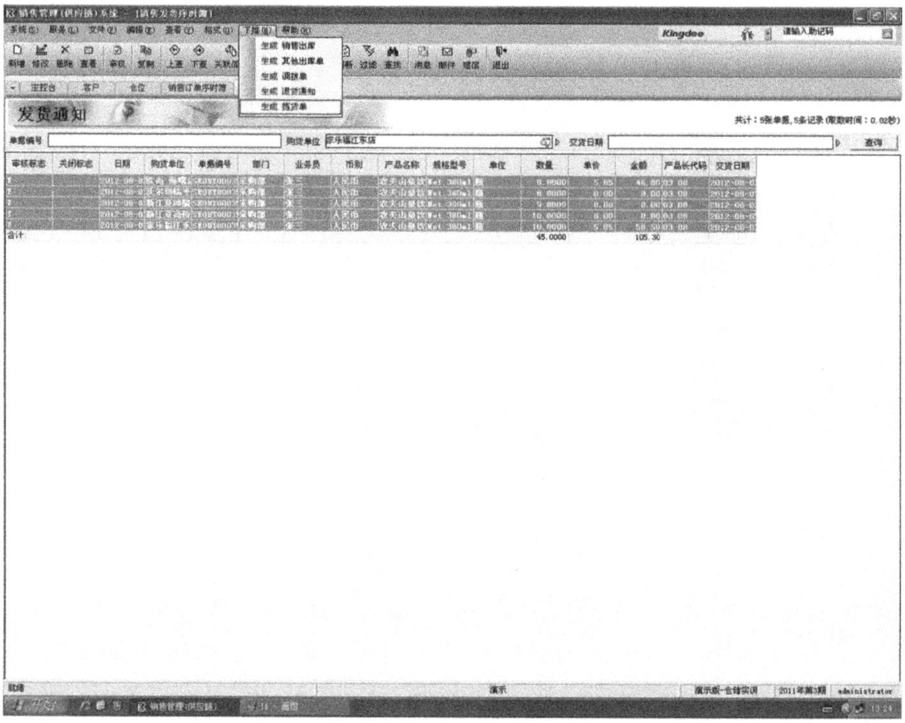

图 4-2-19

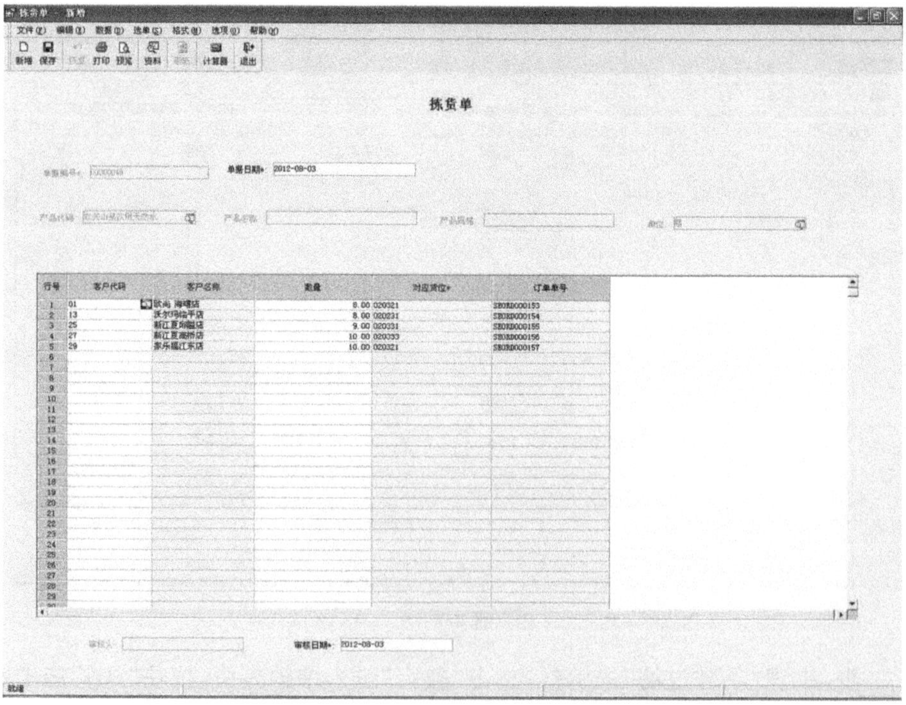

图 4-2-20

第十三步：点击"保存"后，点击"编辑"→"启动多级审核"，弹出"启动审核成功"对话框，按"确定"，如图 4-2-21、图 4-2-22。

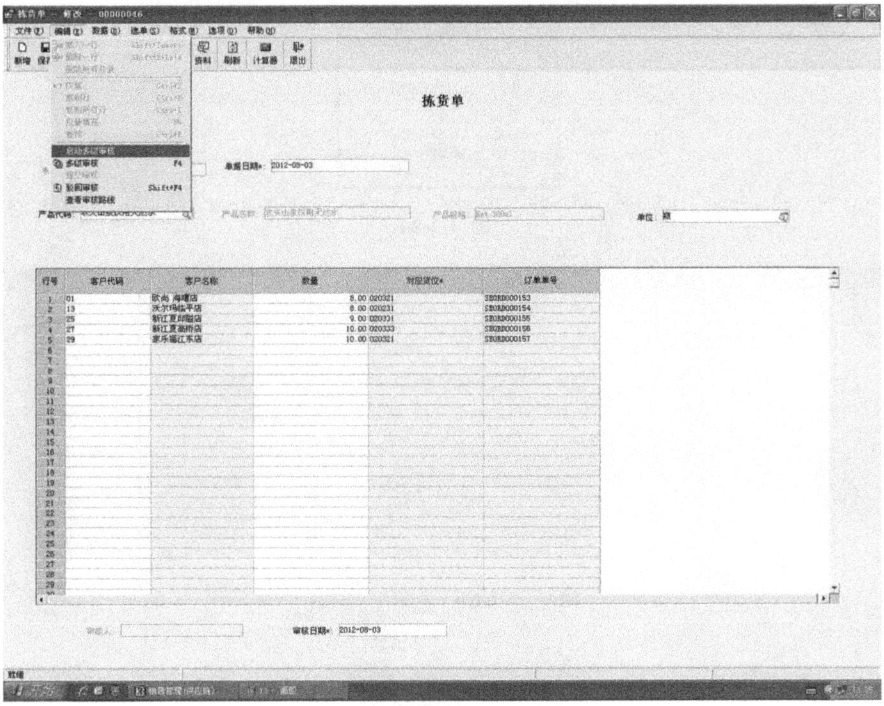

图 4-2-21

图 4-2-22

第十四步：点击“审核”，出现审核提示框，按“确定”，出现“单据审核成功”提示框，按“确定”，如图 4-2-23、图 4-2-24、图 4-2-25。

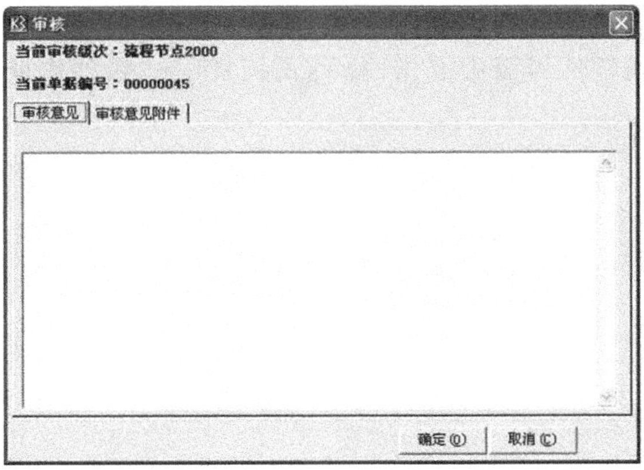

图 4-2-23

图 4-2-24

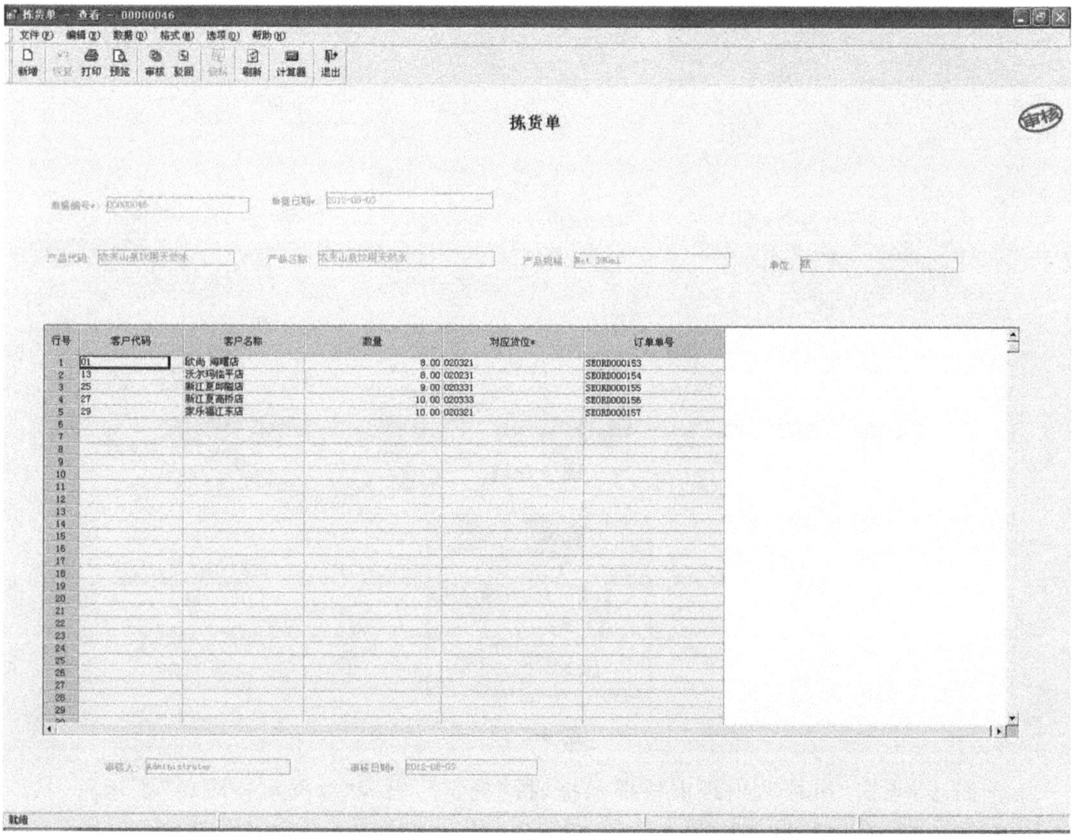

图 4-2-25

第十五步：在上尚科技软件界面中点击“播种式拣货”→“播种作业安排”，如图 4-2-26、图 4-2-27。

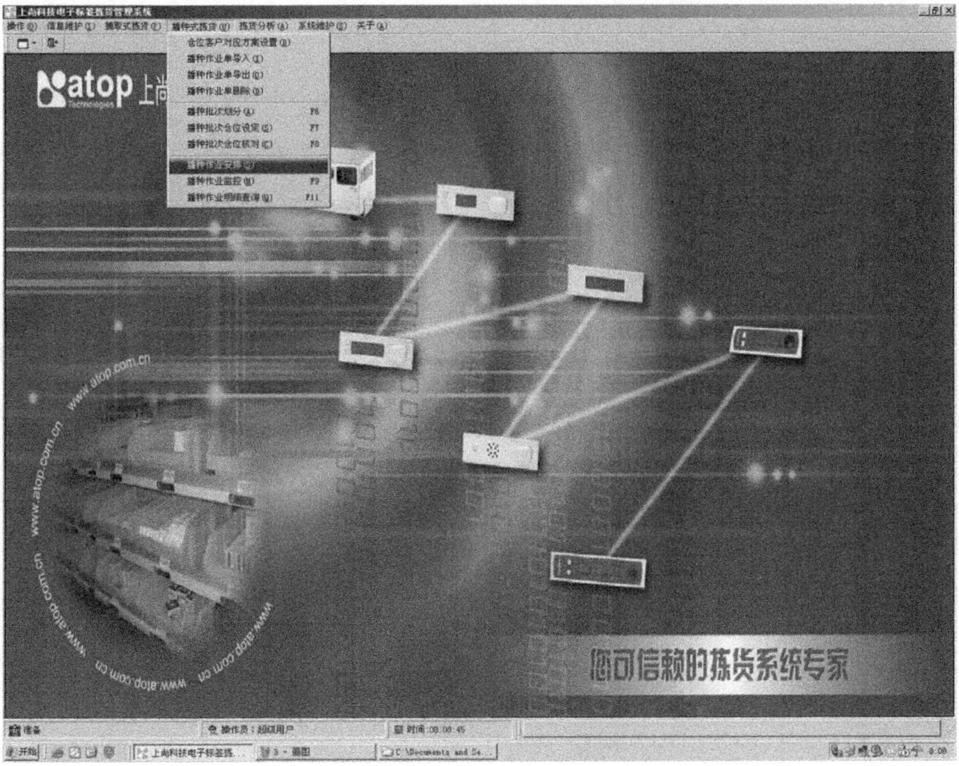

图 4-2-26

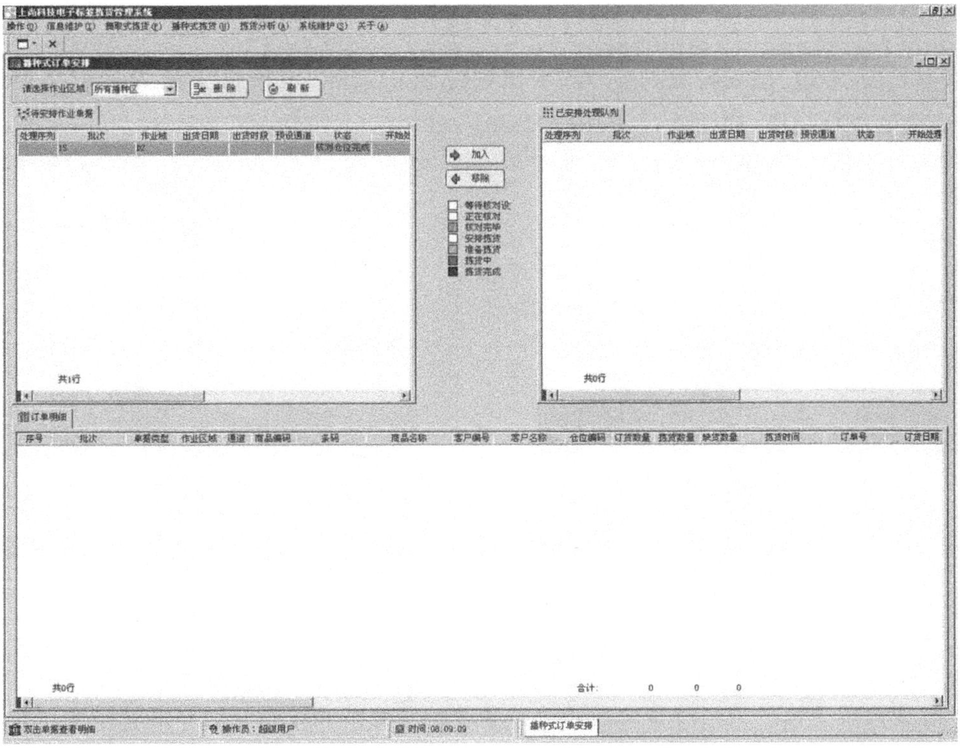

图 4-2-27

第十六步：选中左边“待安排作业单据”中的记录，点击中间“加入”，添加至右边“已安排处理队列”中，如图 4-2-28。

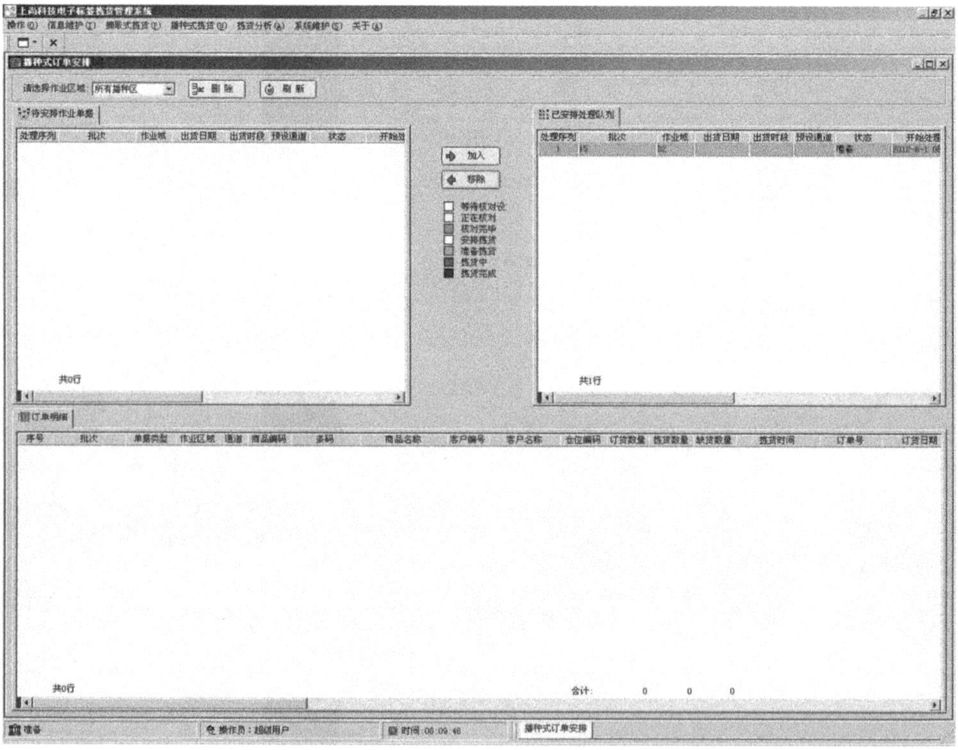

图 4-2-28

第十七步：右边“已安排处理队列”中出现绿色记录后，取单据中的货品至播种式货架区，用扫描枪进行扫描，如图 4-2-29、图 4-2-30。

图 4-2-29

图 4-2-30

第十八步：根据电子标签提示进行播种，要求先播种，后用手掌或指肚按灭确认键，如图 4-2-31、图 4-2-32。

图 4-2-31

图 4-2-32

第十九步：待所有的种类的货品播种完后，蜂鸣器会自动发出声音，然后用手掌或指肚按灭蜂鸣器旁的确认键，如图 4-2-33。

图 4-2-33

第二十步：将周转箱内的货品放置在输送带上，对所有拣出的货品进行种类和数量的复核，如图 4-2-34。

图 4-2-34

第二十一步：若数量与种类单据相符，在拣货单空白处签名。

第二十二步：根据单据在纸箱上贴上相应客户的标签，如图 4-2-35。

图 4-2-35

第二十三步：将货品进行分类装箱。

第二十四步：将工具设备还原归位。

【知识链接】

一、电子标签辅助拣货系统概述

电子标签辅助拣货系统，在欧美一般称为PTL(Pick-to-light or Put-to-light)System，在日本称之为CAPS(Computer Assisted Picking System)或者DPS(Digital Picking System)，主要是由主控计算机来控制一组安装在货架储位上的电子标签装置，借助上面的信号灯信号和显示屏上数字的显示来引导拣货人员正确、快速地拣取货品，它将拣货作业简化为"看、拣、按"三个单纯的动作，减少了拣货人员目视寻找的时间，而且它是一种无纸化的拣货系统，可大大提高拣选效率，降低拣错率和工人的劳动强度。

二、电子标签辅助拣货系统的优点：

1. 可以提高拣货速度及效率，降低误拣错误率，可减少到0.1%以下；
2. 提高出货配送效率；
3. 在线管理，拣货数据在线控制，库存数据一目了然；
4. 操作简单，人员不需特别培训，就能上岗工作。

【考核评价】

日　期：　　年　　月　　日　　　　　　　　节　次：

操作人：

评分要素表

序号	作业环节	说明	级别	分值	箱数/次数	小计
1	拣选操作	拣出货品没有进行分类	3 级	0.6		
2	拣选操作	拣出的货品与单据不符	3 级	0.6		
3	拣选操作	拣出的货品数量与单据不符	3 级	0.6		
4	拣选操作	未规范灭灯：不用手掌或指肚，而是用其它方式，特别是拳头(按发生次数计数)	4 级	1		
5	安全	单据掉落随意处置	3 级	1		
6	规范	没有复核、签字	4 级	0.8		
7	5S 要素	工具未归位	3 级	0.6		
心得体会						

填表人：

【课后作业】

1. 当堂上交考核评分表。
2. 解释电子标签辅助拣货系统。
3. 电子标签辅助拣货系统有哪些优点？

模块五　打印设备

项目一　激光打印机

任务一　单、双面打印

【实训目标】

根据要求打印文档。

【任务说明】

要求每个学生掌握打印机的开机，文档的打印及一般打印设置，尤其是掌握正反面打印时放纸的技巧。该任务安排 1/4 课时，每个学生规定用时 2 分钟。

【实训准备】

4 页的电子 word 文本 1 份；Lenovo LJ2200 激光打印机 1 台，该任务安排 1 个 4 人小组进行操作。

【实训内容】

一、课程组织

本节课由 4 个任务组成，分别是：激光打印机单、双面打印操作，票据打印机连打、票据打印机进纸操作，条码打印机标签打印软件操作。授新课时，全大组同学集中进行，由老师示范激光打印机单、双面打印操作。待授课结束后，教师引领全组学生依次讲解其余任务。一名学生操作，一名学生进行操作前准备，两名学生检查评分。具体轮换方式见表 5-1-1。

表 5-1-1

	激光打印机	票据打印机连打	票据打印机进纸	条码打印机
第一轮	第一组	第二组	第三组	第四组
第二轮	第二组	第一组	第四组	第三组
第三轮	第三组	第四组	第一组	第二组
第四轮	第四组	第三组	第二组	第一组

续 表

	激光打印机	票据打印机连打	票据打印机进纸	条码打印机
第五轮	第一组	第二组	第三组	第四组

二、实训过程

第一步：启动电脑并打开激光打印机开关。

第二步：打开电子文档，选择菜单栏“文件”→“打印”，如图 5-1-1。

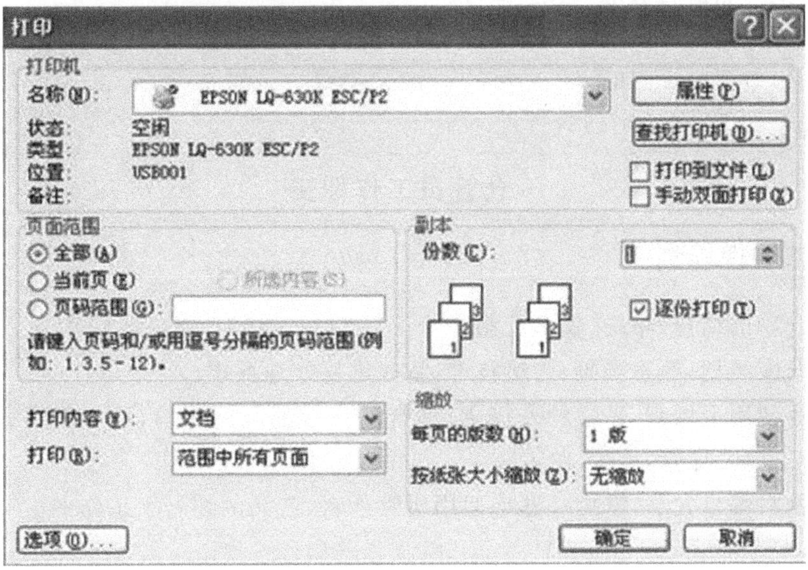

图 5-1-1

第三步：选择打印机“名称”，选择激光打印机 Lenovo LJ2200，如图 5-1-2。

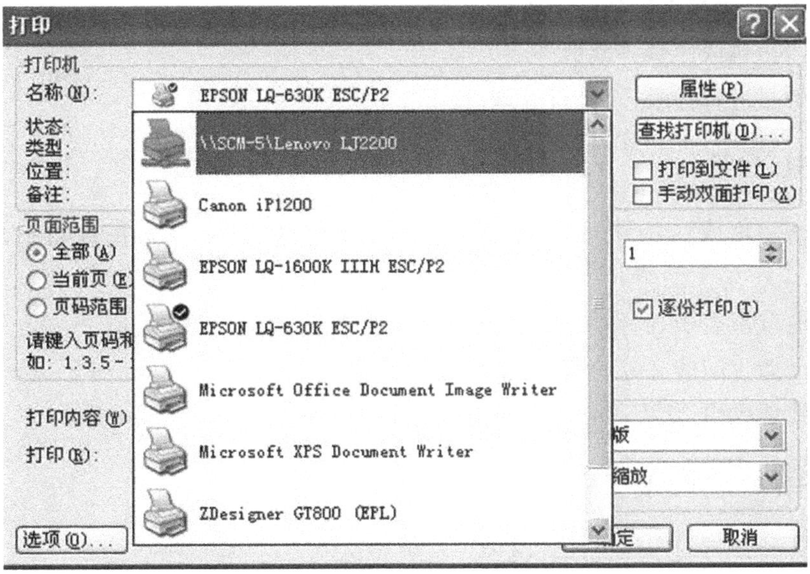

图 5-1-2

第四步：在单面打印中，可选择“页面范围”里的当前页，如图 5-1-3。

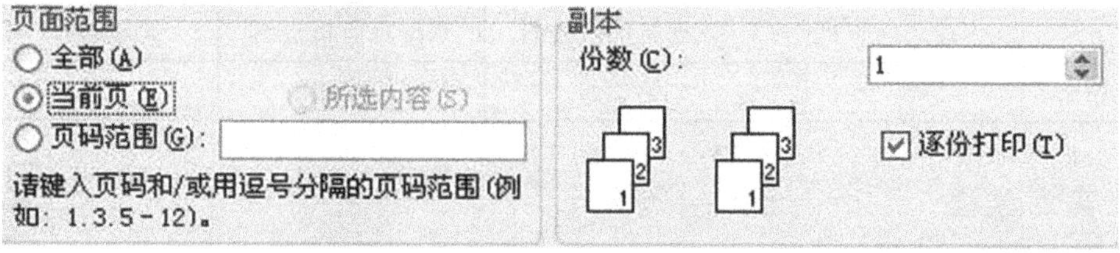

图 5-1-3

第五步：鼠标点击右下角“确定”即可。

第六步：若需要正反面，将前一步打出来的纸张，文字页朝上，倒放至纸盒内，盒上纸盒箱，重复第四步至第五步即可。

【知识链接】

仓管员工作职责

一、仓库管理规划

1. 熟悉仓库的结构、布局、技术定额。

2. 熟悉仓库规划，熟悉堆码、苫垫技术，掌握堆垛作业要求。

3. 在库容使用上做到：妥善的安排货位，合理高效的利用仓容，堆垛整齐、稳固，间距合理，方便作业、点数、保管、检查、收发。

4. 了解物料编号方法，掌握并熟练运用所管物料、产品的编号于工作中。

二、入库管理

1. 依物料验收规定点收物料。

2. 依半成品、成品入库规定点收入库。

3. 点收的物料依序整齐摆放。

4. 不合格品进行标示，或进行处理。

三、储存、保管

1. 熟悉仓储物质的特性、保管要求，能针对性地进行保管，防止货物损坏，提高仓储品质。

2. 熟练地填写表账、制作单证，妥善处理各种单证业务。

3. 了解仓储合同的义务约定，完整地履行义务。

4. 妥善处理风雨、热冻等自然灾害对仓储物资的影响，防止和减少损失。

四、搬运、防护管理

1. 掌握各种储物的搬运方法。

2. 熟练操作各种搬运工具。

3. 搬运、交付及时。

4. 严格执行仓库安全管理的规章制度，做好防火、防盗、防破坏、防虫鼠等安全保卫工作，防止各种灾害和人身伤亡事故，确保人身、物资、设备的安全。

五、出库管理

1. 依发料规定发料。
2. 依成品出货规定出货。

六、盘存管理

1. 定期进行仓库盘点。
2. 协同其他部门进行盘点差异处理。

【考核评价】

日 期： 年 月 日 节 次：

操作人：

评分要素表

序号	作业环节	说明	级别	分值	箱数/次数	小计
1	打印	打印机选择错误	3 级	0.6		
2	打印	正反面打印颠倒	3 级	0.6		
心得体会						

填表人：

【课后作业】

1. 当堂上交考核评分表。
2. 试详细论述仓管员的工作职责。

项目二　票据打印机

任务一　连打、进纸操作

【实训目标】

根据要求打印文档。

【任务说明】

要求每个学生掌握票据打印机的开机，前部塞纸及连打时后部打印纸张的摆放。该任务安排 1/4 课时，每个学生规定用时 3 分钟。

【实训准备】

4 页的电子 word 文本 1 份；EPSONLQ-630K 打印机 2 台。该任务安排一个 4 人小组进行操作。

【实训内容】

一、课程组织

本节课由 4 个任务组成，分别是：激光打印机单、双面打印操作，票据打印机连打、进纸操作，条码打印机标签打印软件操作。授新课时，全大组同学集中进行，由老师分别示范票据打印机连打、进纸操作。待授课结束后，教师引领全组学生依次讲解其余任务。一名学生操作，一名学生进行操作前准备，两名学生检查评分。具体轮换方式见表 5-2-1：

表 5-2-1

	激光打印机	票据打印机连打	票据打印机进纸	条码打印机
第一轮	第一组	第二组	第三组	第四组
第二轮	第二组	第一组	第四组	第三组
第三轮	第三组	第四组	第一组	第二组
第四轮	第四组	第三组	第二组	第一组
第五轮	第一组	第二组	第三组	第四组

二、实训过程

（一）连打操作

第一步：启动电脑并打开票据打印机开关。

第二步：将连打纸两边的洞眼套入打印机中，注意左右对称。

第三步：按“进纸”键，使纸张进纸。

第四步：打开电子文档，选择菜单栏“文件”→“打印”，如图 5-2-1。

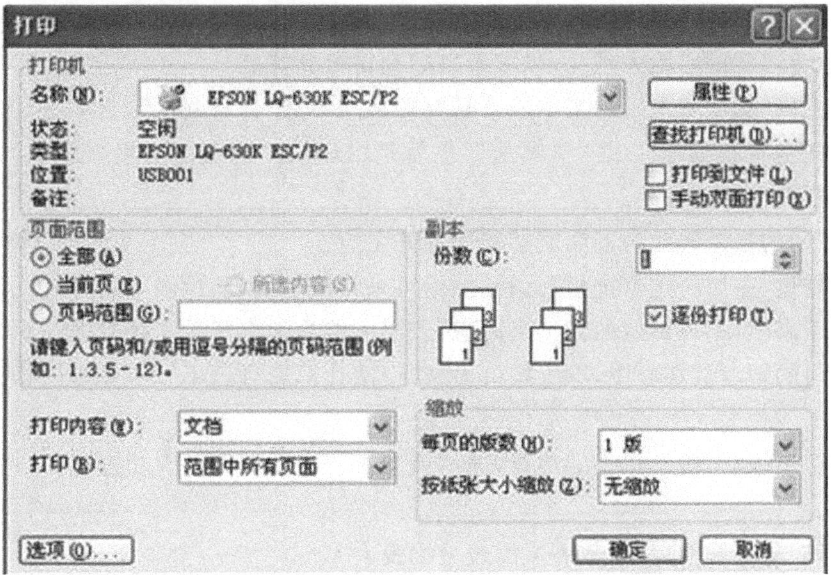

图 5-2-1

第五步：选择打印机“名称”，选择票据打印机 EPSONLQ-630K。

第六步：根据需要选择“页面范围”和“份数”。

第七步：鼠标点击右下角“确定”即可。

（二）进纸操作

第一步：将打印纸平推进打印机板上。

第二步：打印机会感应进纸，调整夹板宽度即可。

【知识链接】

仓管员必备才能之一

一、专业知识

仓管员应加强业务学习和训练，熟能生巧地掌握计量、衡量、测试用具和仪器的使用；掌握分管物资的货物特性、品质标准、保管知识、作业要求和工艺流程；掌握仓库管理的新技术、新工艺，适应仓储自动化、现代化、信息化的发展，不断提高仓储的管理水平；了解仓库设备和设施的性能和要求，督促设备维护和维修。

二、“承上”“启下”的能力

承上，是得到上司的赏识；启下，是获得部属的支持。只能承上不能启下，“看高不看低”，部属会越来越反感，将来事情会越来越难办；只能启下不能承上，叫作“看低不看高”，得不到上级的赏识，哪里还有什么前途？

1.承上。

(1)心目中要尊重上司的存在，却不可以只是表面讨好上司。

如果存心表面讨好上司，迟早会弄得彼此都不愉快，最好的方式是“心目中尊重上司”，却绝对不要存心表面去讨好上司。

(2)以理智客观的心境来顺从，以求事事顺利得恰到好处。

中国人主张“部属对主管的基本心态是要顺从”，不是“盲目顺从”，更不是“表面顺从”。

对主管的基本心态，应该是“要顺从”，也就是“以理智、客观的心境来顺从”，唯有如此，才能够事事顺利得恰到好处。

(3)把上司的指令转化为部属能够接受的好主意。

①直接传达，基层一定会抗拒。遇到抗拒再来设法解决，已经慢了一步。

②防患于未然，站在部属的立场来考虑，怎样才能为他们所乐于接受呢？此为第一步。

③把上司的旨意放在心中，不直接讲出来，设法让部属自己不知不觉地讲出来。此为中心步骤。

④部属讲出来后，给予相当的尊重，他们就会乐于接受。至此大功告成。

2.启下。

(1)心目中有部属的存在，却不可以过分溺爱。

中国人主张“上司应该关心、照顾部属”，但不是赞成溺爱部属，因为那样会“爱之足以害之”，使部属无法正常成长，永远成不了大器。

上司有教导部属的责任，你既然是基层人的上司，自然不可以不教导、辅助部属。

(2)以教他、看得起他的心境来感应部属。

感应就是互助，以此心感动彼心，用己心打动他心。上司能够善“感”，部属就会产生良好的“应”。

中国人最不喜欢别人管他，却最希望别人看得起他。所以用“看得起”的心境来感应部属，最为有效。

不会做的，教他；不肯做的，知他；不敢做的，谅他。一切以“安全”为基础，自然产生良好的感应。

(3)把部属的意见适当地转化成为高层能够接纳的好主意。

直接把话传给上司，恐怕不是最好的办法，但是擅自改变，说不定又会惹是生非，真是两难。

上司听见之后，往往马上追问：“是谁说的？”然后立即把提意见的部属找去大骂一场，部属还以为你有意出卖他。

把部属的信息向上传达，应该有一套比较妥善的方式，必须好好磨炼。

【考核评价】

日　期：　　年　　月　　日　　　　　　　节　次：

操作人：

评分要素表

序号	作业环节	说明	级别	分值	箱数/次数	小计
1	打印	打印机选择错误	3 级	0.6		
2	打印	连打纸张安装步对车	3 级	0.6		
3	打印	卡纸	2 级	0.4		
心得体会						

填表人：

【课后作业】

1. 当堂上交考核评分表。

2. 对仓管员必备的“承上”“启下”的能力谈谈自己的感想。（要求 200 字以上）

项目三　条码打印机

任务一　条码打印软件操作

【实训目标】

打印一种货品的条码标签。

【任务说明】

要求每个学生掌握条码打印机的开关机操作，熟练运用条码编辑软件 BarTender 打印条码。该任务安排 1/4 课时，每个学生规定用时 5 分钟。

【实训准备】

广博图钉 1 个；农夫山泉饮用天然水 1 瓶；心相印卷筒纸 1 卷；该任务安排一个 4 人小组进行操作。

【实训内容】

一、课程组织

本节课由 4 个任务组成，分别是：激光打印机单、双面打印操作，票据打印机连打、票据打印机进纸操作，条码打印机标签打印软件操作。授新课时，全大组同学集中进行，由老师示范标签打印软件操作、双面打印操作。待授课结束后，教师引领全组学生依次讲解其余任务。一名学生操作，一名学生进行操作前准备，两名学生检查评分。具体轮换方式见表5-3-1。

表 5-3-1

	激光打印机	票据打印机连打	票据打印机进纸	条码打印机
第一轮	第一组	第二组	第三组	第四组
第二轮	第二组	第一组	第四组	第三组
第三轮	第三组	第四组	第一组	第二组
第四轮	第四组	第三组	第二组	第一组
第五轮	第一组	第二组	第三组	第四组

二、实训过程

第一步：启动电脑并打开条码打印机开关。

第二步：打开桌面上条码编辑软件，如图 5-3-1。

图 5-3-1

第三步：双击图标选择“开始新的标签格式”→“空白标签格式”→完成，如图 5-3-2。

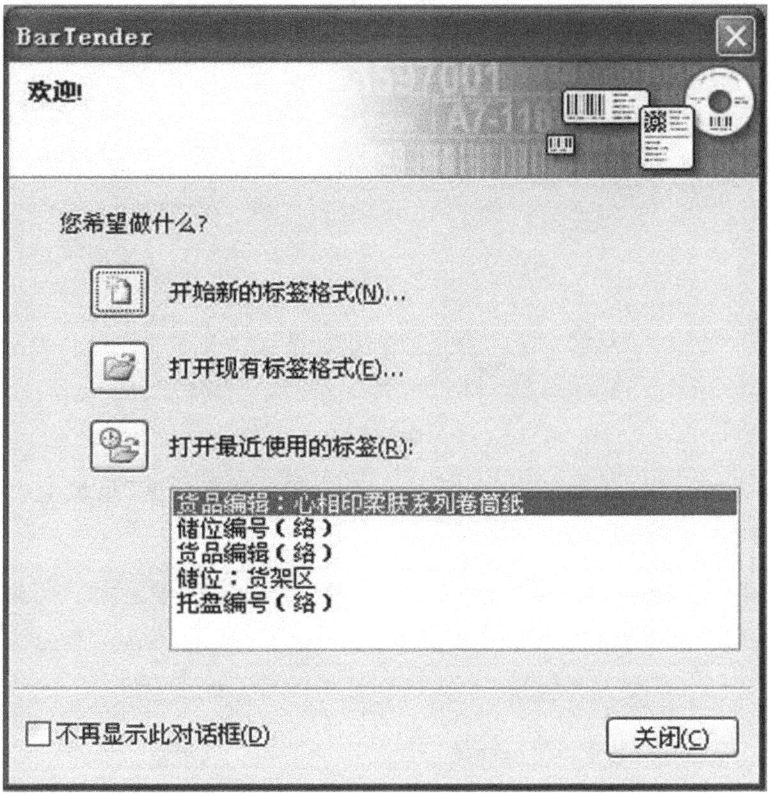

图 5-3-2

第四步：点击T，插入文本，双击“样本文本”，在“屏幕数据”中输入“农夫山泉饮用天然水”→确定，如图 5-3-3。

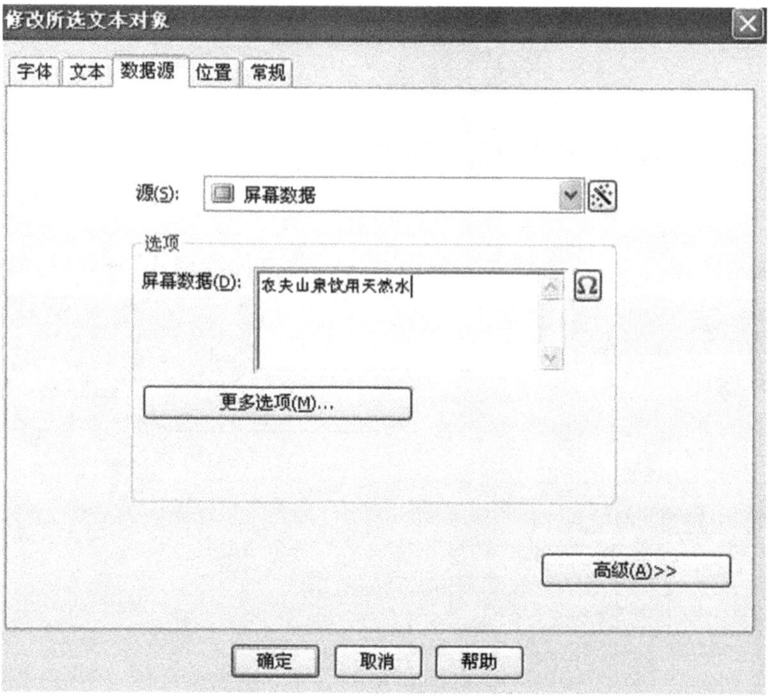

图 5-3-3

第五步：点击▦，插入条形码，双击插入的图标，在“屏幕数据”里填上农夫山泉的条形码，点击确定，如图 5-3-4。

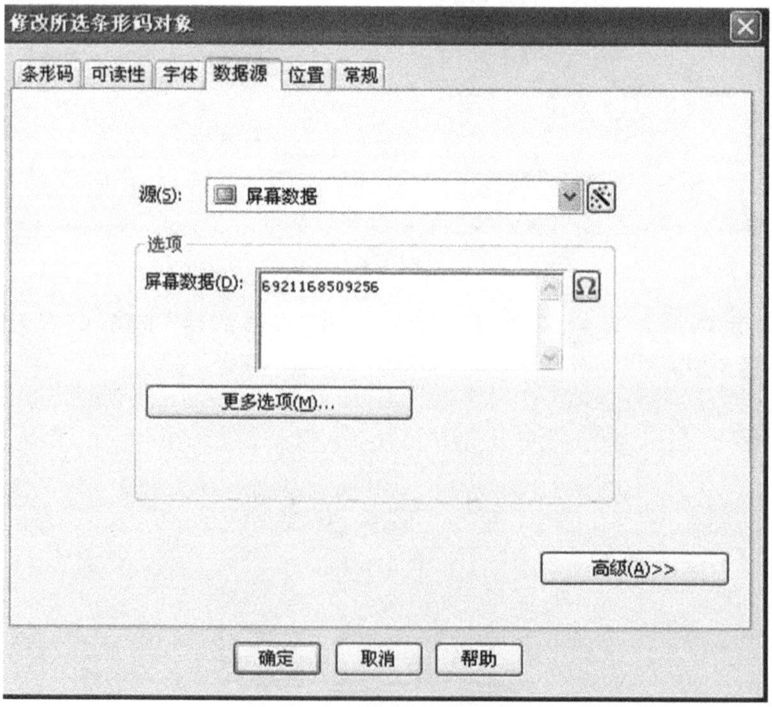

图 5-3-4

第六步:调整上下、左右间距,如图 5-3-5。

图 5-3-5

第七步:选择“文件”→“打印”。

【知识链接】

仓管员必备才能之二

一、正确报告工作的能力

1. 报告首先从结论开始。

报告的对象最想知道的是结果或结论,所以首先要说的是结论,然后再叙述经过或理由。

2. 以事实为基础,抓住要领,简明扼要。

前言过长、语言分散、不知所云,对方一定会感到烦躁,所以一定要条理清晰,尽可能只报告客观事实。加入自己的意见或推测时,注意要先说明“我的意见是……”,然后再进行叙述,灵活应用 5W1H 法(Why、What、Who、When、Where、How)会取得很好的效果。

3. 口头报告的注意点。

(1)根据报告的内容、情况,预先考虑要进行几分钟的报告;

(2)确认报告对象当时是否方便;

(3)如就报告内容被提问,听完问题后应进行回答。

4. 书面报告的注意点。

(1)注意报告发出的时间。

如:

日报:次日 9:00 前发出。

周报:次周一早上应发出。

月报:次月 3 日前应发出。

(2)注意报告的书写格式。

一般按照结论、结果、理由,经过的顺序进行书写。

改善作业报告陈述的顺序一般为:现状陈述,原因分析,改善措施,改善结果(包括效果维持情况——推移图),结论(包括需修改的作业文件)。

(3)注意用词简练。

报告的文字要求简练,句子短小,尽可能按条目书写。

(4)注意用数据、图表表达。

尽量使用数据及图表来表示。

(5)须注明报告分发的部门。

须注明报告分发的部门,以便大家知道哪些部门收到了报告。

【考核评价】

日　期:　　年　　月　　日　　　　　　节　次:

操作人:

评分要素表

序号	作业环节	说明	级别	分值	箱数/次数	小计
1	打印	打印机选择错误	3级	0.6		
2	打印	打印软件操作顺序错误	3级	0.6		
心得体会						

填表人:

【课后作业】

1. 当堂上交考核评分表。

2. 写出使用 BarTender 条码编辑软件打印条码“农夫山泉饮用水 6921168509256”的操作步骤。

3. 仓管员在进行口头报告时应注意哪些问题?

4. 仓管员在进行书面报告时应注意哪些问题?

模块六　信息采集与处理设备

项目一　RF 手持终端简介

任务一　RF 手持终端基本操作

【实训目标】

在规定时间内每个同学完成手持终端的基本操作。

【任务说明】

RF 手持终端基本操作主要介绍手持终端的握法、开机、挂起、热启动、基本功能键、条码测试软件等，要求学生熟练掌握并灵活运用。该任务安排 1/4 课时，每个学生规定用时 3 分钟。

【实训准备】

RF 手持终端 1 个；1200mm×1000mm 的托盘 2 个；190mm×370mm×270mm 的纸箱 30 个；285mm×380mm×270mm 的纸箱 30 个，该任务安排一个 4 人小组进行操作。

【实训内容】

一、课程组织

本节课由 3 个大任务组成，分别是：RF 手持终端的基本操作、入库操作作业和补货操作作业。其中，入库操作作业具体又分成制单及入库检验操作、组盘和入库上架操作。实训时分为四组。授新课时，全大组同学集中进行，由老师示范演示 RF 手持终端几个基本操作。待授课结束后，教师引领全组学生依次讲解其余任务。一名学生操作，一名学生进行操作前准备，两名学生检查评分。具体轮换方式见表 6-1-1。

表 6-1-1

	RF 基本操作	制单 & 入库检验	组盘 & 入库上架	补货
第一轮	第一组	第二组	第三组	第四组
第二轮	第四组	第三组	第二组	第一组

续 表

	RF 基本操作	制单 & 入库检验	组盘 & 入库上架	补货
第三轮	第二组	第一组	第四组	第三组
第四轮	第三组	第四组	第一组	第二组
第五轮	第一组	第二组	第三组	第四组

二、实训过程

1. 手持的握法：一般采用悬挂于臂上和手握两种方式，如图 6-1-1、图 6-1-2。

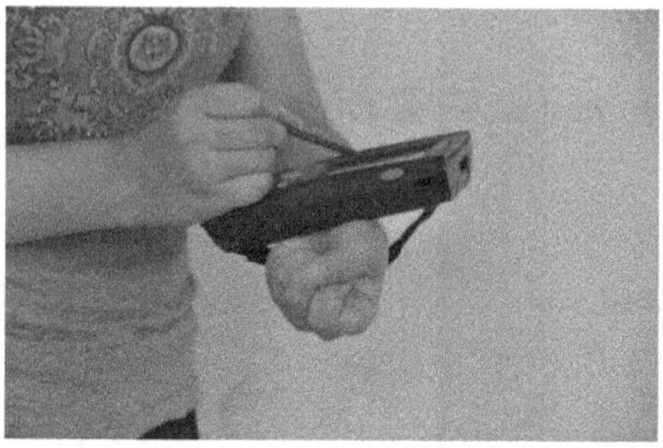

图 6-1-1

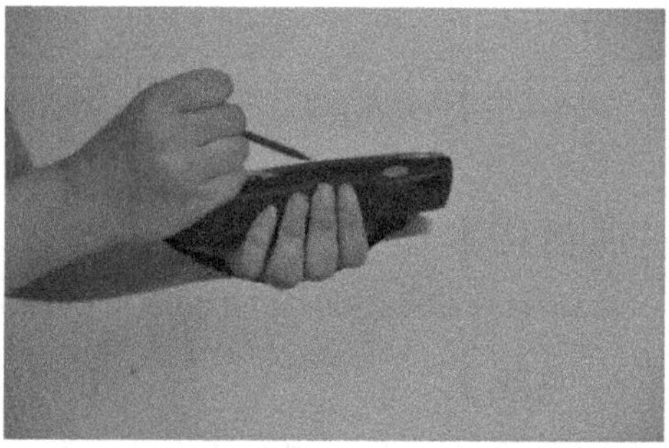

图 6-1-2

2. 开机/挂起

开机/挂起键：点击功能键盘上左边第一列上数下第三个键，如图 6-1-3。

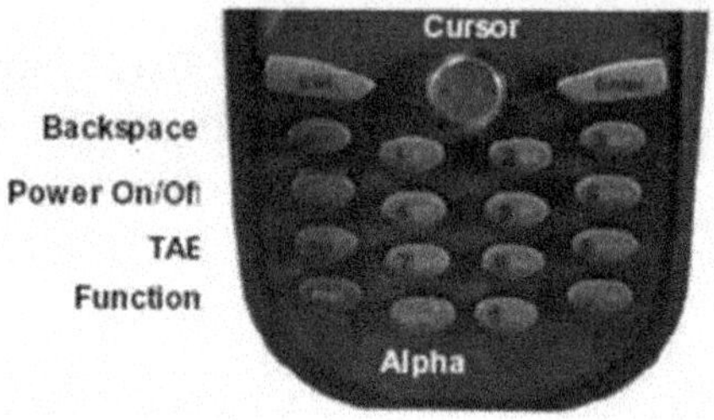

图 6-1-3

3. 热启动

(1)软件操作

第一步：点击 RF 操作界面里的"开始"→"程序"→"Utinities"→"BootMode"，如图 6-1-4。

第二步：点击左边的"Warn Boot"即可完成热启动操作，如图 6-1-5。

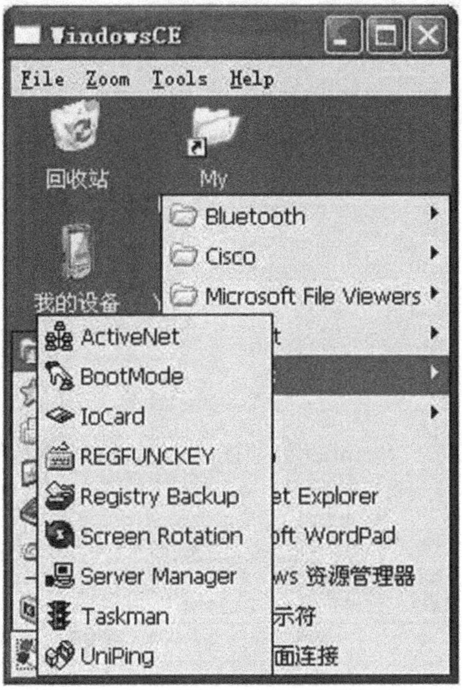

图 6-1-4

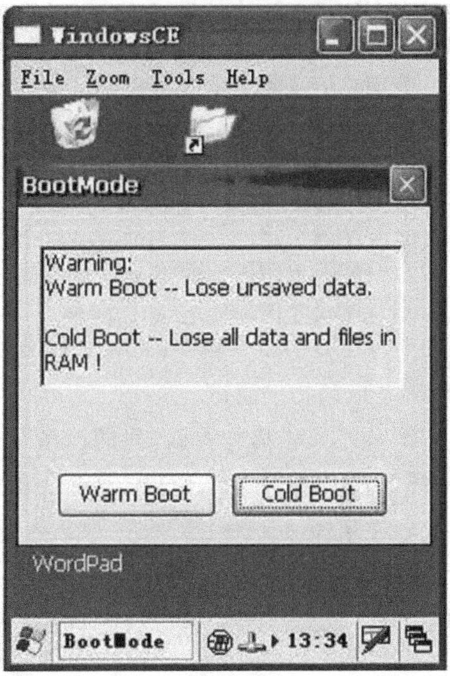

图 6-1-5

(2)复位键操作。

当出现死机时,一般用回形针插入"RESER"插孔即可完成热启动操作,如图 6-1-6。

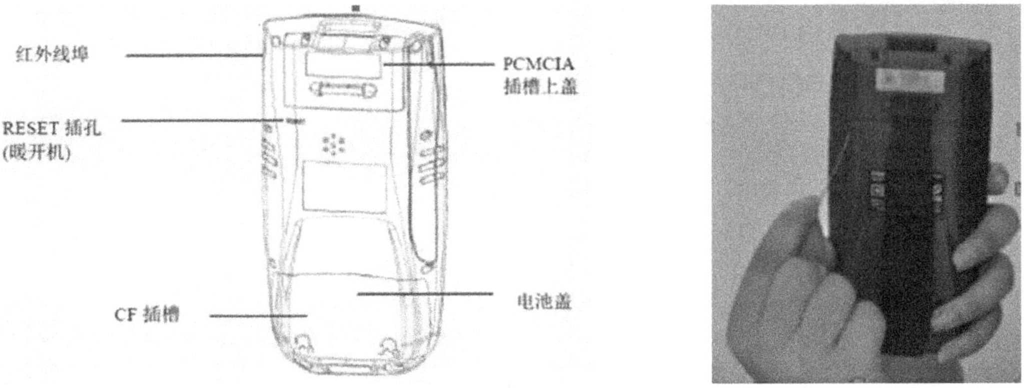

图 6-1-6

4. 基本功能键。

ON/OFF 电源开关键,按压时请按压约2秒钟。
[ESC] 取消键。功能与点选 CANCEL 按钮和 **X** 按钮一样。
[Back space] 后退键。与计算机键盘类似,用于取消前面输入字符。
[FUNC] 功能键。配合其它键使用。
[TAB] 与计算机键盘类似,用于两个输入框之间切换或跳到下了字节。
[ENT] 确认键。
[Cursor] 方向键。
[Alpha] Alpha键。

[FUNC] + [ESC] 校准屏幕。
[FUNC] + [◑ 降低亮度。
[FUNC] + [◐ 增加亮度。
[FUNC] + [TAB*] 键盘背光开关。
[FUNC] + [6] 任务管理器。
[FUNC] + [7] 扫描器设置。
[FUNC] + [8] 电源状态。
[FUNC] + [9] 系统信息。
[FUNC] + [0] 空。
[FUNC] + [上Cursor] 屏幕背光开关。

5. 条形码扫描测试。

第一步：点击操作界面“我的设备”→“控制面板”→“Scanner”，如图 6-1-7、图 6-1-8、图 6-1-9、图 6-1-10。

图 6-1-7

图 6-1-8

图 6-1-9

图 6-1-10

第二步：找一个货品进行扫描测试，如图 6-1-11。

图 6-1-11

【知识链接】

1. RF 概念解释。

射频即 Radio Frequency，通常缩写为 RF，表示可以辐射到空间的电磁频率，频率范围从 300KHz～30GHz 之间。它是一种高频交流变化电磁波的简称。每秒变化小于 1000 次的交流电称为低频电流，大于 10000 次的称为高频电流，而射频就是一种高频电流。有线电视系统采用的就是射频传输方式。

2. 什么是 RF 手持终端设备。

RF 手持终端设备是指利用无线射频技术完成数据采集、传输等功能的便于携带的数据处理终端。

3. RF 手持终端设备有哪些功能。

在仓库管理的应用中，手持终端设备通常具备以下几点功能：

(1)条码扫描。

条码扫描功能目前有两种技术：激光和 CCD。激光扫描只能识读一维条码，CCD 技术可以识别一维和二维条码。一般认为识读一维条码时，激光扫描技术会比 CCD 技术更快更方便。而具有条码扫描功能的手持终端设备通常被称为条码数据采集器。

(2)GSM/GPRS/CDMA 无线数据通信。

该功能是指手持终端可以通过无线数据通信的方式与数据库进行实时数据交换，主要在两种情况下需要使用此功能：①对数据的实时性要求很高；②应用中出现无法将所需要的数据存储在手持终端设备的时候，可能是所需要的数据过大，也可能是需要保密等原因。

(3)USB 通信。

USB 通信技术因其通信速率快，目前很多手持终端设备都开始采用，其用途主要是与 PC 机进行大量的数据交换。

(4)打印。

手持终端集成了打印功能，可以直接打印单据。

(5)手写识别。

在使用手持终端时，可以采用键盘输入和手写触摸屏等多种输入手段输入数据，充分发挥应用程序功能，满足用户的偏好。

【考核评价】

日　期：　　年　　月　　日　　　　　　　节　次：

操作人：

评分要素表

序号	作业环节	说明	级别	分值	箱数/次数	小计
1	手持设备操作	手持设备与其他设备和设施碰撞；或者手持设备离开操作员（按发生次数计数）	4 级	1		
2	手持设备操作	手持设备跌落（按发生次数计数）	5 级	2		
3	手持设备操作	运动中操作手持设备，包括在操作其他设备过程中同时使用手持设备（按发生次数计数）	2 级	0.4		
4	安全	作业过程中人员、设备、设施之间发生碰撞或者人员摔倒	4 级	1		
心得体会						

填表人：

【课后作业】

1. 当堂上交考核评分表。
2. 描述 RF 手持开机、挂起的操作步骤。
3. 什么是 RF 手持终端？
4. 在仓库管理中，RF 手持终端具有哪有功能？

项目二　RF 手持终端软件操作

任务一　入库操作

【实训目标】

在规定时间内每组同学完成相应的任务，轮换后要求每个学生能够独立完成入库操作。

【任务说明】

入库操作主要分为以下几个模块：金蝶制单、RF 入库检验、FR 组盘、RF 入库上架操作。由于每个模块步步相扣，一个环节出错就不能进行下个环节的操作，所以要求学生理解入库流程并熟练完成带 RF 的入库操作作业。该任务安排 1/2 课时，每个学生规定用时 10 分钟。

【实训准备】

RF 手持终端 2 个；1200mm×1000mm 的托盘 2 个；190mm×370mm×270mm 的纸箱 30 个；285mm×380mm×270mm 的纸箱 30 个；入库通知单 20 张。该任务安排一个 4 人小组进行操作。

【实训内容】

一、课程组织

本节课由 3 个大任务组成，分别是：RF 手持终端的基本操作、入库操作作业和补货操作作业。其中，入库操作作业具体又分成制单及入库检验操作、组盘和入库上架操作，实训时分为四组。授新课时，全大组同学集中进行，由老师示范演示制单及入库检验操作，组盘和入库上架操作。待授课结束后，教师引领全组学生依次讲解其余任务。一名学生操作，一名学生进行操作前准备，两名学生检查评分。具体轮换方式见表 6-2-1。

表 6-2-1

	RF 基本操作	制单 & 入库检验	组盘 & 入库上架	补货
第一轮	第一组	第二组	第三组	第四组
第二轮	第四组	第三组	第二组	第一组
第三轮	第二组	第一组	第四组	第三组
第四轮	第三组	第四组	第一组	第二组
第五轮	第一组	第二组	第三组	第四组

二、实训过程

（一）制单

第一步：领取入库通知单。

入库通知单

	商品	入库数量	入库储位	业务员
农夫山泉饮用天然水	20 箱	02010201	张三	

第二步：根据入库通知单在金蝶 K3 软件中完成外购入库单的制作，并打印外购入库单，如图 6-2-1。

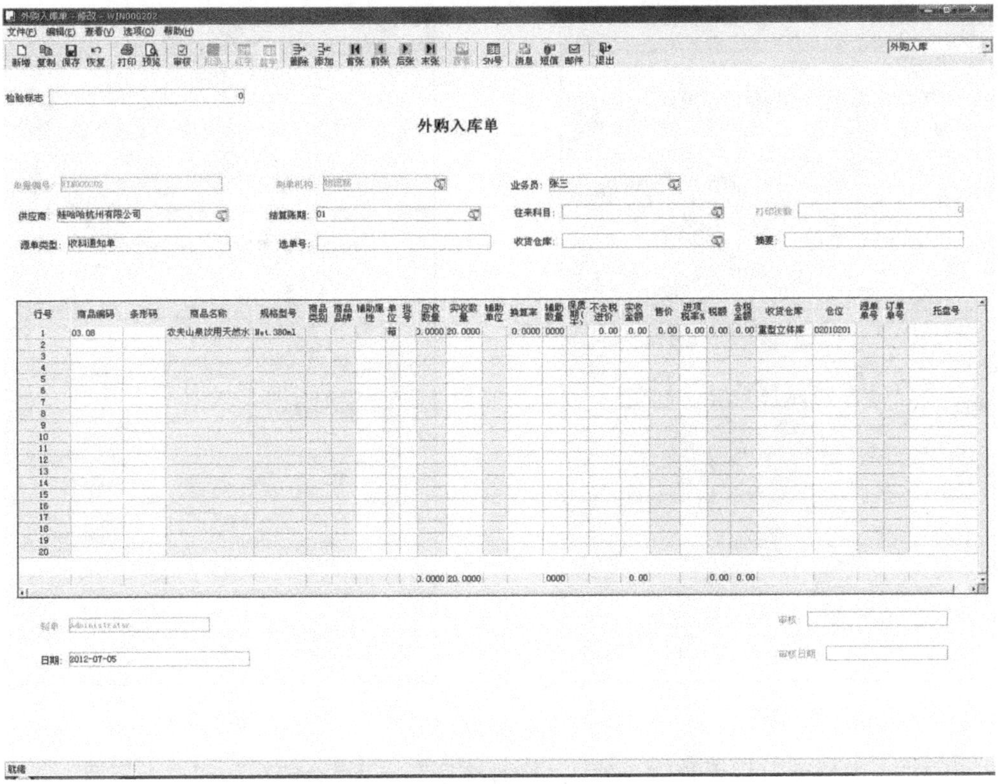

图 6-2-1

第三步：携带外购入库单与 RF 手持到入库验收区进行入库检验，如图 6-2-2。

图 6-2-2

第四步：RF 手持入库检验具体操作步骤如下：

1. 开启 RF，双击桌面“YZKuWeiSys”图标，如图 6-2-3。

2. 输入“用户名”和“密码”，用户名和密码相同，用户名从 1001～1010，任选一个，按“登录”，如图 6-2-4。

图 6-2-3

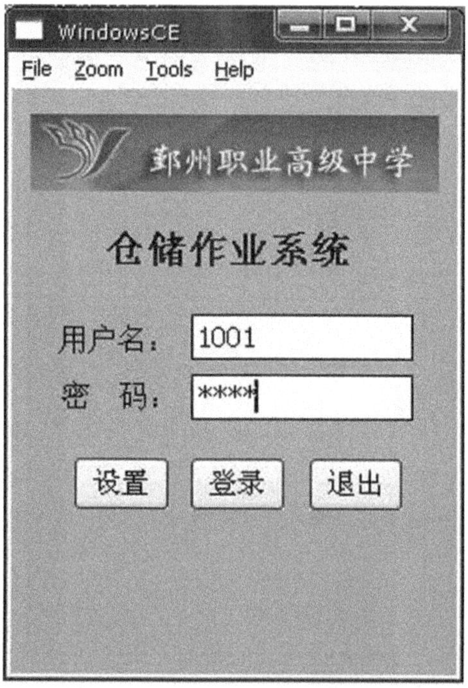

图 6-2-4

3. 点击"入库检验"，用手持键盘输入"单据编号"，点击"确定"，如图 6-2-5、图 6-2-6。

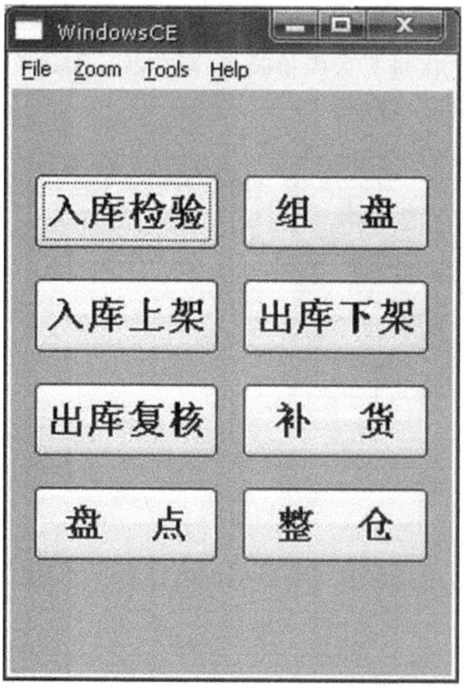

图 6-2-5

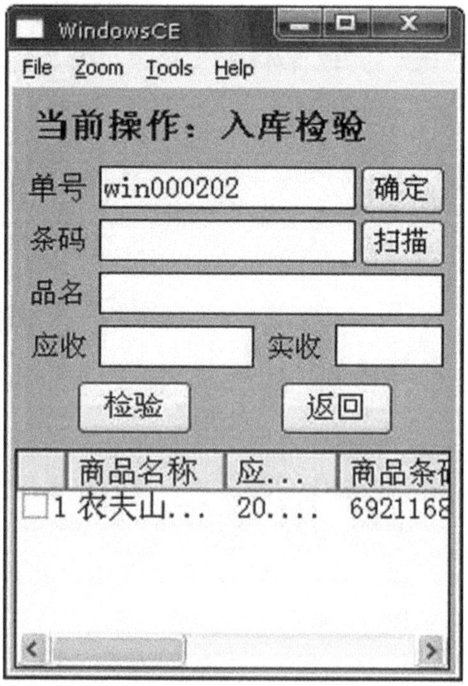

图 6-2-6

4. 在"条码"栏里扫描货品条码，如图 6-2-7。

图 6-2-7

5. 在“实收”中输入托盘上实际堆垛的货品数量，如图 6-2-8。

6. 点击“检验”，此时可观察到货品“□”上出现“√”，如图 6-2-9。

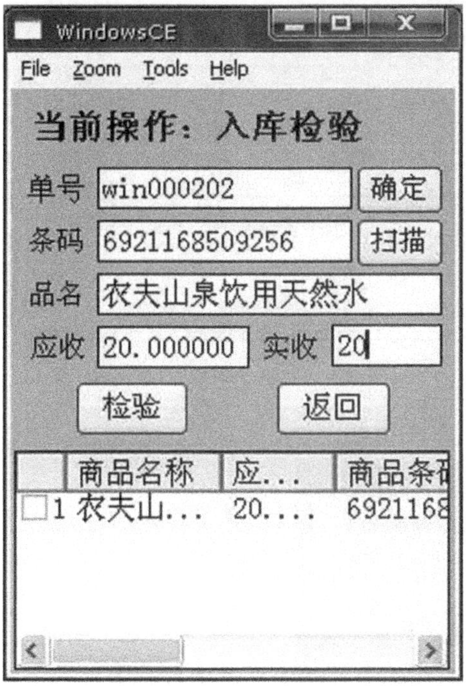

图 6-2-8

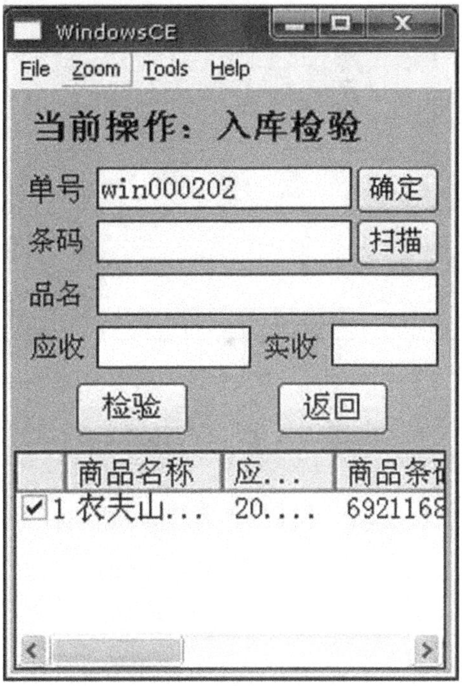

图 6-2-9

第五步：在外购入库单上签字确认，上交老师，如图 6-2-10。

图 6-2-10

（二）组盘和入库上架操作

第一步：按“ESC”键退回至主界面，如图 6-2-11。

第二步：点击“组盘”，“单号”为默认状态，点击“确定”，如图 6-2-12。

图 6-2-11

图 6-2-12

第三步：在“托盘”处扫描实际托盘号，如图 6-2-13。

图 6-2-13

第四步：光标自动跳至“条码”，在“条码”处扫描实际货品条码，如图 6-2-14、图 6-2-15。

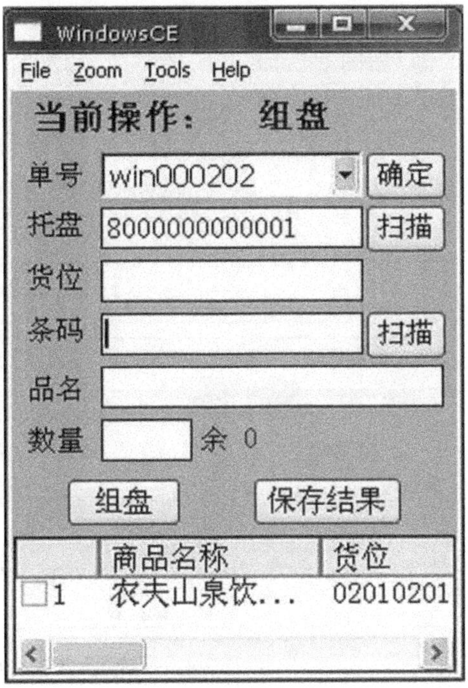

图 6-2-14

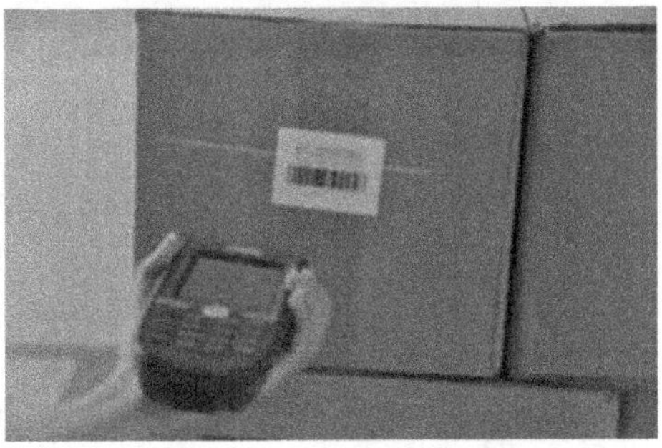

图 6-2-15

第五步：在"数量"中输入托盘上实际货品数量，如图 6-2-16。

第六步：点击"组盘"。

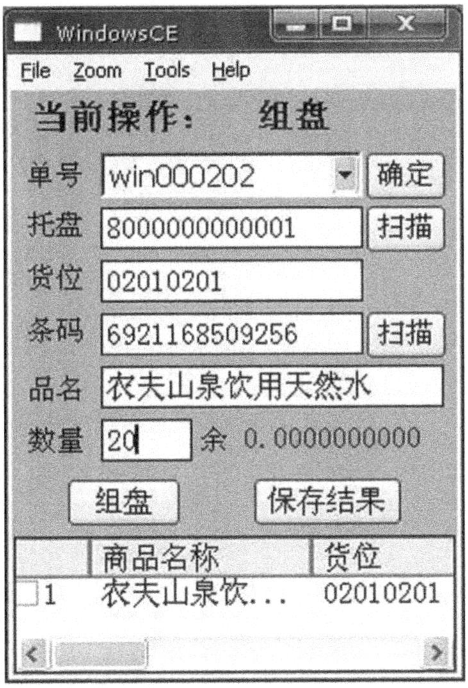

图 6-2-16

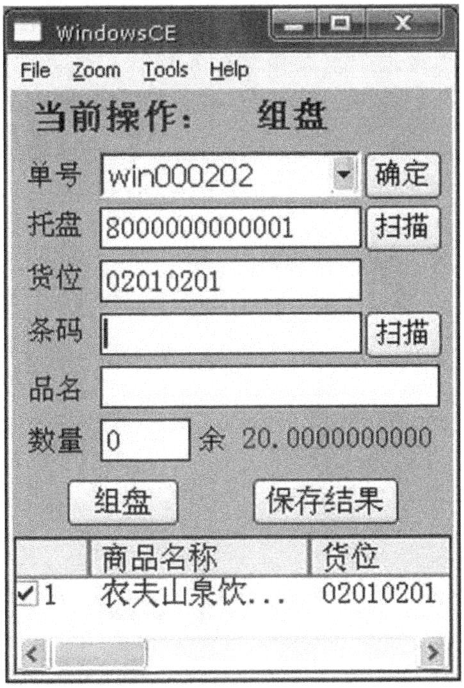

图 6-2-17

第七步：此时可观察到货品"□"上出现"√"，点击"保存结果"，如图 6-2-17。

第八步：出现“确定要组盘吗？”提示，点击右上角“OK”键，如图 6-2-18。

第九步：出现“保存成功”提示，点击右上角“OK”键，如图 6-2-19。

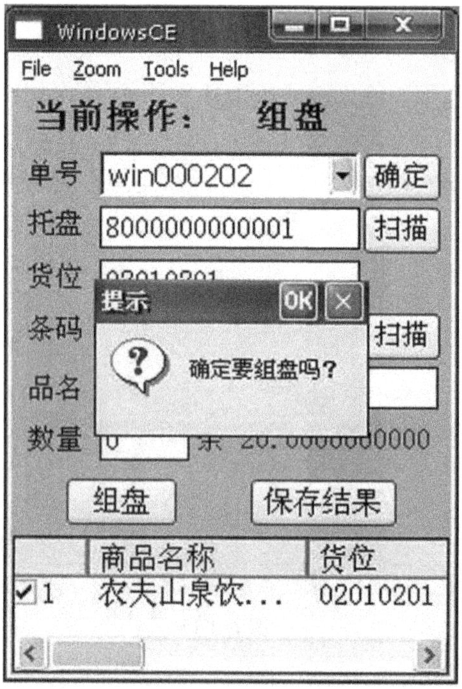

图 6-2-18

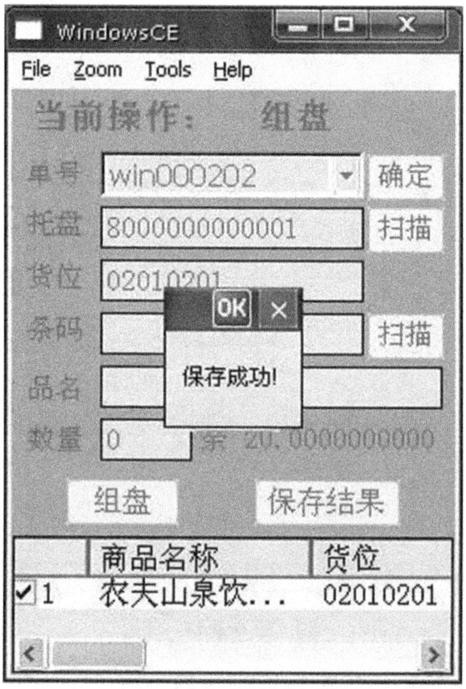

图 6-2-19

第十步：系统又准备进入下一托，即代表上一托组盘成功(此时在金蝶 K3 入库单中可以发现单据上显示出了托盘号)，如图 6-2-20。

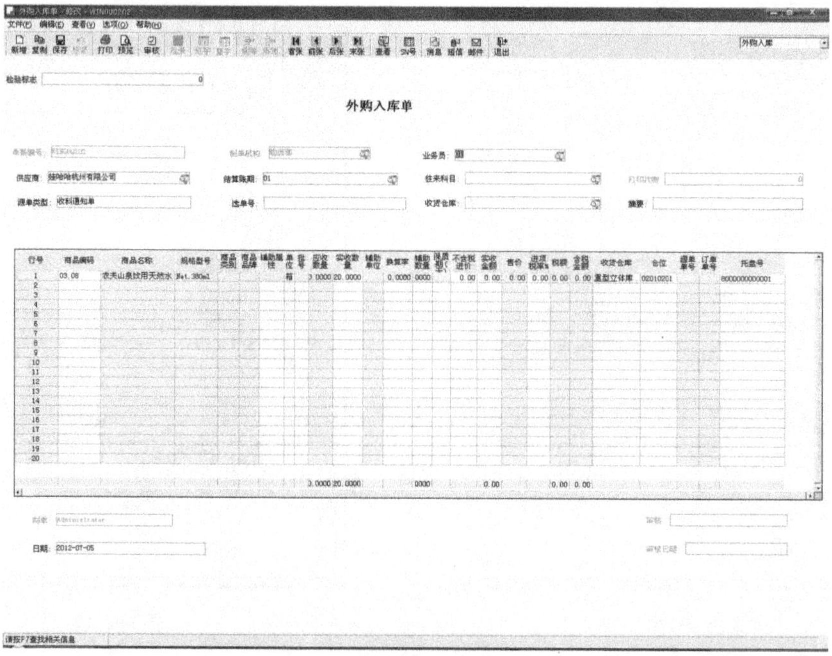

图 6-2-20

按“ESC”至主界面，如图 6-2-21。

图 6-2-21

图 6-2-22

第十一步：将托盘用液压搬运车运至托盘交接区等待上架，如图 6-2-22。

第十二步：点击“入库上架”，“托盘”为默认状态，点击“确定”，如图 6-2-23、图 6-2-24。

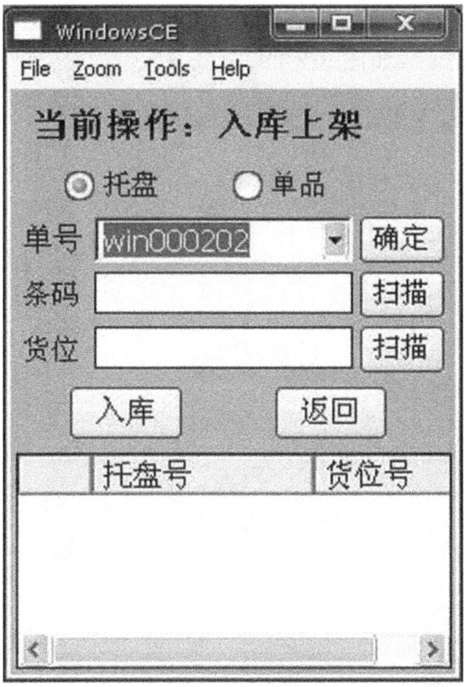

图 6-2-23

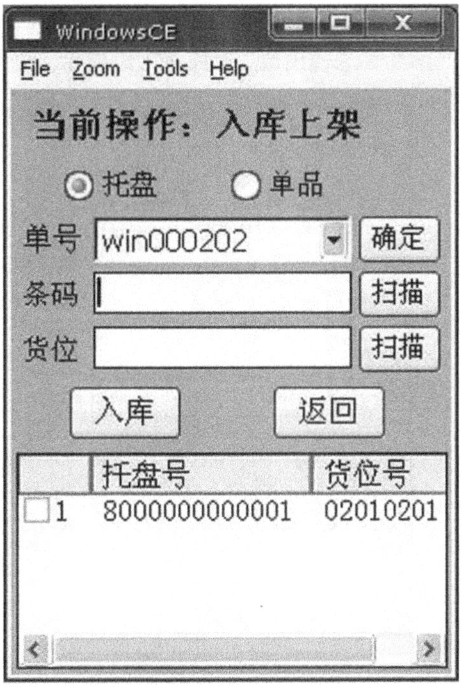

图 6-2-24

第十三步:将托盘用堆高车进行上架操作,如图 6-2-25。

图 6-2-25

第十四步:在"条码"中扫描实际托盘条码,如图 6-2-26。

第十五步:根据货位号提示,在"货位"中扫描实际货位号,如图 6-2-27。

图 6-2-26

图 6-2-27

此时可观察到货品"□"上出现"√",点击"入库",如图 6-2-28。

第十六步:出现"入库成功"提示,点击右上角"OK",如图 6-2-29。

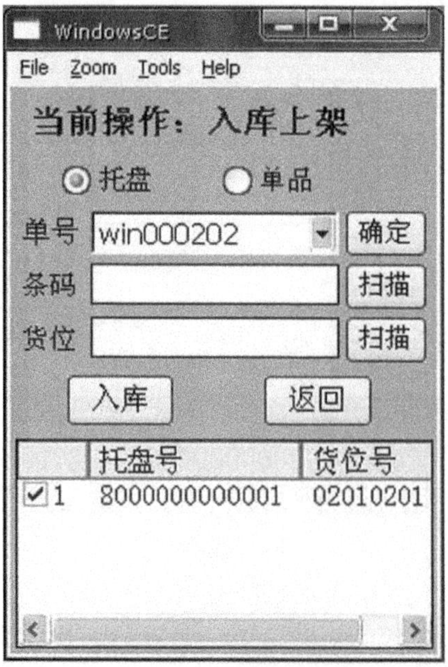

图 6-2-28

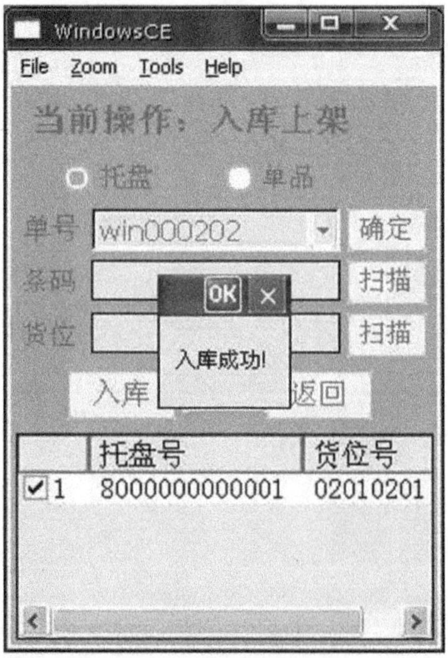

图 6-2-29

第十七步：点击“ESC”回到主界面。

第十八步：此时打开金蝶 K3 的入库单，观察左上角的“检验标志”已由原来的“0”变为了“1”，即代表 RF 入库成功，如图 6-2-30。

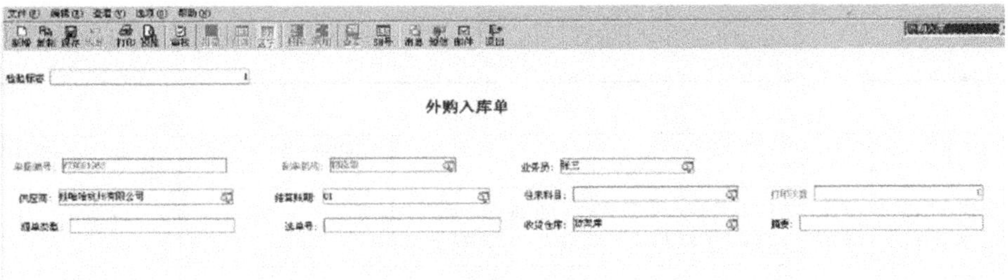

图 6-2-30

第十九步：单击金蝶 K3 该入库单界面中的“审核”按键，完成入库登账。

第二十步：设备还原归位。

【知识链接】

1. 货仓入库操作流程。

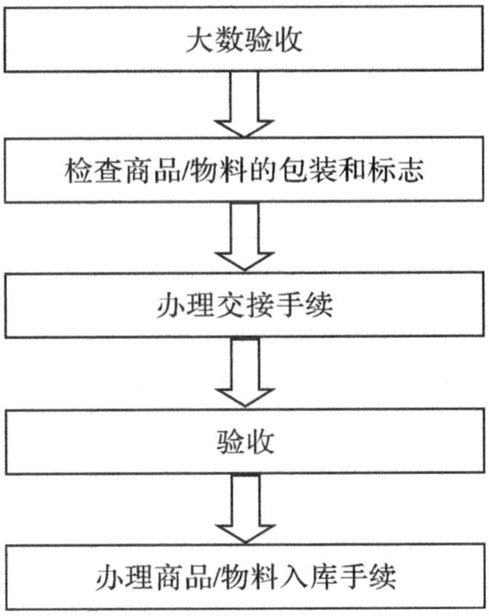

2. 仓库验收管理。

为保证验收工作及时、准确地完成，提高验收效率，减少劳动力的消耗，仓库验收工作必须有计划、有准备地进行。

验收准备工作包括：

① 准备相应的检验工具，如磅秤、量尺、卡尺及需用的仪表等，所有检验工具必须预先检查，保证准确。

② 收集和熟悉验收凭证及有关资料。

③ 进口商品/物料或存货单位指定需要质量检验者，应通知有关检验部门会同验收。

【考核评价】

日　期：　　年　　月　　日　　　　　　　　节　次：

操作人：

评分要素表

序号	作业环节	说明	级别	分值	箱数/次数	小计
1	手持设备操作	手持设备与其他设备和设施碰撞；或者手持设备离开操作员(按发生次数计数)	4 级	1		
2	手持设备操作	手持设备跌落(按发生次数计数)	5 级	2		
3	手持设备操作	运动中操作手持设备，包括在操作其他设备过程中同时使用手持设备(按发生次数计数)	2 级	0.4		
4	安全	作业过程中人员、设备、设施之间发生碰撞或者人员摔倒	4 级	1		
心得体会						

填表人：

【课后作业】

1. 当堂上交考核评分表。
2. 简述借助 RF 手持终端设备进行入库检验、组盘、入库上架的操作步骤。
3. 仓库验收准备工作有哪些？

任务二　补货操作

【实训目标】

根据补货通知单，完成补货 RF 手持终端作业。

【任务说明】

补货是指根据库存需求，定时或不定时地将商品补充到货架上去的作业。要求学生在金蝶 K3 上制作调拨单，然后通过 RF 一系列操作完成补货作业。该任务安排 1/4 课时，每个学生规定用时 4 分钟。

【实训准备】

RF 手持终端 1 个，待下架的实物纸箱一托，补货通知单 20 张。该任务安排一个 4 人小组进行操作。

【实训内容】

一、课程组织

本节课由 3 个大任务组成，分别是：RF 手持终端的基本操作、入库操作作业和补货操作作业。其中，入库操作作业具体又分成制单及入库检验操作、组盘和入库上架操作，实训时分为四组。授新课时，全大组同学集中进行，由老师示范演示补货操作作业。待授课结束后，教师引领全组学生依次讲解其余任务。一名学生操作，一名学生进行操作前准备，两名学生检查评分。具体轮换方式见表 6-2-2。

表 6-2-2

	RF 基本操作	制单 & 入库检验	组盘 & 入库上架	补货
第一轮	第一组	第二组	第三组	第四组
第二轮	第四组	第三组	第二组	第一组
第三轮	第二组	第一组	第四组	第三组
第四轮	第三组	第四组	第一组	第二组
第五轮	第一组	第二组	第三组	第四组

二、实训过程

第一步：从老师处领取补货通知单。

补货通知单

货品	调入数量	调出储位	调入储位	部门	验收	保管
农夫山泉天然饮用水	8 瓶	010141	010324	采购部	张三	李四

第二步：根据补货通知单，点击金蝶 K3 软件中的“供应链”→“仓存管理”→“仓库调拨”→“调拨单一新增”制作单据并打印出调拨单，如图 6-2-31、图 6-2-32。

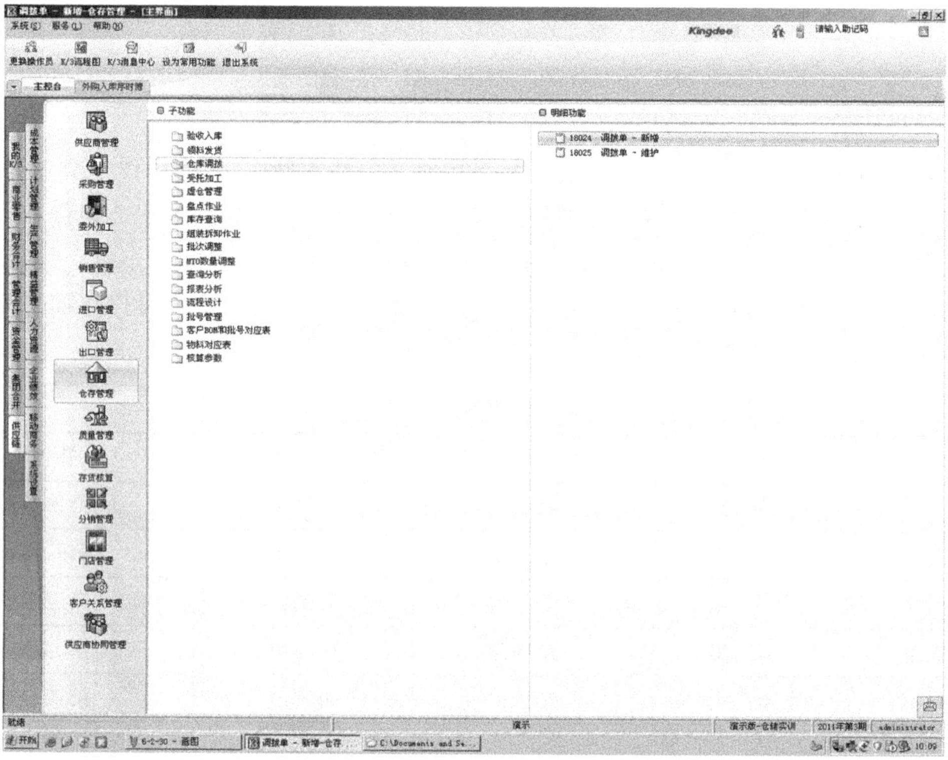

图 6-2-31

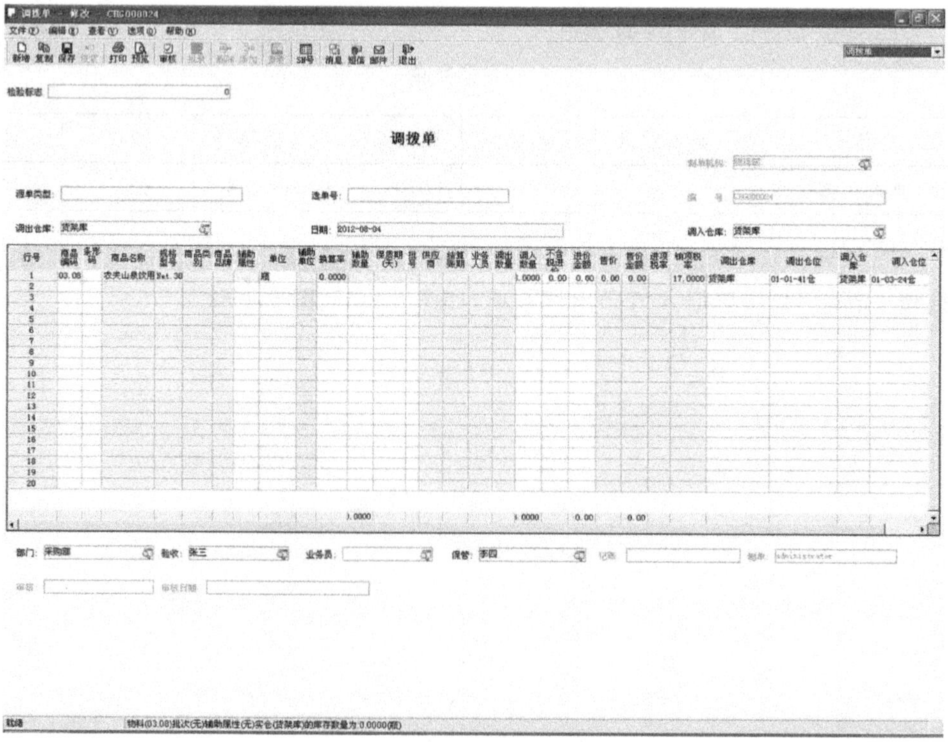

图 6-2-32

第三步：开启 RF，双击桌面“YZKuWeiSys”图标。

第四步：输入“用户名”和“密码”，用户名和密码相同，用户名从 1001～1010，任选一个，按“登录”。

第五步：点击“补货”，在“单号”中输入调拨单单据编号，如图 6-2-33。

第六步：点击“确定”，如图 6-2-34。

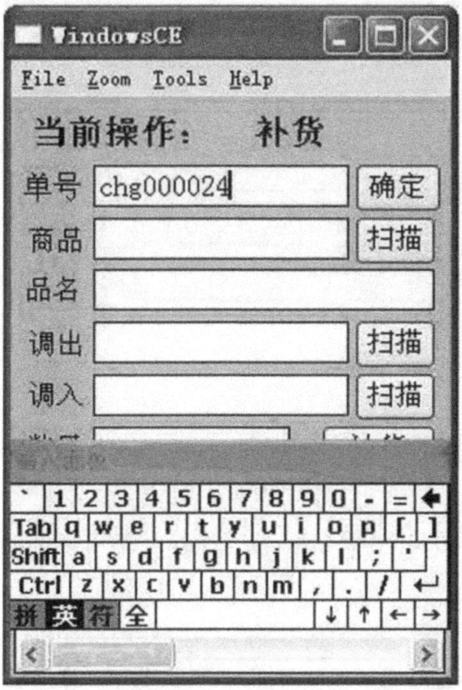

图 6-2-33

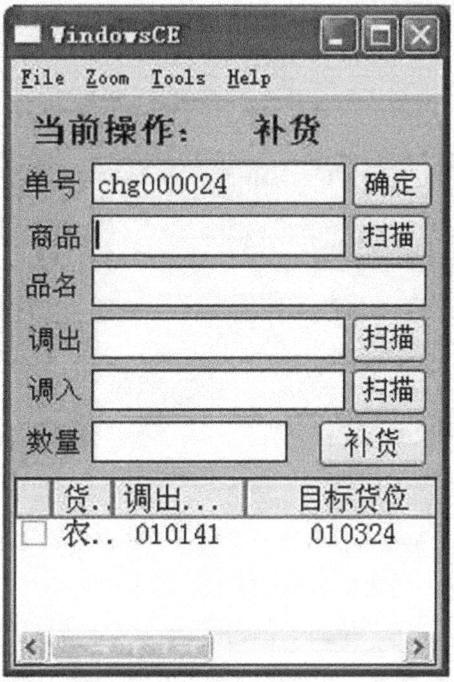

图 6-2-34

第七步：在指定货位取出补货商品并在“商品”中扫描要补货的实际商品条码，如图 6-2-35、图 6-2-36。

图 6-2-35

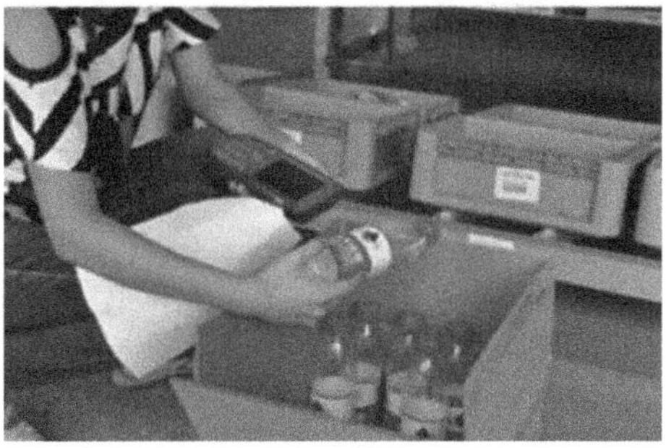

图 6-2-36

第八步：在“调出”中扫描调出货架储位编号，如图 6-2-37、图 6-2-38。

图 6-2-38

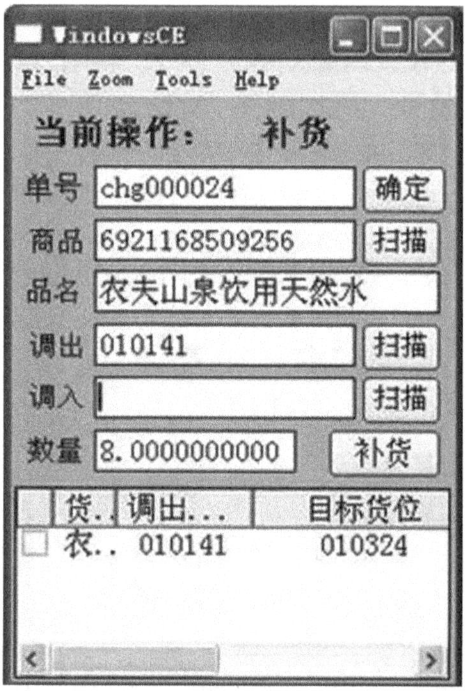

图 6-2-37

第九步：牢记补货数量，将相应数量的商品补入对应货位，在“调入”中扫描补货的目标储位，如图 6-2-39、图 6-2-40。

图 6-2-39

图 6-2-40

第十步：此时可观察到货品“□”上出现“√”，点击“补货”。

第十一步：出现“确定要补货吗”提示，点击右上角“OK”，如图 6-2-41、图 6-2-42。

图 6-2-41

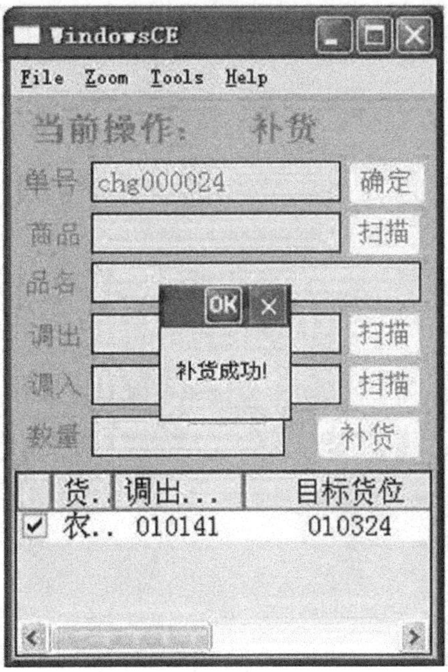

图 6-2-42

第十二步：出现“补货成功”提示，点击右上角“OK”后，如图 6-2-43。

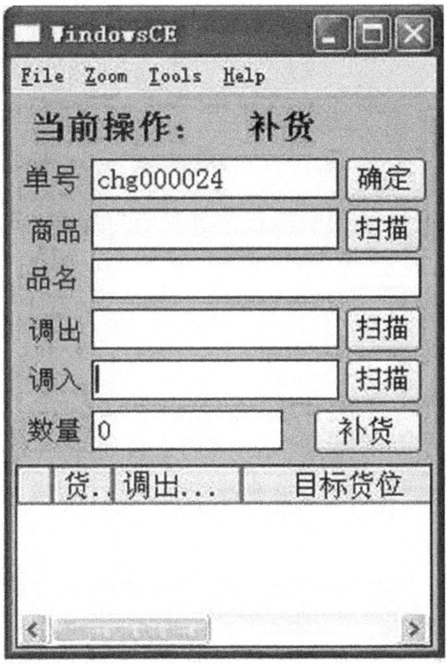

图 6-2-43

第十三步：按“ESC”键，返回到主界面。

第十四步：将补货剩余的商品及包装箱放回原来的储位。

第十五步：在调拨单上签字并上交。

第十六步：此时打开金蝶K3的调拨单，观察左上角的“检验标志”已由原来的“0”变为了“1”，即代表RF补货成功，如图6-2-44。

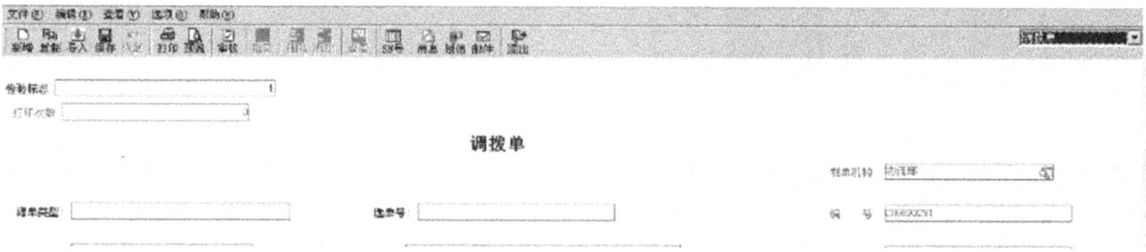

图 6-2-44

第十七步：单击金蝶K3该调拨单界面中的“审核”按键，完成调拨登账，如图6-2-45。

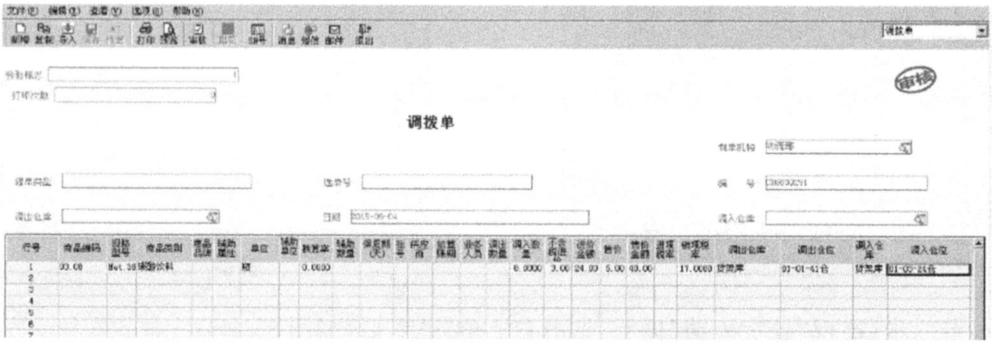

图 6-2-45

第十八步：设备还原归位。

【知识链接】 半成品、成品入库管理

1. 入仓之前应予检验。

接收到成品仓的产品必须是经过检验合格并贴有“QC PASSED”标记的合格产品。

(1)制造部生产的半成品或成品，于入库前，由现场物料人员开具“入库单”注明制造命令、产品名称、编号、规格、数量后，送品管部检验。

(2)品管部依“最终检验规定”实施检验。

(3)检验结果有合格(或允收)、不合格(或拒收)与特采(或让步接收)三种。

(4)判定不合格的物料，由品管部在“入库单”上注明不合格，并开具“不合格通知单”一式两联，第一联由品管部自存，第二联转制造部安排重检作业。

2. 入库作业要点。

判定合格或特采的物料，由制造部送往仓库办理入库手续。仓库接收时要确认如下事项：

(1)确认入库单填写完整、内容正确。

(2)确认入库的实物与入库单的内容相一致。

(3)确认入库的产品包装状态完好。

(4)按规定的方式把已经确认的产品摆放好，并入账。

2. 呆废料的分类。

(1)呆料:呆料即物料存量过多,耗用量极少,而库存周转率极低的物料,这种物料可能偶尔耗用少许,很可能不知何时才能动用甚至根本不再有动用的可能。呆料为百分之百可用的物料,一点都未丧失物料原来应具备的特性和功能,只是呆置在仓库中,很少去动用而已。

(2)废料:废料是指报废的物料,即经过相当使用,本身已残破不堪、磨损过甚或已超过其寿命年限,以致失去原有的功能而本身无利用价值的物料。

(3)旧料:旧料是指物料经使用或储存过久,已失去原有性能或色泽,而致物料的价值减低者。

(4)残料:残料是指在加工过程当中,所产生的物料零头,虽已丧失其主要功能,但仍可设法利用。

【考核评价】

日　期:　　年　　月　　日　　　　　　　节　次:

操作人:

评分要素表

序号	作业环节	说明	级别	分值	箱数/次数	小计
1	手持设备操作	手持设备与其他设备和设施碰撞;或者手持设备离开操作员(按发生次数计数)	4级	1		
2	手持设备操作	手持设备跌落(按发生次数计数)	5级	2		
3	手持设备操作	运动中操作手持设备,包括在操作其他设备过程中同时使用手持设备(按发生次数计数)	2级	0、4		
4	安全	作业过程中人员、设备、设施之间发生碰撞或者人员摔倒	4级	1		
心得体会						

填表人:

【课后作业】

1. 当堂上交考核评分表。
2. 简述借助 RF 手持终端设备进行补货作业的操作步骤。
3. 半成品、产成品入库前如何做好入库检验?
4. 解释呆料、废料、旧料、残料的含义。

任务三　出库操作

【实训目标】

在规定时间内每组同学完成相应的任务，轮换后要求每个学生能够独立完成出库操作。

【任务说明】

出库操作主要分为以下2个模块：出库下架和出库复核。要求学生独立完成销售出库单的制作，运用RF完成下架和复核操作。该任务安排1/2课时，每个学生规定用时10分钟。

【实训准备】

RF手持终端2个，待下架的纸箱一托；出库通知单20张。该任务安排一个4人小组进行操作。

【实训内容】

一、课程组织

本节课由3个大任务组成，分别是：出库操作、盘点操作和整仓操作。其中，出库操作作业具体又分成出库下架和出库复核两个操作，实训时分为四组。授新课时，全大组同学集中进行，由老师分别示范演示出库下架和出库复核作业。待授课结束后，教师引领全组学生依次讲解其余任务。一名学生操作，一名学生进行操作前准备，两名学生检查评分。具体轮换方式见表6-2-3。

表 6-2-3

	出库下架	出库复核	盘点	整仓
第一轮	第一组	第二组	第三组	第四组
第二轮	第二组	第一组	第四组	第三组
第三轮	第三组	第四组	第一组	第二组
第四轮	第四组	第三组	第二组	第一组
第五轮	第一组	第二组	第三组	第四组

二、实训过程

（一）出库下架

第一步：从老师处领取一份出库通知单。

出库通知单

商品	购货单位	实发数量	发货仓库	仓库货位	发货人	保管人
农夫山泉饮用天然水	欧尚上海店	3 箱	重型立体库	02010102	张三	李四

第二步：根据出库通知单在金蝶 K3 软件中完成销售出库单的制作，并打印出销售出库单，如图 6-2-46。

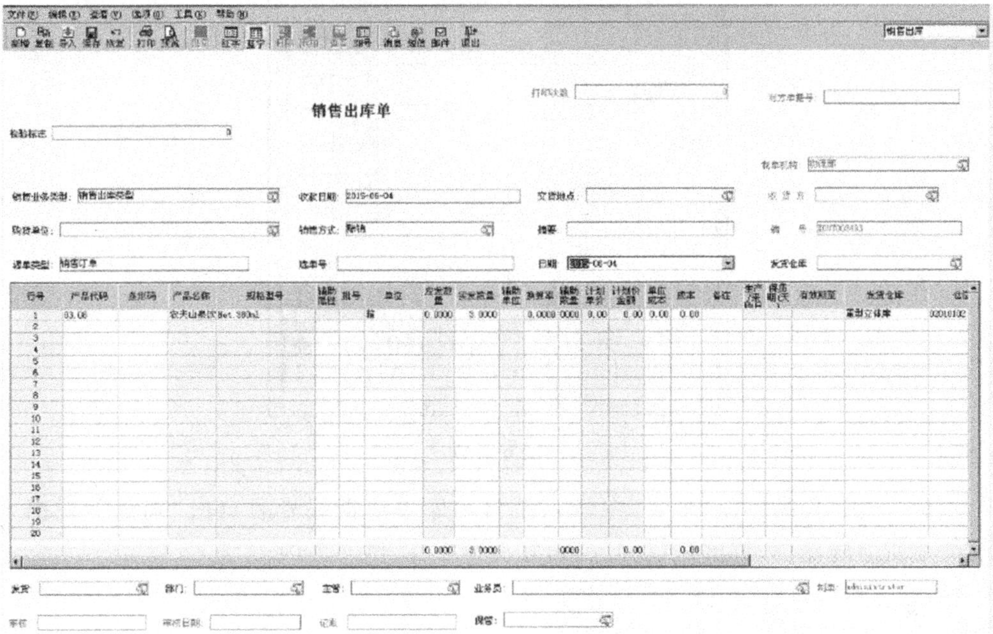

图 6-2-46

第三步：开启 RF，双击桌面"YZKuWeiSys"图标。

第四步：输入"用户名"和"密码"，用户名和密码相同，用户名从 1001～1010，任选一个，按"登录"。

第五步：点击"出库下架"，如图 6-2-47。

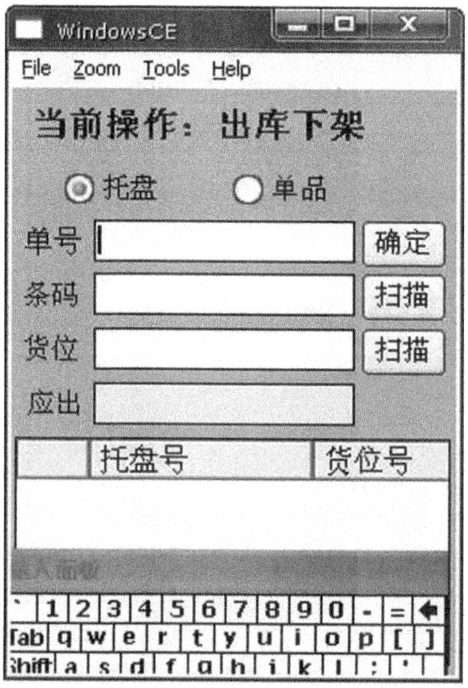

图 6-2-47

第六步：点击“单品”，在“单号”中输入销售出库单单据编号后点击“确定”，根据 RF 中显示的下架货品的储位，将该托货物下架，如图 6-2-48、图 6-2-49。

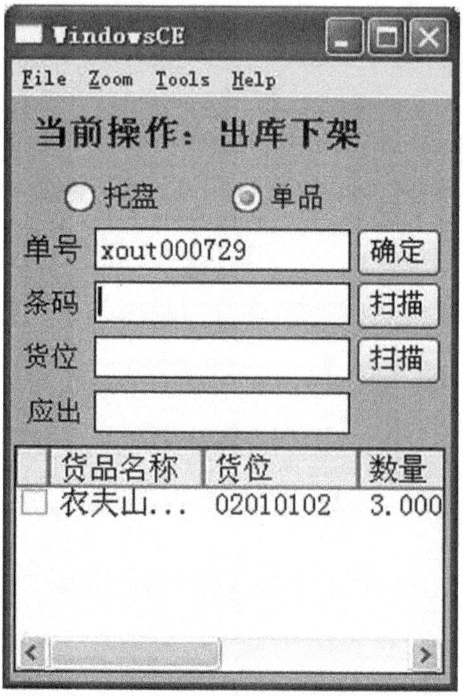

图 6-2-48

图 6-2-49

第七步：在“条码”中扫描要下架货品条码，如图 6-2-50、图 6-2-51。

图 6-2-50

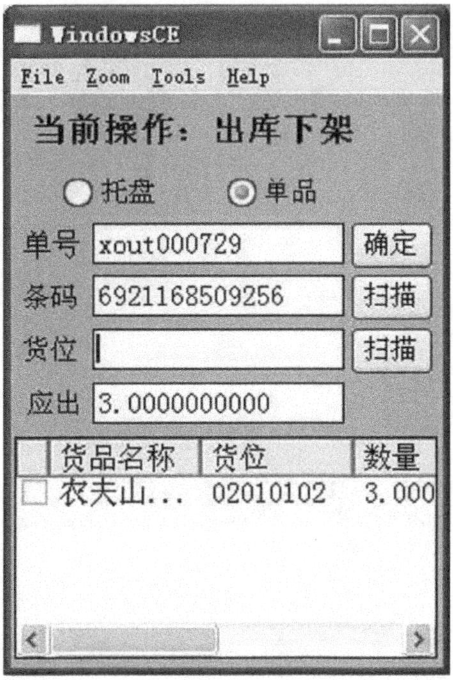

图 6-2-51

第八步：在“货位”中扫描下架托盘所在货架区的储位条码，如图 6-2-52。

第九步：此时可观察到货品“□”上出现“√”，按“ESC”返回到主界面，如图 6-2-53。

图 6-2-52

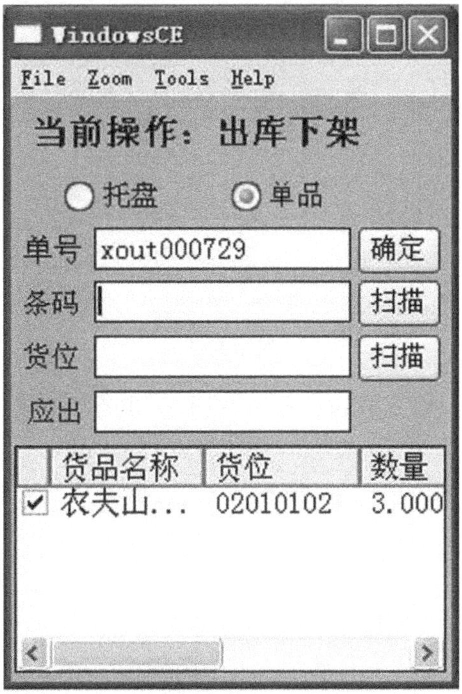

图 6-2-53

（二）出库复核

第一步：将已下架的整托货品搬运至出库复核区旁，点击 RF“出库复核”，如图 6-2-54；

图 6-2-54

第二步：在“单号”中输入正确的出库单单据编号，点击“确定”，如图 6-2-55、图 6-2-56。

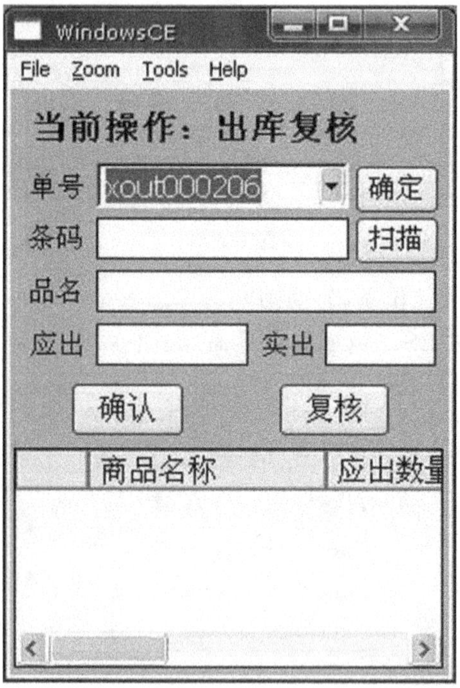

图 6-2-55

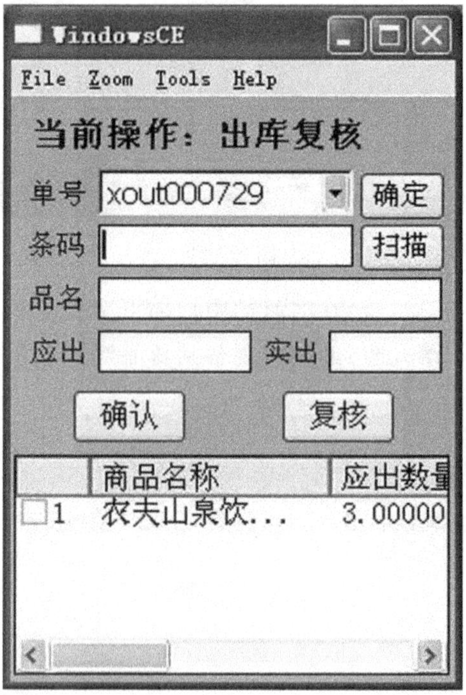

图 6-2-56

第三步：在“条码”中扫描出库下架那一托货品的条码，如图 6-2-57、图 6-2-58。

图 6-2-57

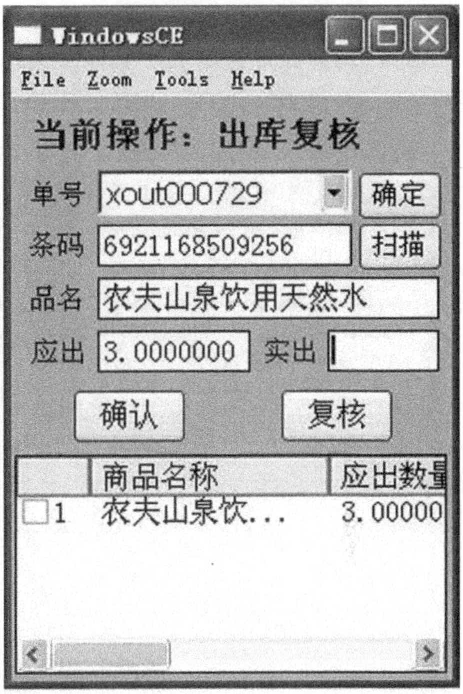

图 6-2-58

第四步：将实际出库数量的商品按件数卸至复核区并在“实出”处填写检验的实际数量，如图 **6-2-59**、图 **6-2-60**。

图 **6-2-59**

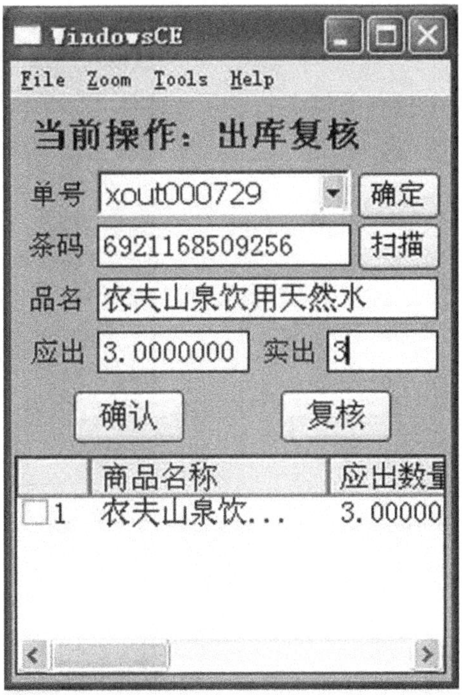

图 **6-2-60**

第五步：点击“确认”。

第六步：此时可观察到货品“□”上出现“√”，点击“复核”，如图 6-2-61。

第七步：出现“确定要出库吗”提示，点击右上角“OK”，如图 6-2-62。

第八步：出现“出库复核通过”提示，点击右上角“OK”，如图 6-2-63。

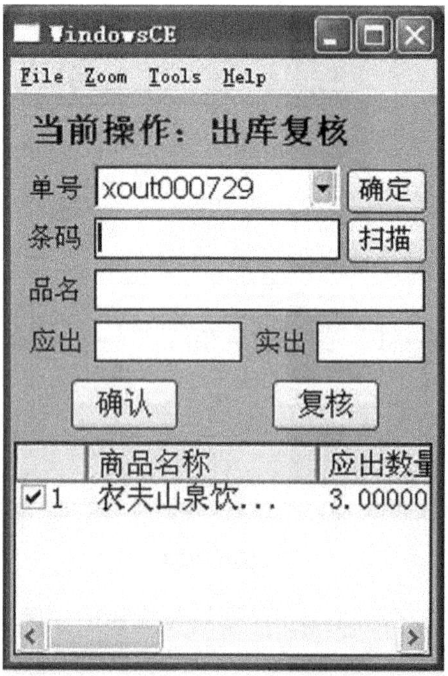

图 6-2-61

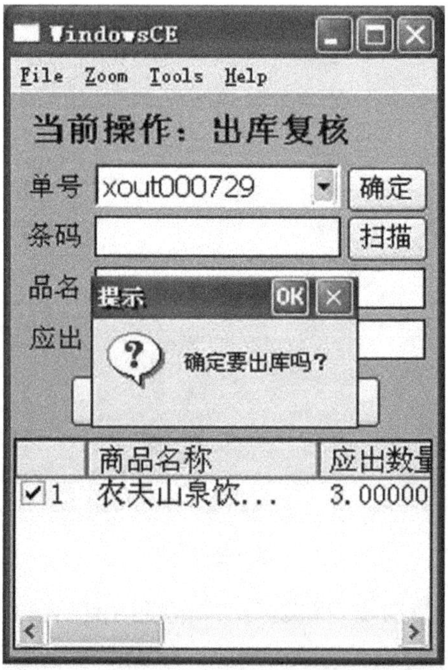

图 6-2-62

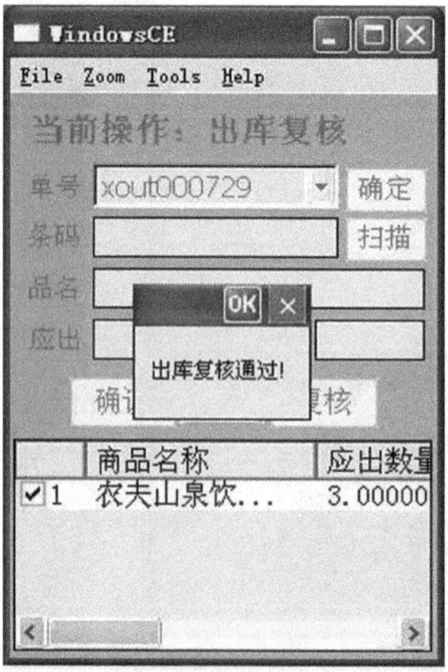

图 6-2-63

第九步：按“ESC”键，返回主界面。

第十步：在销售出库单上签字确认并上交，如图 6-2-64。

第十一步：将已下架托盘中剩余的商品返库上架，如图 6-2-65。

图 6-2-64

图 6-2-65

第十二步：此时打开金蝶 K3 的出库单，观察左上角的“检验标志”已由原来的“0”变为了“1”，即代表 RF 出库操作成功，如图 6-2-66。

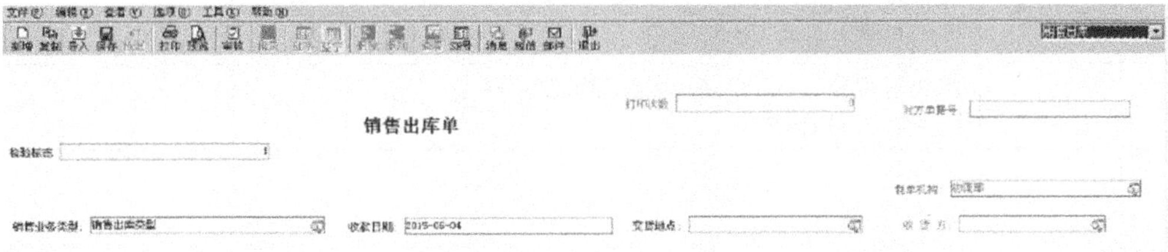

图 6-2-66

第十三步：单击金蝶 K3 该入库单界面中的“审核”按键，完成出库登账，如图 6-2-67。

图 6-2-67

第十四步：设备还原归位。

【知识链接】

一、什么是发料方式

由物料管理部门或仓储单位根据生产计划，将仓库储存的物料，直接向制造部门生产现场发放，称之为发料。

二、物料发放作业要求

1. 仓管人员接收领料单位的“领料单”或“超领料单”。
2. 审核单据是否手续齐全，与“批领（发）料单”规定的编号、名称、规格、数量是否相符。

3. 符合者予以发放物料，并当面点交完成，除领料单一联退领料单位外，其余三联由仓库接收，其中一联自存，另两联分开汇总后，每日送往财务部及生管部物控人员。

4. 根据“领料单”及“超领料单”记录“物料管制卡”，应注意将单据号码记入，以备核查。

【考核评价】

日　期：　　年　　月　　日　　　　　　　　节　次：

操作人：

评分要素表

序号	作业环节	说明	级别	分值	箱数/次数	小计
1	手持设备操作	手持设备与其他设备和设施碰撞；或者手持设备离开操作员（按发生次数计数）	4 级	1		
2	手持设备操作	手持设备跌落（按发生次数计数）	5 级	2		
3	手持设备操作	运动中操作手持设备，包括在操作其他设备过程中同时使用手持设备（按发生次数计数）	2 级	0.4		
4	安全	作业过程中人员、设备、设施之间发生碰撞或者人员摔倒	4 级	1		
心得体会						

填表人：

【课后作业】

1. 当堂上交考核评分表。
2. 简述借助 RF 手持终端设备进行出库下架、出库复核的操作步骤。
3. 什么是发料方式？
4. 物料发放有哪些作业要求？

任务四　整仓操作

【实训目标】

要求学生自己制作调拨单，借助 RF 手持终端完成整仓作业。

【任务说明】

整仓是指对同一库区根据库存需求或相应安排做一定的调整，目的是提高库区的利用率，从而提升作业效率。本次任务要求学生借助 RF 手持终端，对库区仓位进行整理。该任务安排 1/4 课时，每个学生规定用时 5 分钟。

【实训准备】

RF 手持终端 1 个，重型货架库 1 组，调拨通知单 20 份。该任务安排一个 4 人小组进行操作。

【实训内容】

一、课程组织

本节课由 3 个大任务组成，分别是：出库操作、盘点操作和整仓操作。其中，出库操作作业具体又分成出库下架和出库复核两个操作，实训时分为四组。授新课时，全大组同学集中进行，由老师示范整仓作业。待授课结束后，教师引领全组学生依次讲解其余任务。一名学生操作，一名学生进行操作前准备，两名学生检查评分。具体轮换方式见表 6-2-4。

表 6-2-4

	出库下架	出库复核	盘点	整仓
第一轮	第一组	第二组	第三组	第四组
第二轮	第二组	第一组	第四组	第三组
第三轮	第三组	第四组	第一组	第二组
第四轮	第四组	第三组	第二组	第一组
第五轮	第一组	第二组	第三组	第四组

二、实训过程

第一步：从老师处领取调拨单。

调拨单

商品	调入数量	调拨仓库	调出储位	调入储位	验收员	保管员
农夫山泉饮用天然水	30 箱	重型立体库	02010203	02010103	张三	李四

第二步：根据调拨通知单在金蝶 K3 软件中完成调拨单的制作，并打印调拨单，如图 6-2-68。

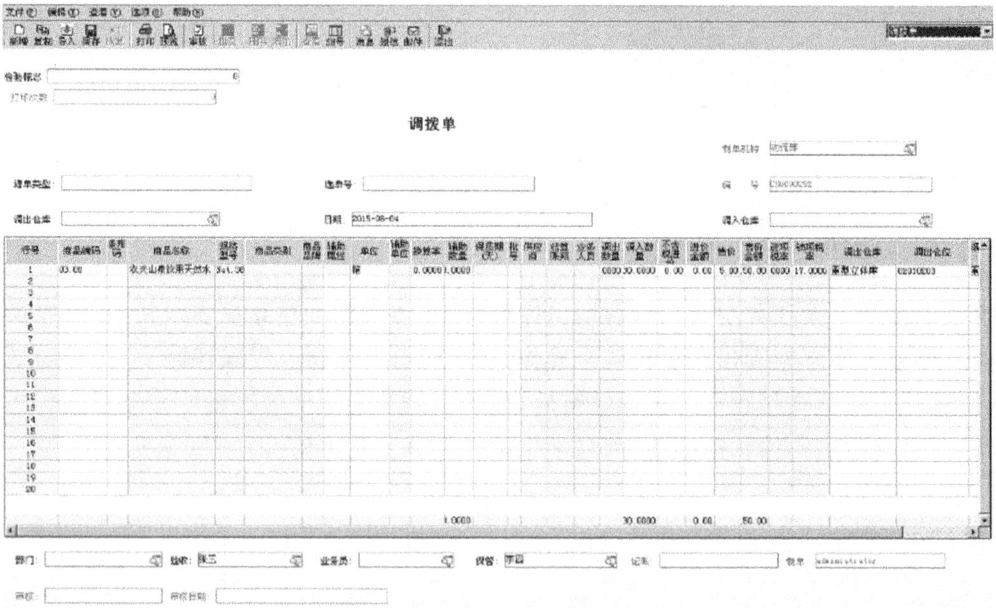

图 6-2-68

第三步：开启 RF，双击桌面“YZKuWeiSys”图标。

第四步：输入“用户名”和“密码”，用户名和密码相同，用户名从 1001～1010，任选一个，按“登录”。

第五步：点击“整仓”，在“单号”中输入单据编号，点击“确定”。

第六步：根据 RF 上的调出储位，取堆高车将所在储位的托盘取出并在“调出”中扫描实际调出货位条码，如图 6-2-69。

第七步：根据调入储位提示，将取出的托盘放入目标货位并在“调入”中扫描实际调入货位条码，如图 6-2-70。

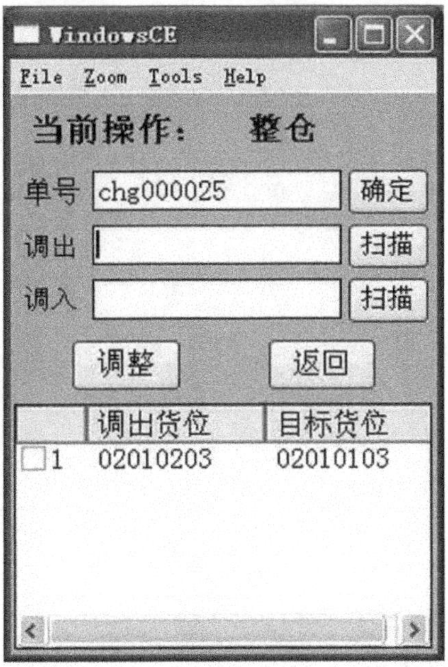

图 6-2-69

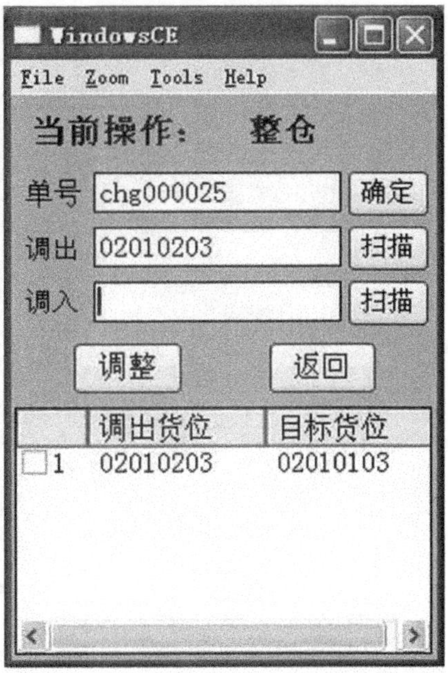

图 6-2-70

第八步：此时可观察到货品“□”上出现“√”，点击“调整”，如图 6-2-71。

第九步：出现“确实要整仓吗”提示，点击右上角“OK”，如图 6-2-72。

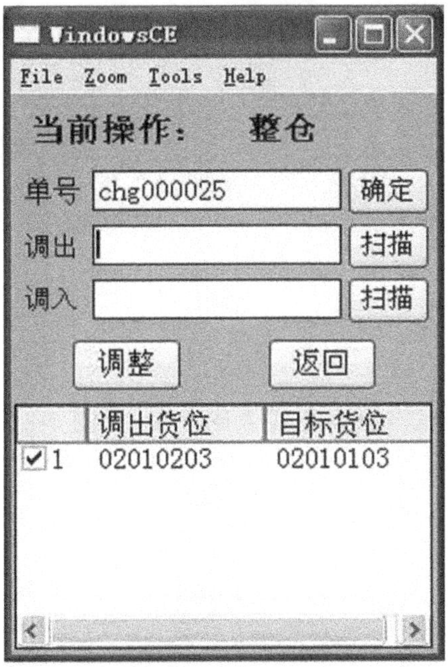

图 6-2-71

图 6-2-72

第十步：出现“整仓成功”，点击右上角“OK”，如图 6-2-73、图 6-2-74。

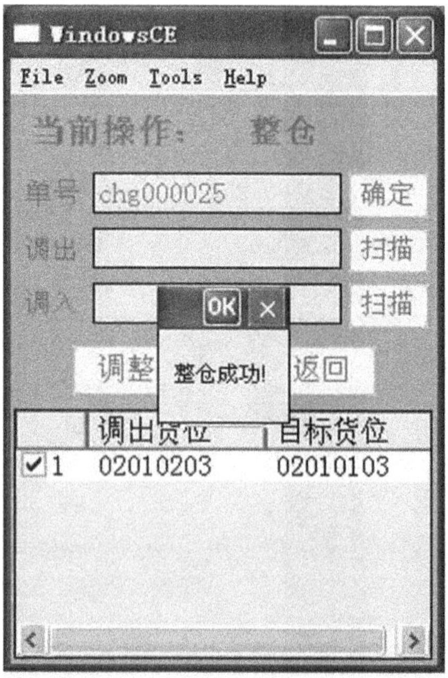

图 6-2-73

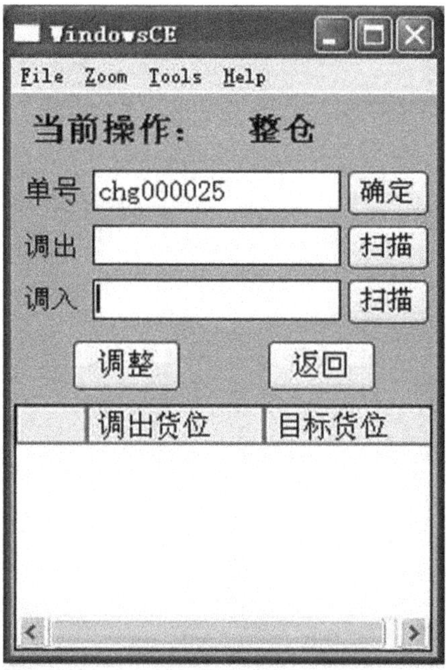

图 6-2-74

第十一步：点击“ESC”，返回主界面。

第十二步：在调拨单上签字确认并上交并将车辆归位。

第十三步：此时打开金蝶 K3 的调拨单，观察左上角的“检验标志”以由原来的“0”变为了“1”，即代表 RF 整仓操作成功，如图 6-2-75。

图 6-2-75

第十四步：单击金蝶 K3 该入库单界面中的“审核”按键，完成入库登帐，如图 6-2-76。

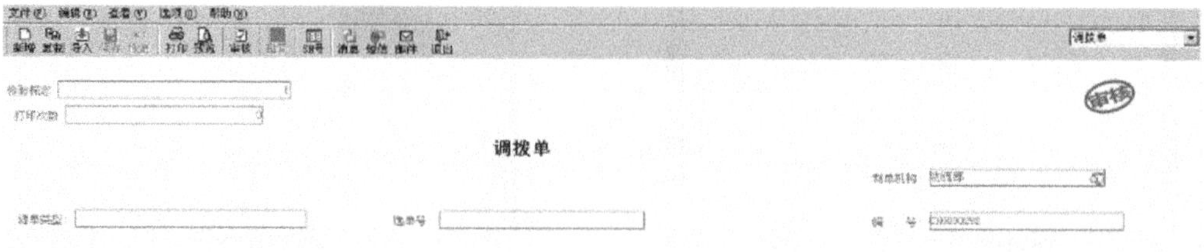

图 6-2-76

第十五步：设备还原归位。

【知识链接】 仓库 5S 问题分析

为了在仓库彻底执行 5S，就有必要对仓库的问题进行分析，以便采取相应的对策。以下所列为仓库5S主要问题点，供参考。

1. 物品管理5S问题点。

序号	5S不良现象	危　　害
1	物品乱堆放	可能造成损坏和引起通道不畅
2	物品没有标志	可能造成误用或错取
3	物品上有灰尘	可能影响物品品质
4	物品堆积过高	有跌落的危险
5	物品没有定位	增加寻找物品的时间
6	物品包装破损	可能造成物品损坏
7	无用物品未处理	占用场地，增加管理难度

2. 安全管理5S问题点。

序号	5S不良现象	危　　害
1	安全隐患多	可能造成火灾或事故
2	灭火装置配置不合理	出现灾害或事故时，可能造成应急对策措施的延误
3	安全通道不畅	
4	消防设备维护不好	
5	应急措施不明确	
6	有不安全设备	可能造成工伤事故
7	有不安全作业	可能造成工伤事故

3. 员工精神面貌方面5S问题点。

序号	5S不良现象	危　　害
1	员工无精打采	效率低
2	员工穿戴不整齐	影响美观与士气
3	员工抱怨多	影响工作积极性，效率低
4	现场员工无所事事	影响公司形象和生产效率
5	员工之间没有问候	影响士气
6	员工不按标准作业	容易造成品质不良和引起安全事故

【考核评价】

日 期： 年 月 日 节 次：

操作人：

评分要素表

序号	作业环节	说明	级别	分值	箱数/次数	小计
1	手持设备操作	手持设备与其他设备和设施碰撞；或者手持设备离开操作员（按发生次数计数）	4 级	1		
2	手持设备操作	手持设备跌落（按发生次数计数）	5 级	2		
3	手持设备操作	运动中操作手持设备，包括在操作其他设备过程中同时使用手持设备（按发生次数计数）	2 级	0.4		
4	安全	作业过程中人员、设备、设施之间发生碰撞或者人员摔倒	4 级	1		
心得体会						

填表人：

【课后作业】

1. 当堂上交考核评分表。

2. 简述借助 RF 手持完成整仓作业的操作步骤。

3. 自绘表格，列举仓库 5S 管理的主要问题及具体表现现象和危害（可参考知识链接的表格）。

模块七　自动化立体库操作

项目一　输送带操作

任务一　输送带手动操作

【实训目标】

要求在5分钟内，掌握PLC控制面板8个功能键的操作。

【任务说明】

输送带是一种可以传送物料的搬运机械，在我们学校的实训室，采用滚筒和履带材质，用来传送托盘，共有8个操作键控制，要求每个学生熟练掌握8个键的功能，并一次性到位，防止操作失误带来不必要的麻烦。该任务安排1/4课时，每个学生规定用时为5分钟。

【实训准备】

PLC控制面板，输送带，1200mm×1000mm空托盘一个。该任务安排一个4人小组进行操作。

【实训内容】

一、课程组织

本节课由4个任务组成，分别是：输送带手动操作、手控入库、手控出库、手控调仓。实训时分为四组，分别为输送带组，入库组，出库组和调仓组。授新课时，全组同学集中进行，由老师先示范演示输送带操作，待授课结束后，教师引领全组学生依次讲解其余任务。一名学生操作。一名学生进行操作前准备，两名学生检查评分。具体轮换方式见表7-1-1。

表7-1-1

	输送带组	入库组	出库组	调仓组
第一轮	第一组	第二组	第三组	第四组
第二轮		第三组	第四组	第二组
第三轮		第四组	第二组	第三组

续 表

	输送带组	入库组	出库组	调仓组
第四轮	第二组	第三组	第四组	第一组
第五轮		第四组	第一组	第三组
第六轮		第一组	第三组	第四组
第七轮	第三组	第四组	第一组	第二组
第八轮		第一组	第二组	第四组
第九轮		第二组	第四组	第一组
第十轮	第四组	第一组	第二组	第三组
第十一轮		第二组	第三组	第一组
第十二轮		第三组	第一组	第二组

二、实训过程

控制面板功能键介绍。

1. 启动键：当按下启动键颜色变绿时，说明面板处于正常，如图 7-1-1。

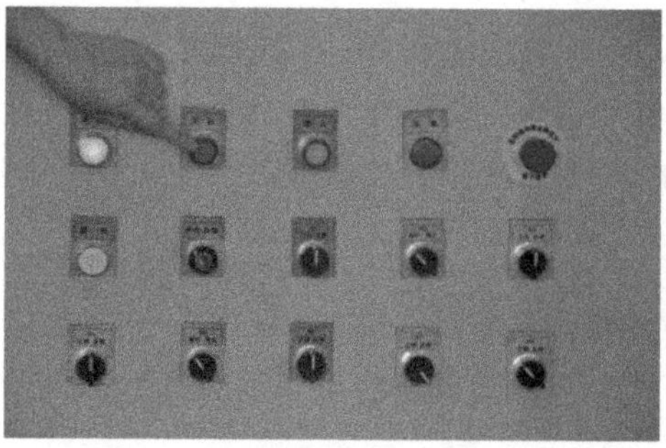

图 7-1-1

2. 停止键：当按下停止键颜色变红时，说明面板处于停止状态，如图 7-1-2。

图 7-1-2

3. 急停键：当发生特殊情况时需按下急停键，让机器暂时停止运行，如图 7-1-3。

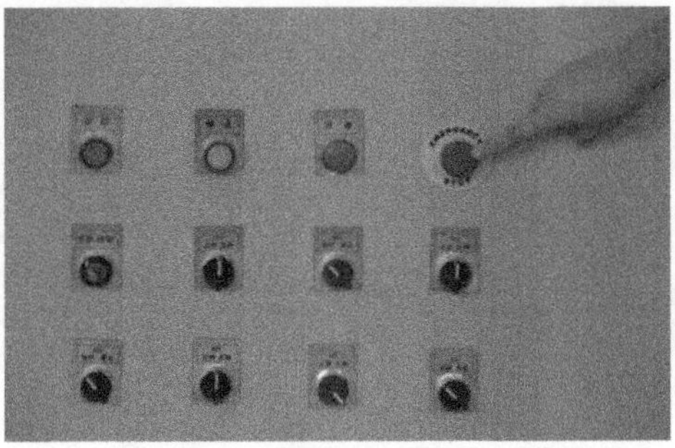

图 7-1-3

4. 复位键：当按下复位键时，面板恢复到初始状态，如图 7-1-4。

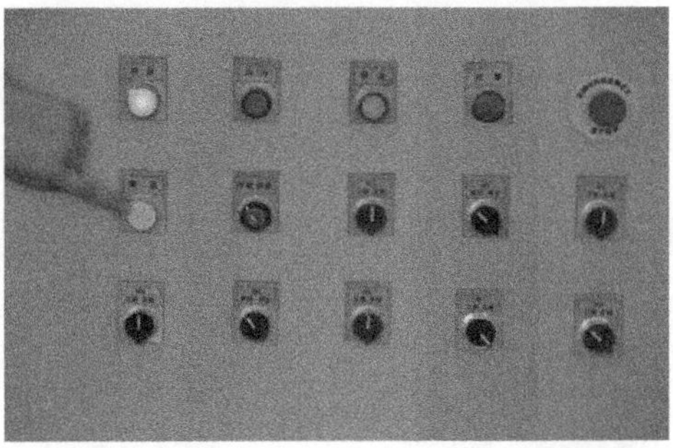

图 7-1-4

5. 手动/自动键：根据需要，旋转开关可以在自动和手动之间进行切换，如图 7-1-5。

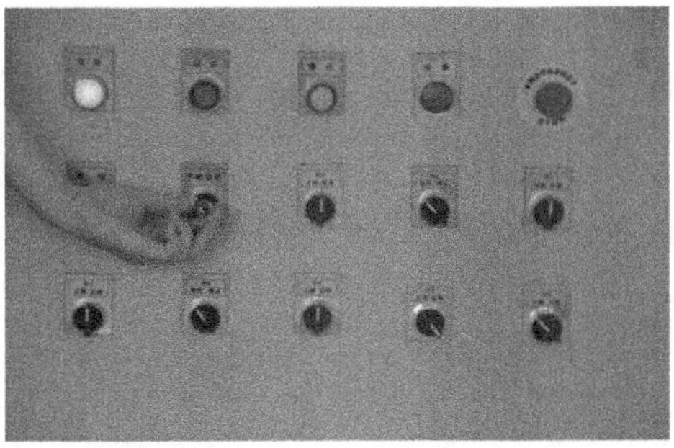

图 7-1-5

6. M1(正转/反转)键：M1 控制输送带如图 7-1-7 所示的区域，正转代表滚筒顺时针转动，反转代表滚筒逆时针转动，如图 7-1-6、图 7-1-7。

图 7-1-6

图 7-1-7

7. M2(运行/停止)键:M2 控制输送带图片右下角的区域,转动开关使所在区域进行顶起和下降的切换,用于入库阶段,如图 7-1-8、图 7-1-9。

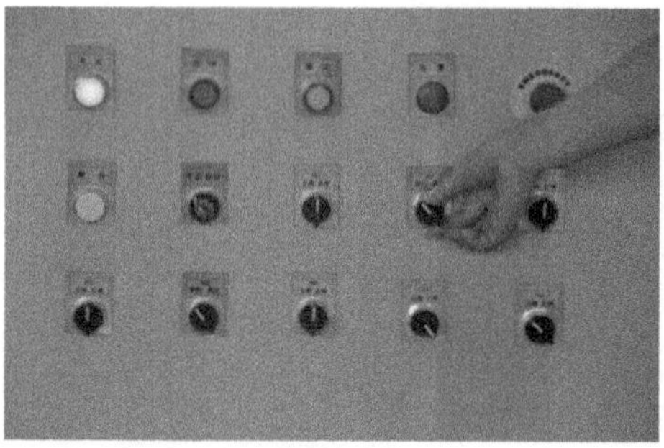

图 7-1-8

图 7-1-9

8. M3(正转/反转)键:M3 控制 M2 顶起/下架位置上的输送带操作,正转代表滚筒顺时针转动,反转代表滚筒逆时针转动,用于入库阶段,如图 7-1-10、图 7-1-11。

图 7-1-10

图 7-1-11

9. M4(正转/反转)键:M4 控制输送带如图 7-1-13 所示的区域,正转代表滚筒顺时针转动,反转代表滚筒逆时针转动,如图 7-1-12、图 7-1-13。

图 7-1-12

图 7-1-13

10. M5(运行/停止)键:M5 控制输送带如图 7-1-15 所示的区域,转动开关使所在区域进行顶起和下降的切换,用于出库阶段,如图 7-1-14、图 7-1-15。

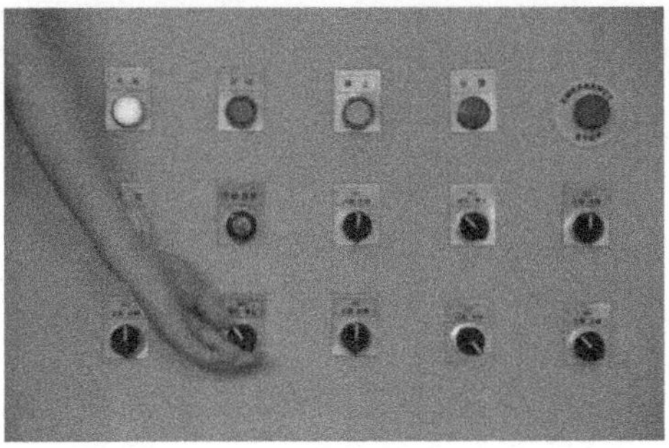

图 7-1-14

图 7-1-15

11. M6(正转/反转)键:M6 控制 M5 顶起/下架位置上的输送带操作,正转代表滚筒顺时针转动,反转代表滚筒逆时针转动,用于出库阶段,如图 7-1-16、图 7-1-17。

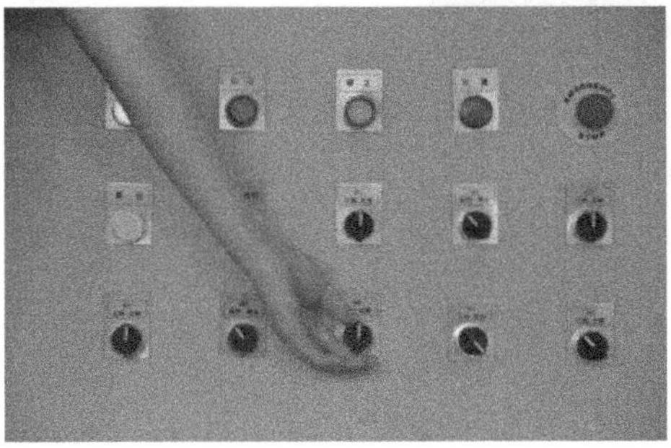

图 7-1-16

图 7-1-17

12. M7(运行/停止)键:M7 控制输送带如图 7-1-19 所示的区域,转动开关可控制输送带逆时针入库,运行时只有一个方向,如图 7-1-18、图 7-1-19。

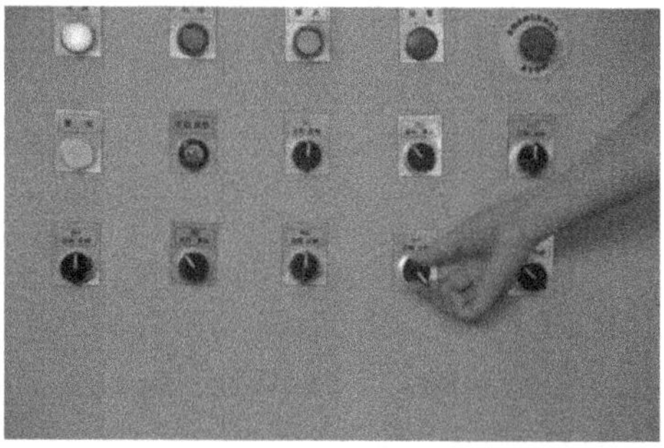

图 7-1-18

图 7-1-19

13. M8(运行/停止)键:M8 控制输送带如图 7-1-21 所示区域,转动开关可控制输送带顺时针出库,运行时只有一个方向,如图 7-1-20、图 7-1-21。

图 7-1-20

图 7-1-21

操作时站位,如图 7-1-22。

图 7-1-22

【注意事项】

1. 操作输送带前要仔细考虑清楚再操作,尤其是正转反转操作。
2. 面板操作要跟输送带运行过程相结合,使其处于我们想要的位置。
3. 发生事故第一时间按下急停按键,并及时找老师处理解决。

【知识链接】

物料编号管理

一、物料编号的必要性

物料编号是以简单的文字、符号、字母、数字来替代物料、品名、规格或属类及其他有关事项的一种有规律的方法。当企业物料种类很少时，物料是否编号都无关紧要；但当企业物料成百上千种时，不进行编号管理就容易混乱，特别是物料管理电脑系统化时，物料编号是必不可少的，物料编号的作用就相当于身份证号码。

二、物料编号方法

1.混合法。

混合法是字母、数字、暗示等三种方法同时使用的一种方法。

2.暗示法。

暗示法是以字母或数字作为编号工具，进行物料编号的方法。字母、数字与物料能产生一定规律的联想，看到编号能联想到相应的物料。

3.字母法。

字母法是以英文字母为编号工具，按各种方式进行编号的一种编码方法。

4.数字法。

数字法是以阿拉伯数字作为编号工具，按属性方式、流水方式或阶层方式等进行编号的一种方法。

【考核评价】

日　期：　　年　　月　　日　　　　　　　节　次：

操作人：

评分要素表

序号	作业环节	说明	级别	分值	箱数/次数	小计
1	输送带操作	按键错误，于实际不符	4级	1		
2	输送带操作	滚筒、输送带方向错误	5级	2		
3	输送带操作	托盘在运行中有碰撞	2级	0.4		
4	输送带操作	托盘没有被完全顶起	4级	1		
5	输送带操作	托盘被卡住	2级	0.4		
心得体会						

填表人：

【课后作业】

1. 当堂上交考核评分表。
2. 在进行自动化立体库输送带手动操作时应注意哪些安全警示?
3. 简述物料编号的必要性。
4. 实例说明物料编号常用方法有哪些?

项目二　立库地操操作

任务一　手控入库

【实训目标】

要求在5分钟内,将用输送带传送过来的托盘在手控模式下完成入库作业。

【任务说明】

地操是连接PLC控制面板与堆垛机之间的装置,在地操中安装可以控制堆垛机的软件。本次任务要求每个学生使用手触软件,完成堆垛机在手控模式下的入库作业。该任务安排1/4课时,每个学生规定用时5分钟。

【实训准备】

PLC控制面板,输送带,1200mm×1000mm空托盘一个,立库。该任务安排一个4人小组进行操作。

【实训内容】

一、课程组织

本节课由4个任务组成,分别是:输送带手动操作、手控入库、手控出库、手控调仓。实训时分为四组,分别为输送带组,入库组,出库组和调仓组。授新课时,全组同学集中进行,由老师先示范演示手控入库操作。待授课结束后,教师引领全组学生依次讲解其余任务。实训时,输送带组按顺序分别与入库组和出库组配合,将M1托盘放入M7或将M8上的托盘运回至M1,轮到调仓组时,输送带组可以自由训练。一名学生操作,一名学生进行操作前准备,两名学生检查评分。具体轮换方式见表7-2-1。

表 7-2-1

	输送带组	入库组	出库组	调仓组
第一轮	第一组	第二组	第三组	第四组
第二轮		第三组	第四组	第二组
第三轮		第四组	第二组	第三组
第四轮	第二组	第三组	第四组	第一组
第五轮		第四组	第一组	第三组
第六轮		第一组	第三组	第四组
第七轮	第三组	第四组	第一组	第二组
第八轮		第一组	第二组	第四组
第九轮		第二组	第四组	第一组
第十轮	第四组	第一组	第二组	第三组
第十一轮		第二组	第三组	第一组
第十二轮		第三组	第一组	第二组

二、实训过程

第一步：开启地操电源，进入界面。

第二步：手指双击桌面“GOT_XP”图标，如图 7-2-1。

图 7-2-1

第三步：出现“堆垛机需要回原点”提示，手指点击“确定”，堆垛机会回到原点位置并进入地操系统，如图 7-2-2、图 7-2-3。

图 7-2-2

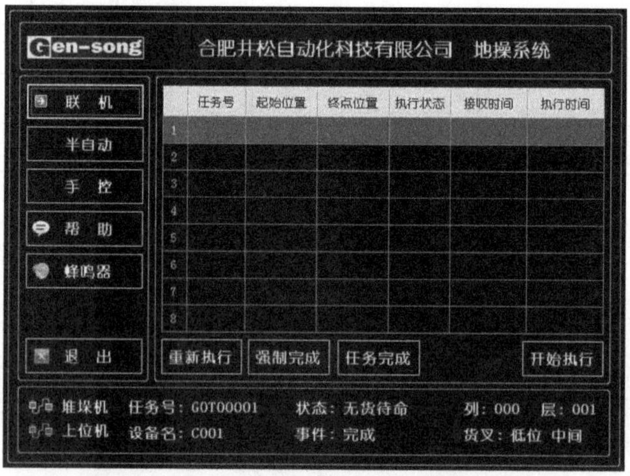

图 7-2-3

第四步：点击左边一排“手控”，将此时的“联机”模式切换到“手控”模式主界面，如图 7-2-4。

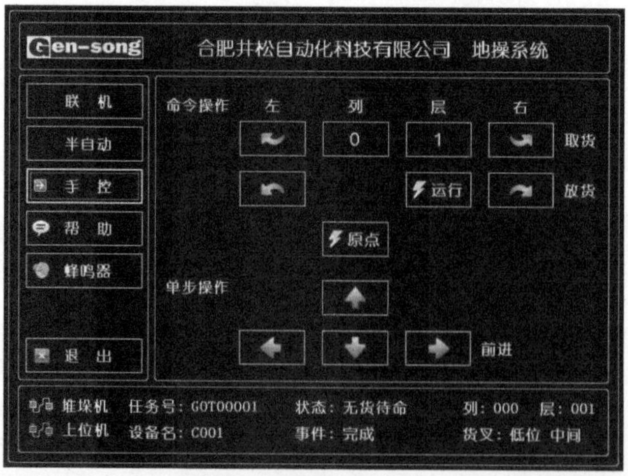

图 7-2-4

第五步：输送带组的同学将 M1 上的载货托盘用手动方式运至 M7。

第六步：此时堆垛机处于原点位置，托盘位于 M7 上（堆垛机的左边），点击“”（左边取货），此时堆垛机就会按照指令将托盘从 M7 取出。

第七步：用手指在“”“”中输入要放入托盘储位的列、层数，如图 7-2-5，完成后点击“确定”，如图 7-2-6。

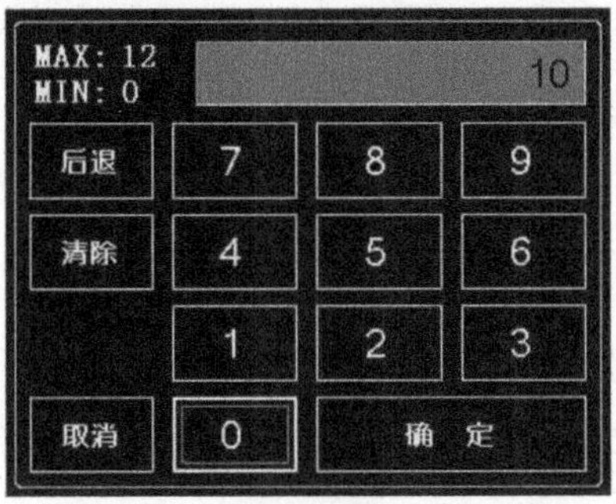

图 7-2-5

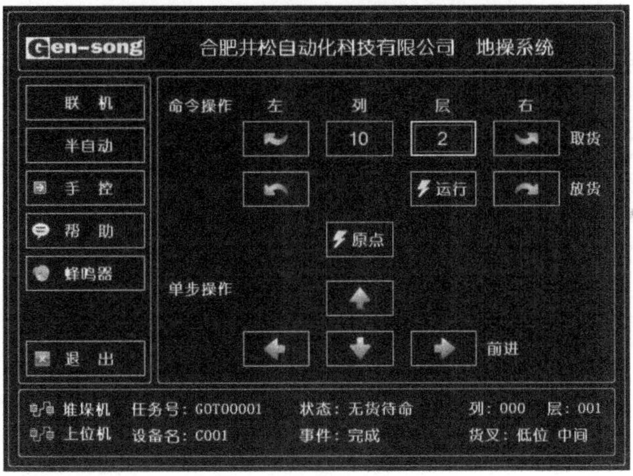

图 7-2-6

第八步：点击“”，堆垛机接受指令会运行至第十列第二层。

第九步：看清空储位在左边还是右边，若空储位在右边，手指点击“”（右边放货），堆垛机接受指令后会将托盘放入右边的空储位中。

第十步：手指点击“”，堆垛机接受指令后会自动回到原点，等待下一托操作。

操作示意如图 7-2-7。

图 7-2-7

【注意事项】

1. 立库指令下达后，黄色指示灯会闪烁，此时不可进行其他界面操作。

2. 运行过程中若发现红色指示灯闪烁，应立刻按下急停按钮，并操作钥匙切换到手动模式，等待老师处理。

【知识链接】

一、我校供应链管理实训室仓库划分

根据位置布局及主要功能，我校又将供应链管理实训室划分为四个仓库，编号与仓库对应关系如下表：

编号	仓库名称
01	自动化立体库
02	重型货架立体库
03	货架库
04	超市库

二、储位编码的作用

1. 确定储位资料正确性。
2. 给计算机提供储位记录位置，以便识别。
3. 提供存取储位的位置，提高理货、拣取效率。
4. 提高调仓和移仓的效率。
5. 便于计算机分析处理。
6. 方便盘点储位。
7. 便于储存空间、控制货量、降低成本。

【考核评价】

日　期：　　年　　月　　日　　　　　　　　节　次：

操作人：

评分要素表

序号	作业环节	说明	级别	分值	箱数/次数	小计
1	地操	左右方向错误	4级	1		
2	地操	放货取货错误	5级	2		
3	地操	储位输入错误	2级	0.4		
4	地操	输完储位后没有运行	4级	1		
5	地操	其他危险操作	2级	0.4		
心得体会						

填表人：

【课后作业】

1. 当堂上交考核评分表。
2. 描述在自动化立库中，使用地操进行手控入库的操作步骤。
3. 我校供应链管理实训室划分为哪几个仓库，编号与仓库的对应关系是怎样的？
4. 储位编号有哪些作用？

任务二　手控出库

【实训目标】

要求在5分钟内，将用输送带传送过来的托盘在手控模式下完成入库作业。

【任务说明】

手控出库与手控入库正好相反，事先将堆垛机运行至待下架托盘处的储位，然后通过指令操作将托盘放置到M8，然后由输送带组的同学将M8上的托盘运回至M1。该任务安排1/4课时，每个学生规定用时5分钟。

【实训准备】

PLC控制面板，输送带，1200mm * 1000mm载空托盘一个，立库。该任务安排一个4人小组进行操作。

【实训内容】

一、课程组织

本节课由 4 个任务组成，分别是：输送带手动操作、手控入库、手控出库、手控调仓。实训时分为四组，分别为输送带组，入库组，出库组和调仓组。授新课时，全大组同学集中进行，由老师先示范演示手控出库操作，待授课结束后，教师引领全组学生依次讲解其余任务。实训时，输送带组按顺序分别与入库组和出库组配合，将 M1 托盘放入 M7 或将 M8 上的托盘运回至 M1，轮到调仓组时，输送带组可以自由训练，一名学生操作，一名学生进行操作前准备，两名学生检查评分。具体轮换方式见表 7-2-2。

表 7-2-2

	输送带组	入库组	出库组	调仓组
第一轮	第一组	第二组	第三组	第四组
第二轮		第三组	第四组	第二组
第三轮		第四组	第二组	第三组
第四轮	第二组	第三组	第四组	第一组
第五轮		第四组	第一组	第三组
第六轮		第一组	第三组	第四组
第七轮	第三组	第四组	第一组	第二组
第八轮		第一组	第二组	第四组
第九轮		第二组	第四组	第一组
第十轮	第四组	第一组	第二组	第三组
第十一轮		第二组	第三组	第一组
第十二轮		第三组	第一组	第二组

二、实训过程

第一步：开启地操电源，进入界面。

第二步：手指双击桌面“GOT_XP”图标。

第三步：出现“堆垛机需要回原点”提示，手指点击“确定”，堆垛机会回到原点位置并进入地操系统，如图 7-2-8、图 7-2-9。

图 7-2-8

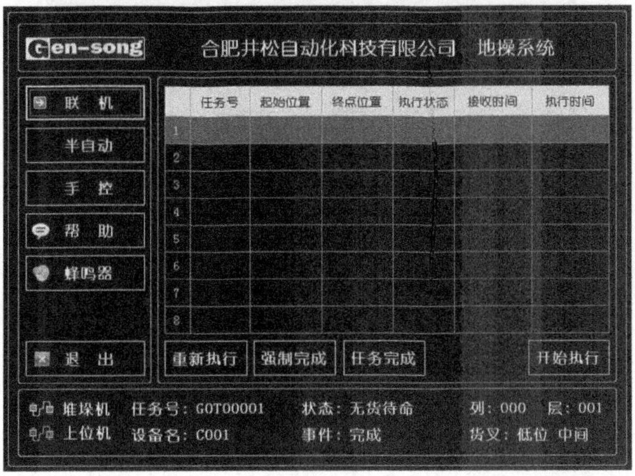

图 7-2-9

第四步：点击左边一排“手控”，将此时的“联机”模式切换到“手控”模式主界面，如图 7-2-10。

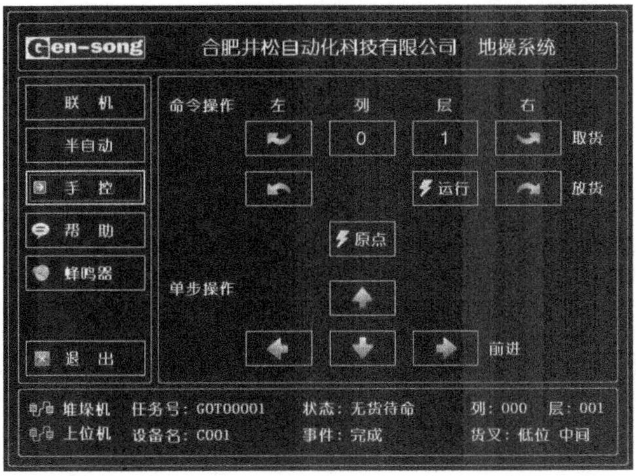

图 7-2-10

第五步：用手指在“”“”中输入要下架托盘储位的列、层数，如图 7-2-11，完成后点击“确定”，如图 7-2-12。

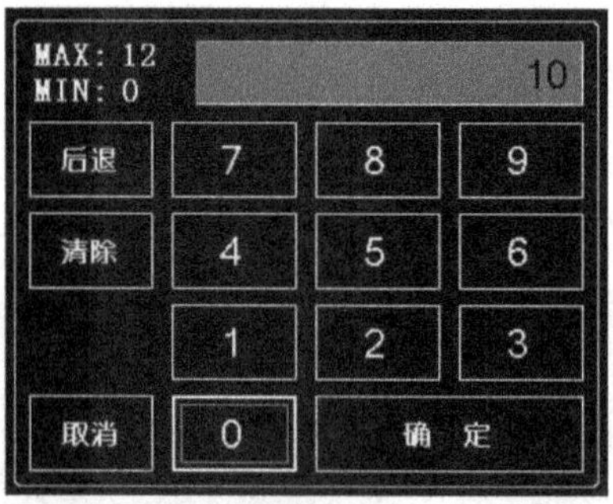

图 7-2-11

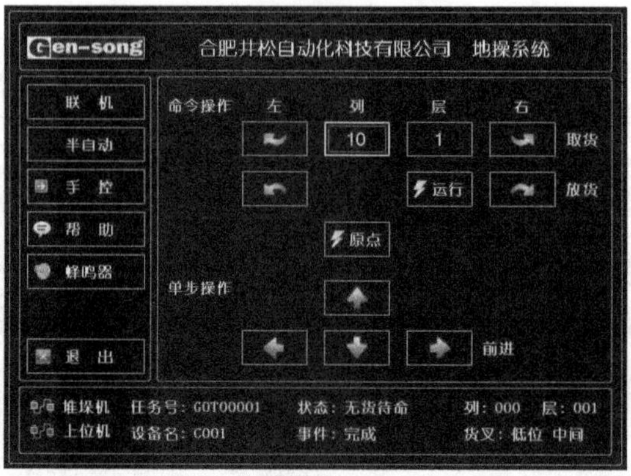

图 7-2-12

第六步：手指点击“”，堆垛机接受指令后会自动运行至第十列第一层。

第七步：明确要下架托盘所在储位在左边还是在右边，若储位在左边，手指点击“”（左边取货），此时堆垛机就会自动到左边储位将托盘取出。

第八步：手指点击“”，堆垛机接收到指令后会自动回到原点。

第九步：手指点击“”（右边放货），将托盘放入 M8。

第十步：输送带组的同学将 M8 上的托盘手动运回至 M1，堆垛机等待下一托出库指令。

【注意事项】

一、立库指令下达后，黄色指示灯会闪烁，此时不可进行其他界面操作。

二、运行过程中若发现红色指示灯闪烁，应立刻按下急停按钮，并操作钥匙切换到手动模式，等待老师处理。

【知识链接】 储位编码的方法

储存货物特性不同，采用储位编码方式也不一样。常见的储位编码方法有：

1. 区段式编码。

区段式编码是把保管区分为几个区段，再对每个区段编码。区段式编码适合保管期短存储数量较大的货物。如下图为储区的区段式编码示意图。

A1	A2	A3
通道		
B1	B2	B3

2.品项群式编码。

品项群式编码是将一些同类货物经过集合后，区分成几个品项群，再对每个品项群进行编码。这种方式适合于服饰群、五金群、食品群等容易按商品类别保管的场合和品牌差距较大的货物。

3.地址式编码。

地址式编码是指利用保管区中建筑物第几栋、区段、排、行、层、格等现成参考单位进行编码的方式。

4.坐标式编码。

坐标式编码是指利用 x，y，z 空间坐标对储位进行编码的方式。这种编码方式直接对每个储位定位，在管理上较为复杂，适用于流通率很小、存放时间较长的物品。

5.联合货物编码。

联合货物编码是指根据货物储存量、流动率、保管空间布置和保管设备来选择储位编码的方式。

【考核评价】

日　期：　　年　　月　　日　　　　　　　节　次：

操作人：

评分要素表

序号	作业环节	说明	级别	分值	箱数/次数	小计
1	地操	左右方向错误	4级	1		
2	地操	放货取货错误	5级	2		
3	地操	储位输入错误	2级	0.4		
4	地操	输完储位后没有运行	4级	1		
5	地操	其他危险操作	2级	0.4		
心得体会						

填表人：

【课后作业】

1.当堂上交考核评分表。

2.简述在自动化立库中，使用地操进行手控出库的操作步骤。

3.常见的储位编码方法有哪几种？

任务三　手控调仓

【实训目标】

要求在 5 分钟内，将立库中一托盘进行调仓作业。

【任务说明】

手控调仓是指根据库存需求运用堆垛机将立库中的储位进行人工调整，最大程度上提高空间利用率，在操作方面结合了手控入库和手控出库的要领，是对学生一个综合性实操的考验。该任务安排 1/4 课时，每个学生规定用时 5 分钟。

【实训准备】

PLC 控制面板，输送带，立库。该任务安排一个 4 人小组进行操作。

【实训内容】

一、课程组织

本节课由 4 个任务组成，分别是：输送带手动操作、手控入库、手控出库、手控调仓。实训时分为四组，分别为输送带组，入库组，出库组和调仓组。授新课时，全组同学集中进行，由老师先示范演示手控整仓操作。待授课结束后，教师引领全组学生依次讲解其余任务。实训时，输送带组按顺序分别与入库组和出库组配合，将 M1 托盘放入 M7 或将 M8 上的托盘运回至 M1，轮到调仓组时，输送带组可以自由训练。一名学生操作，一名学生进行操作前准备，两名学生检查评分。具体轮换方式见表 7-2-3。

表 7-2-3

	输送带组	入库组	出库组	调仓组
第一轮	第一组	第二组	第三组	第四组
第二轮		第三组	第四组	第二组
第三轮		第四组	第二组	第三组
第四轮	第二组	第三组	第四组	第一组
第五轮		第四组	第一组	第三组
第六轮		第一组	第三组	第四组
第七轮	第三组	第四组	第一组	第二组
第八轮		第一组	第二组	第四组
第九轮		第二组	第四组	第一组
第十轮	第四组	第一组	第二组	第三组
第十一轮		第二组	第三组	第一组
第十二轮		第三组	第一组	第二组

二、实训过程

第一步：开启地操电源，进入界面。

第二步：手指双击桌面“GOT_XP”图标。

第三步：出现“堆垛机需要回原点”提示，手指点击“确定”，堆垛机会回到原点位置并进入地操系统，如图 7-2-13。

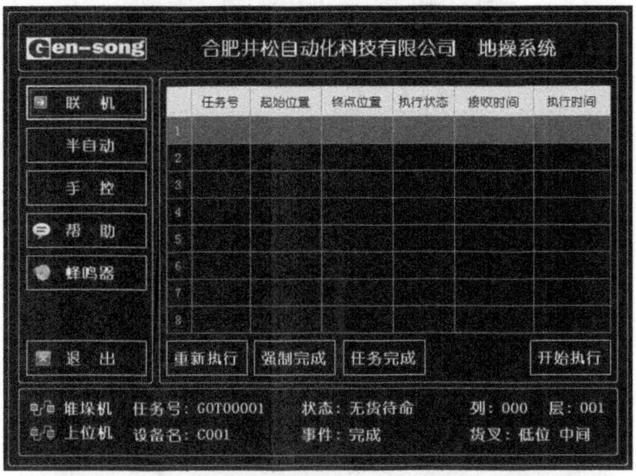

图 7-2-13

第四步：点击左边一排“手控”，将此时的“联机”模式切换到“手控”模式主界面，如图 7-2-14。

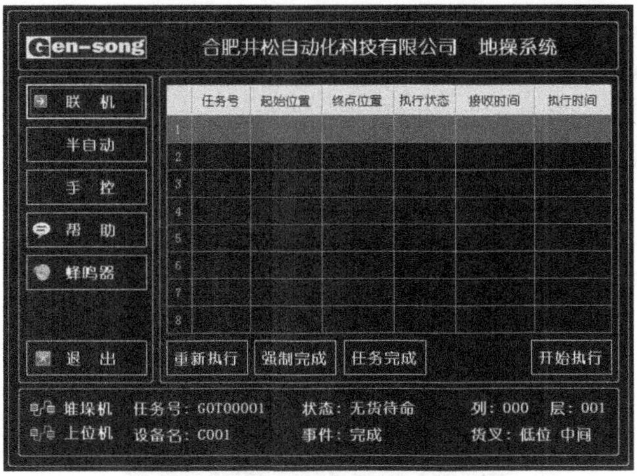

图 7-2-14

第五步：用手指在“”“”中输入要调出托盘储位的列、层数，如图 7-2-15，完成后点击“确定”，如图 7-2-16。

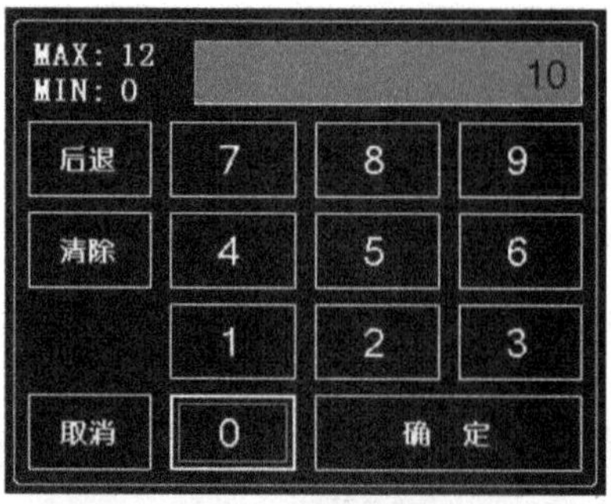

图 7-2-15

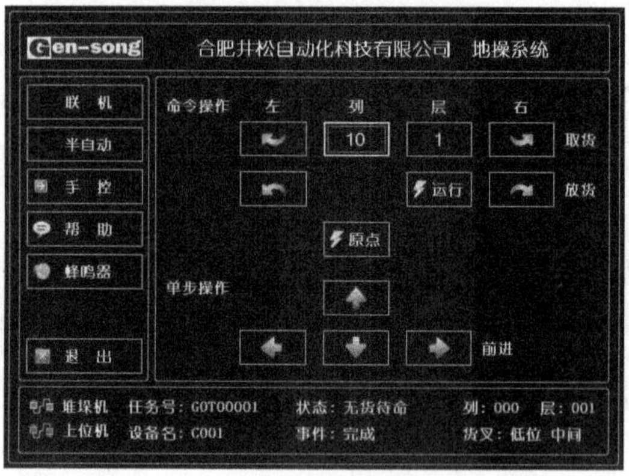

图 7-2-16

第六步：手指点击“运行”，堆垛机接收指令后自动运行至调出托盘所在储位的列层处。

第七步：明确要调出托盘所在储位在左边还是在右边，若储位在左边，手指点击“”（左边取货），此时堆垛机就会自动到左边储位将托盘取出。

第八步：用手指在“”“”中输入要调入托盘储位的列、层数，如图 7-2-17，完成后点击“确定”，如图 7-2-18。

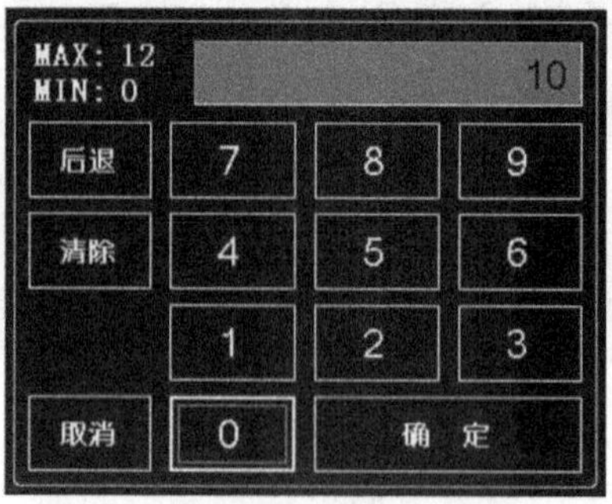

图 7-2-17

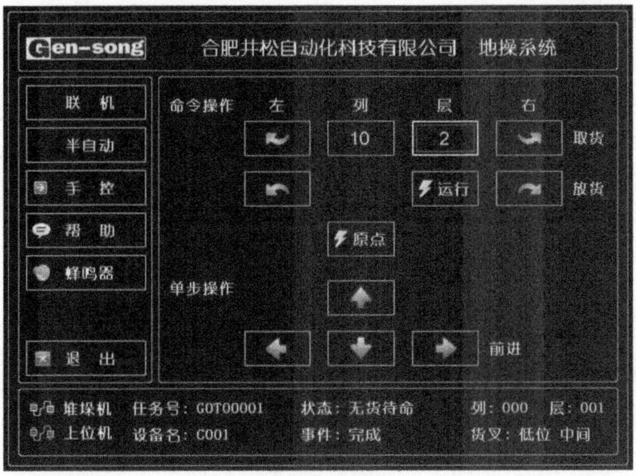

图 7-2-18

第九步：手指点击“”，堆垛机接收指令后自动运行至调入托盘所在储位的列层处。

第十步：明确要调出托盘所在储位在左边还是在右边，若储位在右边，手指点击“”（右边放货），此时堆垛机就会自动将托盘放入右边的储位。

第十一步：手指点击“”，堆垛机接收到指令后会自动回到原点等待下一个调仓指令。

【注意事项】

1. 立库指令下达后，黄色指示灯会闪烁，此时不可进行其他界面操作。

2. 运行过程中若发现红色指示灯闪烁，应立刻按下急停按钮，并操作钥匙切换到手动模式，等待老师处理。

【知识链接】　我校供应链管理实训储位编码方案

我校供应链管理实训室储位编码方案采用的是地址式编码方法中的四号定位法，即储位编码由仓库编码、货架编码、层编码、列编码四部分组成。

自动化立体库储位编码方案

自动化立体库的仓库编码为01；货架有两排，以人面对地操为准，左侧一排货架编码为01，右侧一排货架编码为02；列数总计13列，入库/出库位为第0列，然后逐次向内延伸，分别是第1列、第2列、第3列……至第12列，故列数最小值为0，最大值为12；层数为2，但第0列只有一层，其余12列有两层。所以，自动化立体为库的储位编码如下：

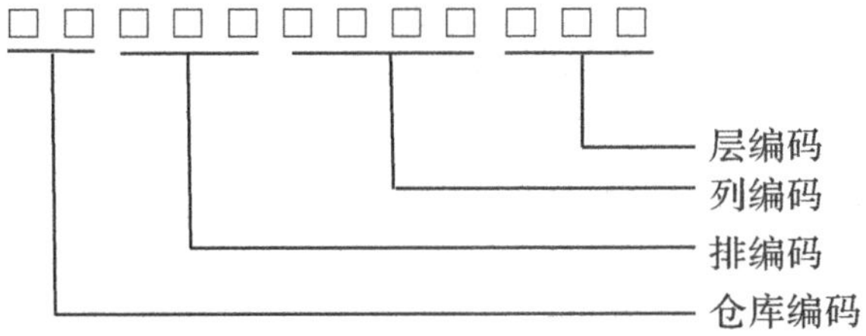

第一排(左侧)货架储位示意

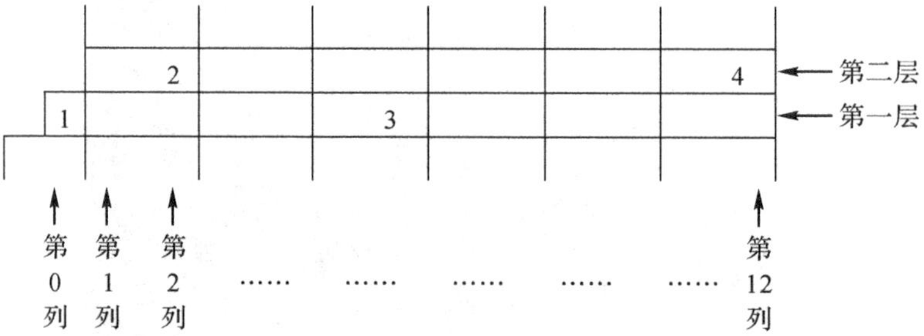

则图中所示4个储位(货位)的编码分别是:

1号储位编码:010010000001

2号储位编码:010010002002

3号储位编码:010010006001

4号储位编码:010010012002

同时需要指出的是,此图所示的1号储位即为自动化立库中的入库载货平台。

第二排(右侧)货架储位除货架编码为02外,其余编码方式与第一排货架相同。

【考核评价】

日　期:　　年　　月　　日　　　　　　　节　次:

操作人:

评分要素表

序号	作业环节	说明	级别	分值	箱数/次数	小计
1	地操	左右方向错误	4级	1		
2	地操	放货取货错误	5级	2		
3	地操	储位输入错误	2级	0.4		
4	地操	输完储位后没有运行	4级	1		
5	地操	其他危险操作	2级	0.4		
心得体会						

填表人:

【课后作业】

1.当堂上交考核评分表。

2.简述01仓库中,使用地操手控调仓方式将货物由01-002-0001-002调整到01-001-0011-002的操作步骤。

3.写出我校供应链管理实训室以下储位的编码。

自动化立体库

(1)左侧一排。

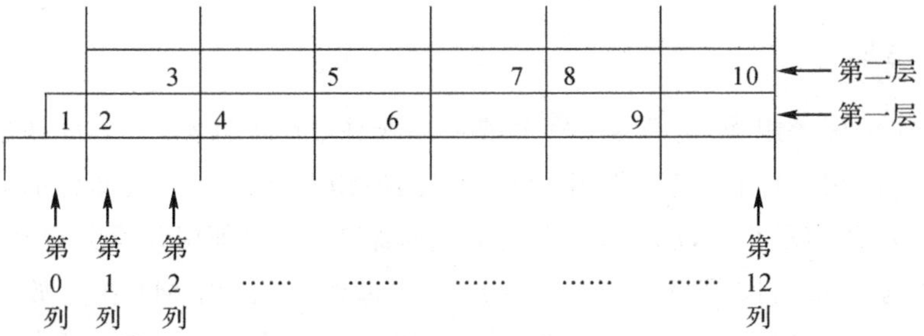

1 号储位编码：　　2 号储位编码：　　3 号储位编码：

4 号储位编码：　　5 号储位编码：　　6 号储位编码：

7 号储位编码：　　8 号储位编码：　　9 号储位编码：

10 号储位编码：

(2)右侧一排。

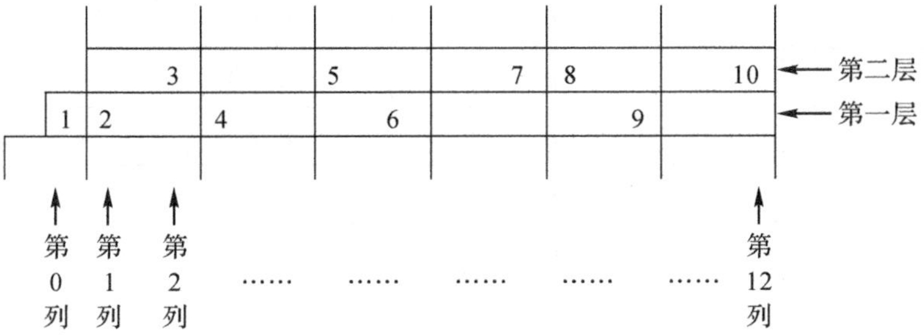

1 号储位编码：　　2 号储位编码：　　3 号储位编码：

4 号储位编码：　　5 号储位编码：　　6 号储位编码：

7 号储位编码：　　8 号储位编码：　　9 号储位编码：

10 号储位编码：

任务四　半自动入库

【实训目标】

要求在 5 分钟内，完成半自动模式下入库操作。

【任务说明】

半自动入库相对于前面讲到的手控入库操作起来更加简单，只要输入 M7 上的起始储位和目标储位，堆垛机就会自动完成入库作业，做完后也不必回到原点，关键是一定要确保储位无误。该任务安排 1/3 课时，每个学生规定用时 5 分钟。

【实训准备】

PLC 控制面板，输送带，立库。该任务安排一个 4 人小组进行操作。

【实训内容】

一、课程组织

本节课由4个任务组成，分别是：输送带手动操作、半自动入库、半自动出库、半自动调仓。实训时分为四组，分别为输送带组，入库组，出库组和调仓组。授新课时，全组同学集中进行，由老师先示范演示半自动入库操作。待授课结束后，教师引领全组学生依次讲解其余任务。实训时，输送带组按顺序分别与入库组和出库组配合，将M1托盘放入M7或将M8上的托盘运回至M1，轮到调仓组时，输送带组可以自由训练。一名学生操作，一名学生进行操作前准备，两名学生检查评分。具体轮换方式见下表7-2-4。

表 7-2-4

	输送带组	入库组	出库组	调仓组
第一轮	第一组	第二组	第三组	第四组
第二轮		第三组	第四组	第二组
第三轮		第四组	第二组	第三组
第四轮	第二组	第三组	第四组	第一组
第五轮		第四组	第一组	第三组
第六轮		第一组	第三组	第四组
第七轮	第三组	第四组	第一组	第二组
第八轮		第一组	第二组	第四组
第九轮		第二组	第四组	第一组
第十轮	第四组	第一组	第二组	第三组
第十一轮		第二组	第三组	第一组
第十二轮		第三组	第一组	第二组

二、实训过程

第一步：开启地操电源，进入界面。

第二步：手指双击桌面“GOT_XP”图标。

第三步：出现“堆垛机需要回原点”提示，手指点击“确定”，堆垛机会回到原点位置并进入地操系统，如图7-2-19。

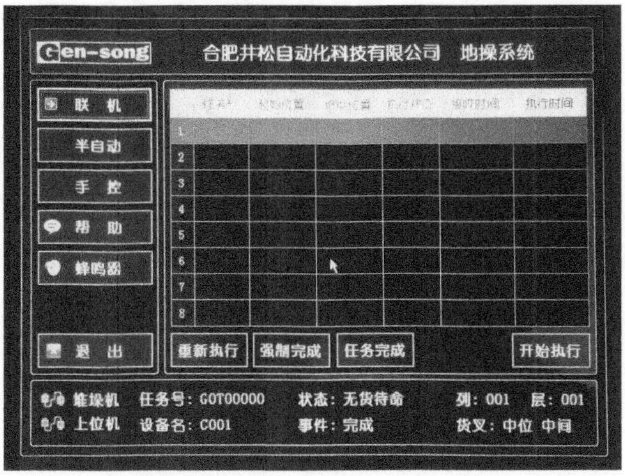

图 7-2-19

第四步：点击左边一排“半自动”，将此时的“联机”模式切换到“半自动”模式主界面，如图 7-2-20。

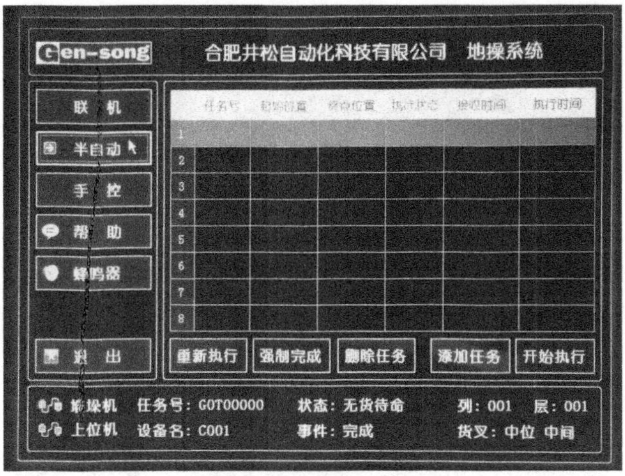

图 7-2-20

第五步：手指点击右下角“添加任务”，如图 7-2-21。

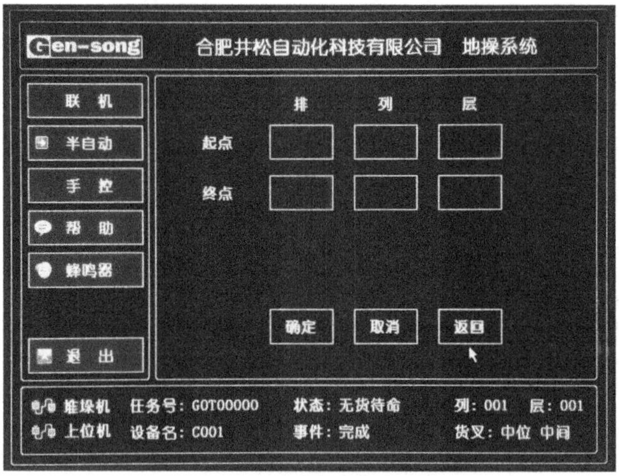

图 7-2-21

第六步：手指分别点击“起点”处的“

”，输入输送带上 M8 的储位：第 1 排、第 0 列、第 1 层，如图 7-2-22。

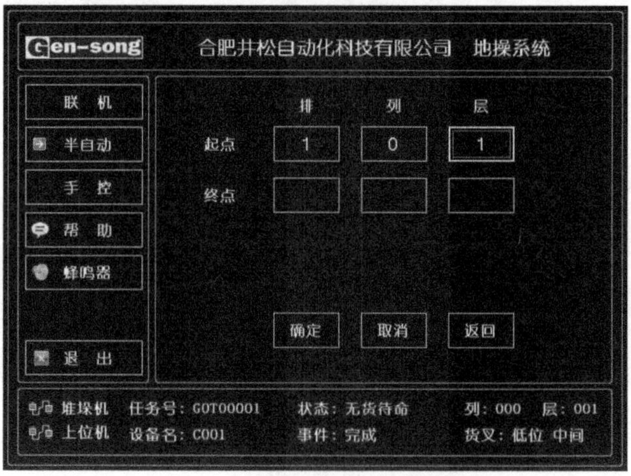

图 7-2-22

第七步：手指分别点击“终点”处的“

”，输入要入库的储位对应的排、列、层数，如图 7-2-23。

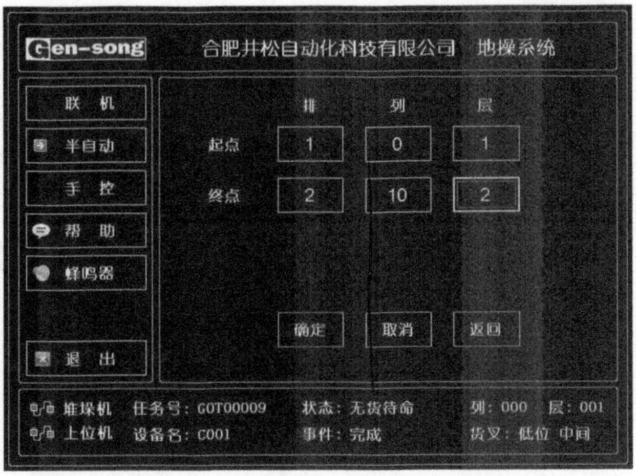

图 7-2-23

第八步：点击“确定”，如图 7-2-24。

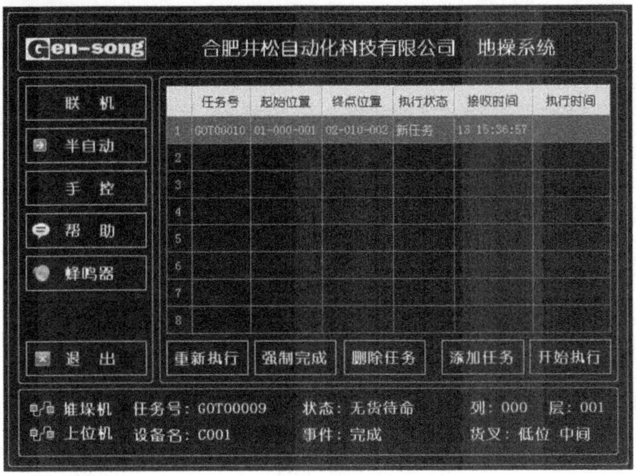

图 7-2-24

第九步：手指点击“开始执行”，堆垛机接收到指令开始入库作业，运行中此时地操界面如图 7-2-25。

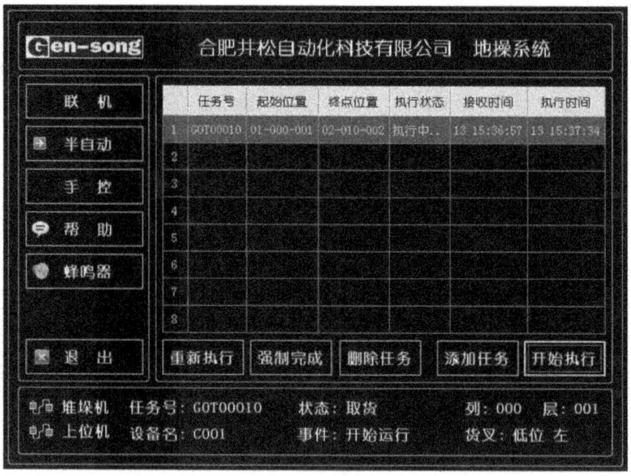

图 7-2-25

第十步：等待“执行状态”显示为“任务完成”，方可执行下一个操作。

【注意事项】

一、立库指令下达后，黄色指示灯会闪烁，此时不可进行其他界面操作。

二、运行过程中若发现红色指示灯闪烁，应立刻按下急停按钮，并操作钥匙切换到手动模式，等待老师处理。

【知识链接】 我校供应链管理实训室储位编码方案

我校供应链管理实训室储位编码方案采用的是地址式编码方法中的四号定位法，即储位编码由仓库编码、货架编码、层编码、列编码四部分组成。

货架库储位编码方案如下：

货架库的仓库编码为03；货架有两排，一排为流利货架，主要用于摘取式电子标签辅助拣选，另一排号为普通隔板中型货架，主要用于播种式电子标签辅助拣选。流利货架编码为01，普通隔板货架编码为02；另外，每排货架有三组，组号由入口向出口分别确定为01、02、03；每组的层数、列数用一位数字来表示。则货架库的储位编码如下图所示：

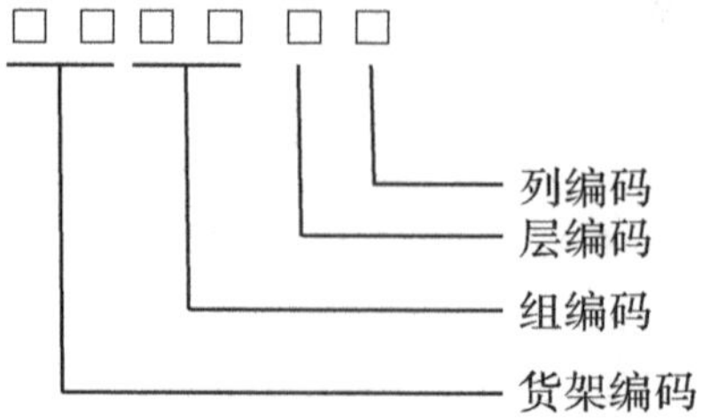

具体编码方法如下图所示：

(1)流利货架(摘取式电子标签辅助拣选)。

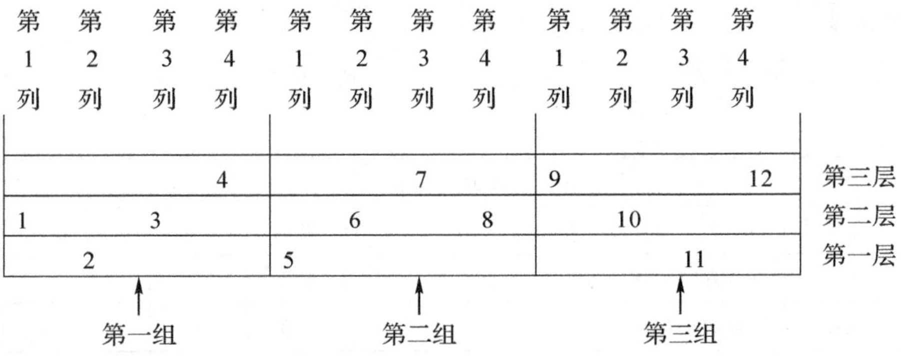

则上图所示 12 个储位的编码依次为：

1 号储位编码：010121；2 号储位编码：010112；3 号储位编码：010123；4 号储位编码：010134

5 号储位编码：010211；6 号储位编码：010222；7 号储位编码：010233；8 号储位编码：010224

9 号储位编码：010331；10 号储位编码：010322；11 号储位编码：010313；12 号储位编码：010334

(2)隔板货架(播种式电子标签辅助拣选)。

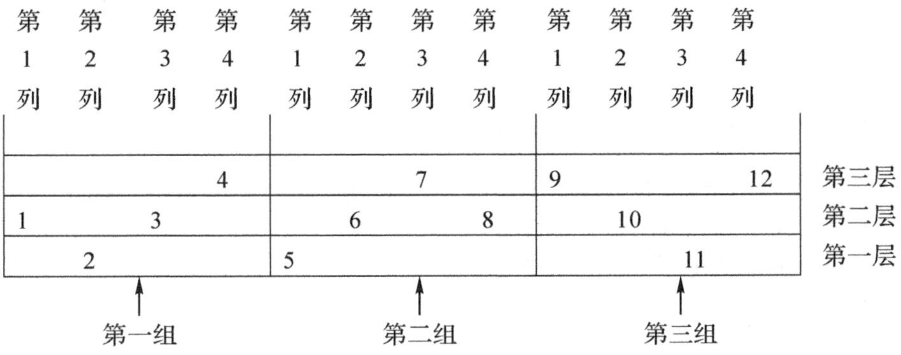

则上图所示 12 个储位的编码依次为：

1 号储位编码：020121；2 号储位编码：020112；3 号储位编码：020123；4 号储位编码：020134

5 号储位编码：020211；6 号储位编码：020222；7 号储位编码：020233；8 号储位编码：020224

9 号储位编码：020331；10 号储位编码：020322；11 号储位编码：020313；12 号储位编码：020334

【考核评价】

日　期：　　年　　月　　日　　　　　　　节　次：

操作人：

评分要素表

序号	作业环节	说明	级别	分值	箱数/次数	小计
1	地操	左右方向错误	4 级	1		
2	地操	放货取货错误	5 级	2		
3	地操	储位输入错误	2 级	0.4		
4	地操	输完储位后没有运行	4 级	1		
5	地操	其他危险操作	2 级	0.4		
心得体会						

填表人：

【课后作业】

1. 当堂上交考核评分表。
2. 描述自动化立体库中半自动入库的操作步骤。
3. 写出以下储位的储位编码。

(1)货架库。

a. 流利货架(摘取式电子标签辅助拣选)

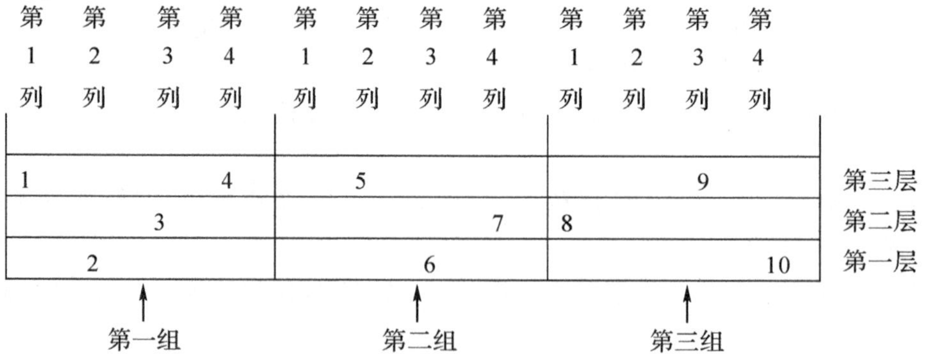

则上图所示 12 个储位的编码依次为：

1 号储位编码：　　　2 号储位编码：　　　3 号储位编码：

4 号储位编码：　　　5 号储位编码：　　　6 号储位编码：

7 号储位编码：　　　8 号储位编码：　　　9 号储位编码：

10 号储位编码：

b. 隔板货架(播种式电子标签辅助拣选)。

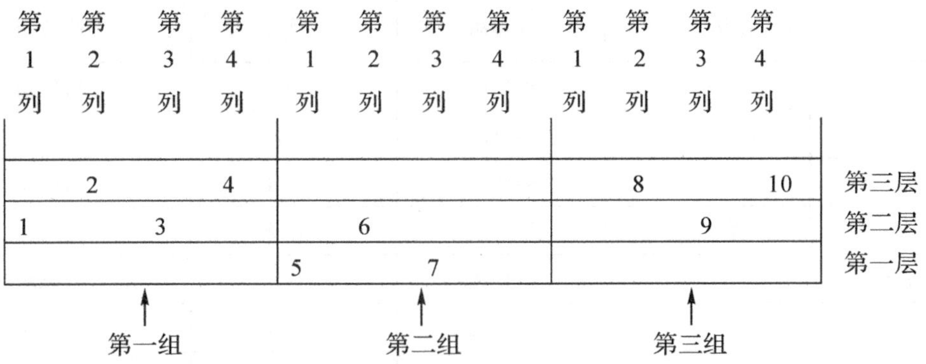

则上图所示 12 个储位的编码依次为：

1 号储位编码：　　　　2 号储位编码：　　　　3 号储位编码：

4 号储位编码：　　　　5 号储位编码：　　　　6 号储位编码：

7 号储位编码：　　　　8 号储位编码：　　　　9 号储位编码：

10 号储位编码：

任务五　半自动出库

【实训目标】

要求在 5 分钟内，完成半自动模式下出库操作。

【任务说明】

半自动出库比手控出库操作方便快捷，只需输入要出库托盘所在的储位和输送带 M8 上的储位即可，最重要的是保证起点和终点储位正确。该任务安排 1/3 课时，每个学生规定用时 5 分钟。

【实训准备】

PLC 控制面板，输送带，立库。该任务安排一个 4 人小组进行操作。

【实训内容】

一、课程组织

本节课由 4 个任务组成，分别是：输送带手动操作、半自动入库、半自动出库、半自动调仓。实训时分为四组，分别为输送带组，入库组，出库组和调仓组。授新课时，全组同学集中进行，由老师先示范演示半自动出库操作。待授课结束后，教师引领全组学生依次讲解其余任务。实训时，输送带组按顺序分别与入库组和出库组配合，将 M1 托盘放入 M7 或将 M8 上的托盘运回至 M1，轮到调仓组时，输送带组可以自由训练。一名学生操作，一名学生进行操作前准备，两名学生检查评分。具体轮换方式见表 7-2-5。

表 7-2-5

	输送带组	入库组	出库组	调仓组
第一轮	第一组	第二组	第三组	第四组
第二轮		第三组	第四组	第二组
第三轮		第四组	第二组	第三组
第四轮	第二组	第三组	第四组	第一组
第五轮		第四组	第一组	第三组
第六轮		第一组	第三组	第四组
第七轮	第三组	第四组	第一组	第二组
第八轮		第一组	第二组	第四组
第九轮		第二组	第四组	第一组
第十轮	第四组	第一组	第二组	第三组
第十一轮		第二组	第三组	第一组
第十二轮		第三组	第一组	第二组

二、实训过程

第一步：开启地操电源，进入界面。

第二步：手指双击桌面“GOT_XP”图标。

第三步：出现“堆垛机需要回原点”提示，手指点击“确定”，堆垛机会回到原点位置并进入地操系统，如图 7-2-26。

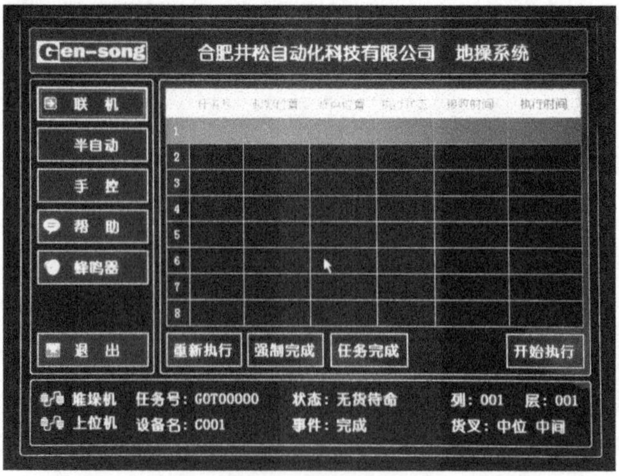

图 7-2-26

第四步:点击左边一排“半自动”,将此时的“联机”模式切换到“半自动”模式主界面,如图 7-2-27。

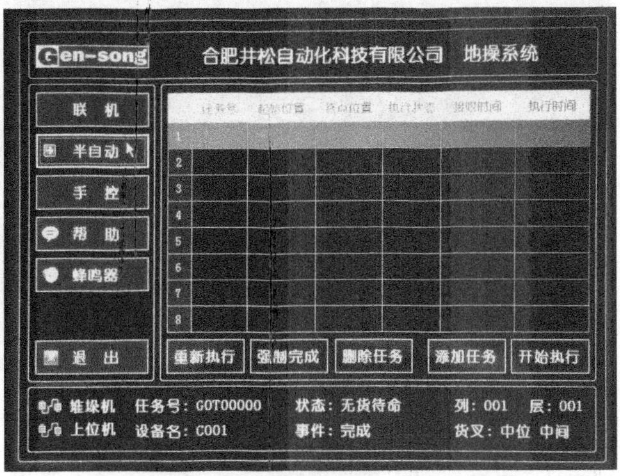

图 7-2-27

第五步:手指点击右下角“添加任务”,如图 7-2-28。

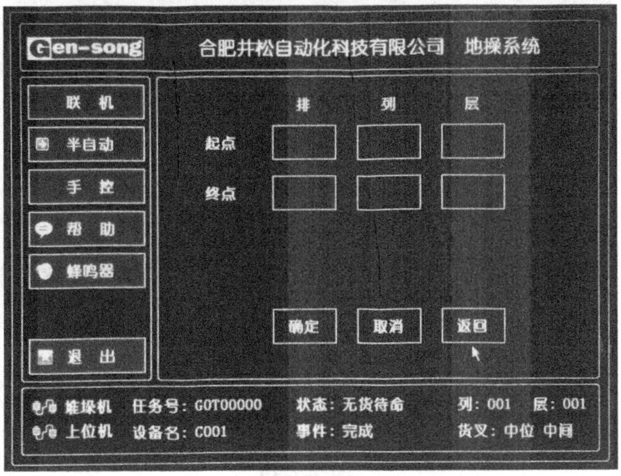

图 7-2-28

第六步:手指分别点击“终点”处的“

”,输入输送带 M8 上的储位:第 2 排、第 0 列、第 1 层,如图 7-2-29。

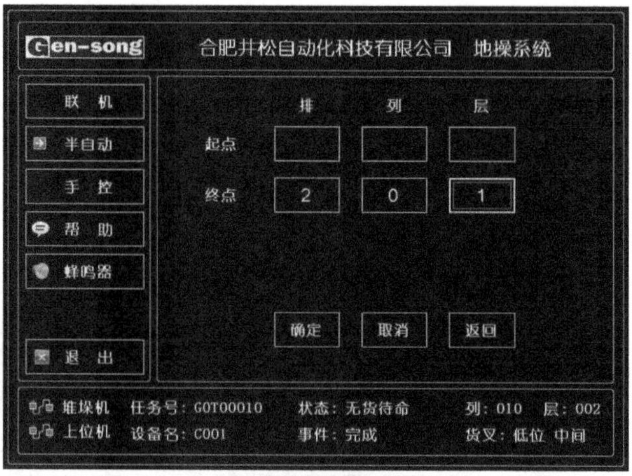

图 7-2-29

第七步：手指分别点击“起点”处的“

”，输入要出库托盘所在储位对应的排、列、层数；如图 7-2-30。

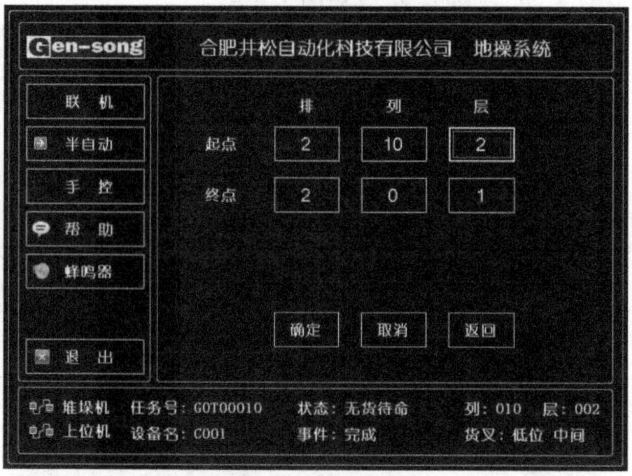

图 7-2-30

第八步：点击“

”，如图 7-2-31。

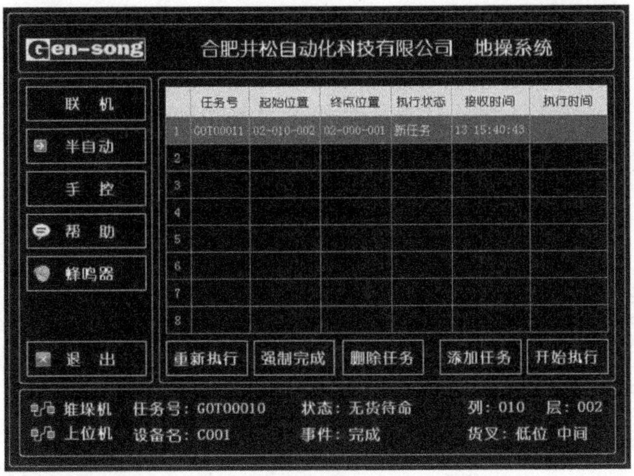

图 7-2-31

第九步：手指点击“开始执行”，堆垛机接收到指令开始出库作业。

第十步：等待“执行状态”显示为“任务完成”，方可执行下一个操作。

【注意事项】

1. 立库指令下达后，黄色指示灯会闪烁，此时不可进行其他界面操作。

2. 运行过程中若发现红色指示灯闪烁，应立刻按下急停按钮，并操作钥匙切换到手动模式，等待老师处理。

【知识链接】　货仓必备功能要求

凡用于储存、保管物资（包括原材料、半成品、成品、工具、设备等）的场所，称为货仓，而对于物料储存于仓库的管理称为货仓管理。

1. 货仓管理至少应具备以下功能：

(1)材料、半成品、成品的进仓、出仓管理；

(2)材料、半成品、成品的分类、整理、保管；

(3)供应生产所必需的材料并做好服务；

(4)材料账物的记录，使账物一致。

2. 仓库规划的内容。

仓库规划对合理利用仓库和发挥仓库在物流中的作用有着重要意义。

它包括的内容主要有：

(1)仓库的合理布局；

(2)仓库的发展战略和规模，如仓库的扩建、改造任务，仓库吞吐、储存能力的增长等；

(3)仓库机械化发展水平和技术改造方向，如仓库的机械化、自动化水平等；

(4)仓库的主要经济指标，如仓库主要设备利用率、劳动生产率、仓库吞吐储存能力、物资周转率、储存能力利用率、储运品质指标、储运成本的降低率等。

因此，仓库规划是在仓库合理布局和正确选择库址的基础上，对库区的总体设计、仓库建设规模以及仓库储存保管技术水平的确定。

【考核评价】

日　期：　　年　　月　　日　　　　　　　　节　次：

操作人：

评分要素表

序号	作业环节	说明	级别	分值	箱数/次数	小计
1	地操	左右方向错误	4级	1		
2	地操	放货取货错误	5级	2		
3	地操	储位输入错误	2级	0.4		
4	地操	输完储位后没有运行	4级	1		
5	地操	其他危险操作	2级	0.4		
心得体会						

填表人：

【课后作业】

1. 当堂上交考核评分表。
2. 简述自动化立体库中半自动出库的操作步骤。
3. 仓库管理至少应具备哪些功能？
4. 仓库规划的主要内容有哪些？

任务六　半自动调仓

【实训目标】

要求在5分钟内，完成半自动模式下调仓操作。

【任务说明】

半自动调仓相比于手控调仓最能显示出半自动的优势，操作也很简单，只需输入调出和调入两个储位的坐标即可，由于调出和调入由学生自定，所以对输入储位精确性的要求比前面的入库和出库要求更高。该任务安排1/3课时，每个学生规定用时5分钟。

【实训准备】

PLC控制面板，输送带，立库。该任务安排一个4人小组进行操作。

【实训内容】

一、课程组织

本节课由 4 个任务组成，分别是：输送带手动操作、半自动入库、半自动出库、半自动调仓。实训时分为四组，分别为输送带组，入库组，出库组和调仓组。授新课时，全组同学集中进行，由老师先示范演示半自动调仓操作。待授课结束后，教师引领全组学生依次讲解其余任务。实训时，输送带组按顺序分别与入库组和出库组配合，将 M1 托盘放入 M7 或将 M8 上的托盘运回至 M1，轮到调仓组时，输送带组可以自由训练。一名学生操作，一名学生进行操作前准备，两名学生检查评分。具体轮换方式见表 7-2-6：

表 7-2-6

	输送带组	入库组	出库组	调仓组
第一轮	第一组	第二组	第三组	第四组
第二轮		第三组	第四组	第二组
第三轮		第四组	第二组	第三组
第四轮	第二组	第三组	第四组	第一组
第五轮		第四组	第一组	第三组
第六轮		第一组	第三组	第四组
第七轮	第三组	第四组	第一组	第二组
第八轮		第一组	第二组	第四组
第九轮		第二组	第四组	第一组
第十轮	第四组	第一组	第二组	第三组
第十一轮		第二组	第三组	第一组
第十二轮		第三组	第一组	第二组

二、实训过程

第一步：开启地操电源，进入界面。

第二步：手指双击桌面“GOT_XP”图标。

第三步：出现“堆垛机需要回原点”提示，手指点击“确定”，堆垛机会回到原点位置并进入地操系统，如图 7-2-32。

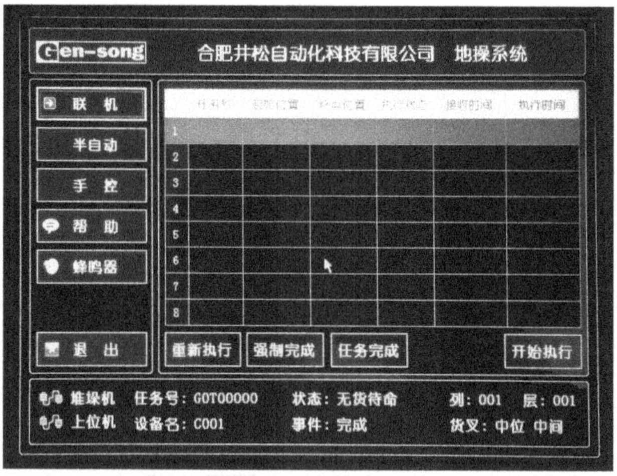

图 7-2-32

第四步：点击左边一排“半自动”，将此时的“联机”模式切换到“半自动”模式主界面，如图 7-2-33。

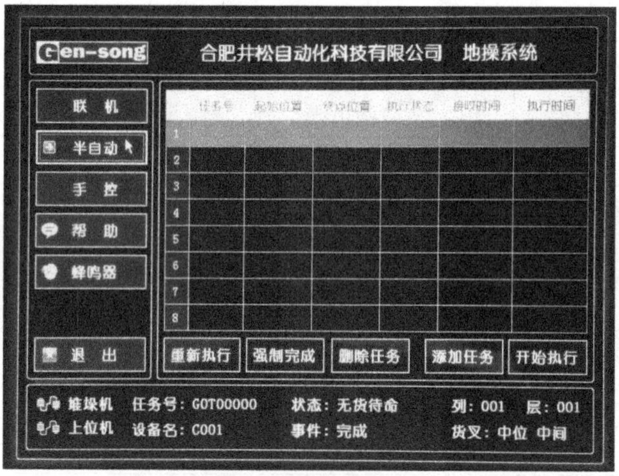

图 7-2-33

第五步：手指点击右下角“添加任务”，如图 7-2-34。

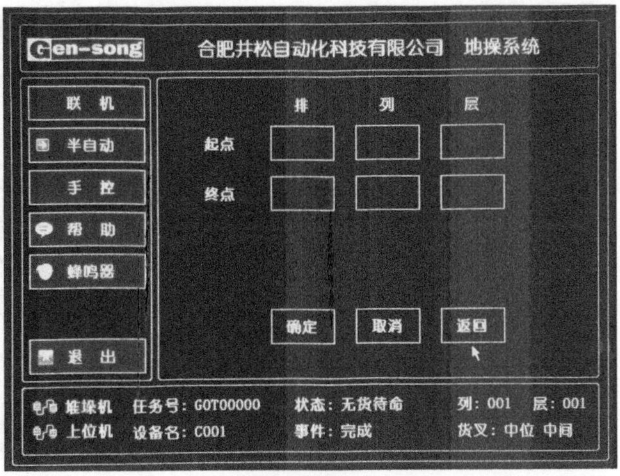

图 7-2-34

第六步：手指分别点击“起点”处的，输入要调出储位的坐标。

第七步：手指分别点击“终点”处的，输入要调入储位对应的排、列、层数，如图 7-2-35。

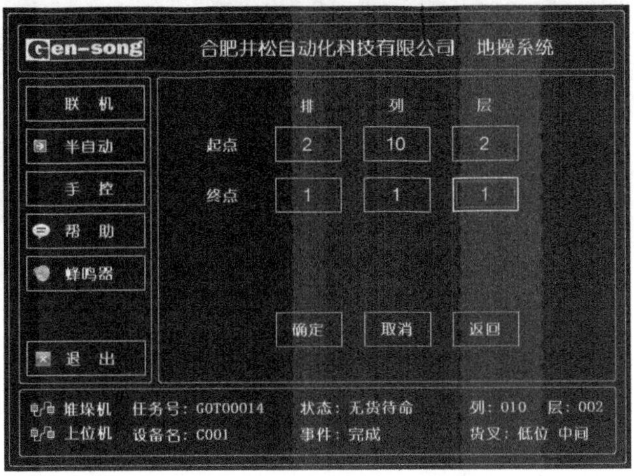

图 7-2-35

第八步：点击“”，如图 7-2-36。

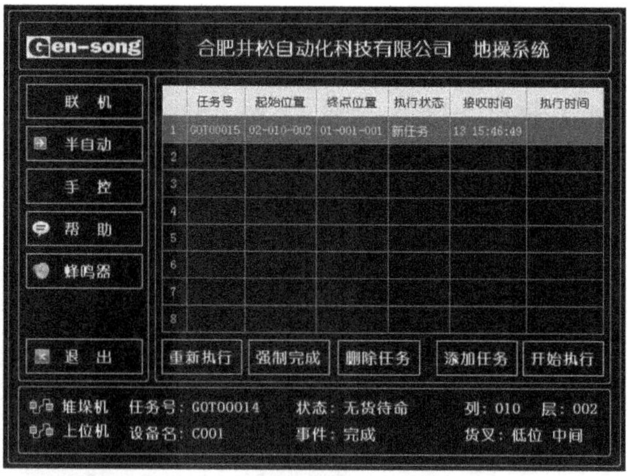

图 7-2-36

第九步：手指点击“开始执行”，堆垛机接收到指令开始出库作业，如图 7-2-37。

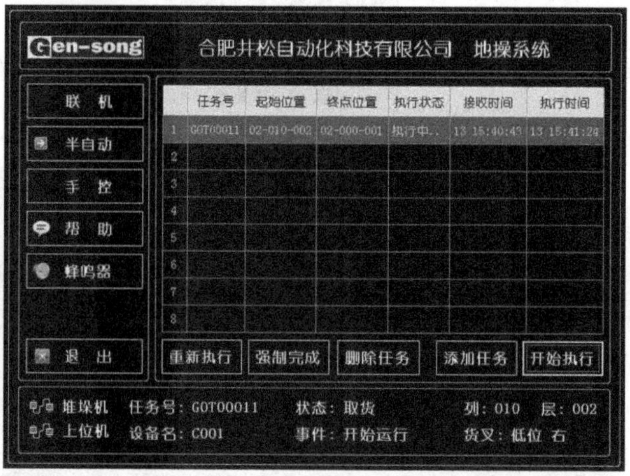

图 7-2-37

第十步：等待“执行状态”显示为“任务完成”，方可执行下一个操作。

【注意事项】

1. 立库指令下达后，黄色指示灯会闪烁，此时不可进行其他界面操作。

2. 运行过程中若发现红色指示灯闪烁，应立刻按下急停按钮，并操作钥匙切换到手动模式，等待老师处理。

【知识链接】 货仓筹划组建原则

货仓的设置是为了满足企业生产经营对物料和产品进行周转和储备的要求，所以货仓的规划要满足以下原则：

1. 符合工艺要求的原则。

货仓在地理位置上，须满足产品加工工序的特点，相关仓区应尽可能地与加工现场相连，减少物料和产品迂回搬运，并附有相应的作业程序保证。

2. 符合进出顺利的原则。

在规划货仓时，要考虑到物料的运输问题，要尽可能地将进出仓门与电梯相连，并规划出相应的运输通道，并充分考虑运输路线等问题。

3. 满足安全的原则。

货仓是企业主要物资的集散地，所以在规划货仓时，要特别考虑安全要素，不仅要有充分的光、气、水、电、风、消防器材等，还要有防火通道、安全门、应急装置和一批经过培训、合格的消防人员等。

4. 分类存放原则。

由于不同物资有其独特的物理、化学特性，对储存环境有其不同的要求：如对有毒、易爆等危险物资，就要进行专品专库，防止产生不良后果；而有些物资需要做好防水、防尘、防爆、防潮、防腐等防护措施，以免物资损坏或变质。

因此，应对企业所有物资进行分析，归纳分类，然后再进行分类储存，如毒品仓、易燃易爆品仓、工具仓、办公用品仓、常用物资仓等。常用物资仓又可分为原材料仓、半成品仓、成品仓。

【考核评价】

日　期：　　年　　月　　日　　　　　　　　节　次：

操作人：

评分要素表

序号	作业环节	说明	级别	分值	箱数/次数	小计
1	地操	左右方向错误	4级	1		
2	地操	放货取货错误	5级	2		
3	地操	储位输入错误	2级	0.4		
4	地操	输完储位后没有运行	4级	1		
5	地操	其他危险操作	2级	0.4		
心得体会						

填表人：

【课后作业】

1. 当堂上交考核评分表。
2. 简述自动化立体库中半自动调仓的操作步骤。
3. 货仓规划应满足哪些原则？

项目三　全自动立库操作

任务一　操作前准备

【实训目标】

要求每个同学在操作前检查各项设备或初始状态是否正常，保证后续操作正常运行。

【任务说明】

操作前准备是进行全自动立库操作的前提，主要检查PLC面板是否切换到了自动模式、输送带是否处于正常状态、MCT控制软件是否处于监控状态、地操界面是否处于联机状态以及其他相关操作。该任务安排1/4课时，每个学生规定用时3分钟。

【实训准备】

PLC控制面板，输送带，1200mm×1000mm的空托盘一个，立库。该任务安排一个4人小组进行操作。

【实训内容】

一、课程组织

本节课由4个任务组成，分别是：操作前准备、全自动入库、全自动出库、全自动调仓。实训时分为四组，分别为准备/观摩组，入库组，出库组和调仓组。授新课时，全大组同学集中进行，由老师先示范演示操作前准备，待授课结束后，教师引领全组学生依次讲解其余任务。实训时，观摩组在立库前进行观摩，入库组、调仓组、出库组分别使用各自的电脑，先由入库组的第一个同学下入库单，入库结束后由调仓组的第一个同学下调拨单，调拨结束后由出库组第一个同学下出库单，出库结束后每个组的第二个同学依次接上做入库操作。待每个组的所有学生轮完后，在进行小组交换，一名学生操作，一名学生进行操作前准备，两名学生检查评分。具体轮换方式见表7-3-1。

表 7-3-1

	观摩组	入库组	调仓组	出库组
第一轮	第一组	第二组 1	第三组 1	第四组 1
第二轮	第一组	第二组 2	第三组 2	第四组 2
第三轮	第一组	第二组 3	第三组 3	第四组 3

续　表

	观摩组	入库组	调仓组	出库组
第四轮	第一组	第二组 4	第三组 4	第四组 4
第五轮	第二组	第三组 1	第四组 1	第一组 1
第六轮	第二组	第三组 2	第四组 2	第一组 2
第七轮	第二组	第三组 3	第四组 3	第一组 3
第八轮	第二组	第三组 4	第四组 4	第一组 4
第九轮	第三组	第四组 1	第一组 1	第二组 1
第十轮	第三组	第四组 2	第一组 2	第二组 2
第十一轮	第三组	第四组 3	第一组 3	第二组 3
第十二轮	第三组	第四组 4	第一组 4	第二组 4
第十三轮	第四组	第一组 1	第二组 1	第三组 1
第十四轮	第四组	第一组 2	第二组 2	第三组 2
第十五轮	第四组	第一组 3	第二组 3	第三组 3
第十六轮	第四组	第一组 4	第二组 4	第三组 4

二、实训过程

操作前准备需检查的事项：

1. 检查电脑、设备等电源是否正常开启。

2. 检查 PLC 面板指示灯是否处于绿色运行状态。

3. 检查输送带是否处于初始状态，若没有用手动模式进行状态还原，完成后将输送带模式调整为“自动”。

4. 入库托盘是否有托盘编号，编号粘贴位置是否恰当，能否被扫面探头完整扫描，如图 7-3-1、图 7-3-2。

图 7-3-1

图 7-3-2

5. 检查地操面板是否为“联机”模式，然后手指点击“开始执行”使地操处于待命状态，如图 7-3-3、图 7-3-4。

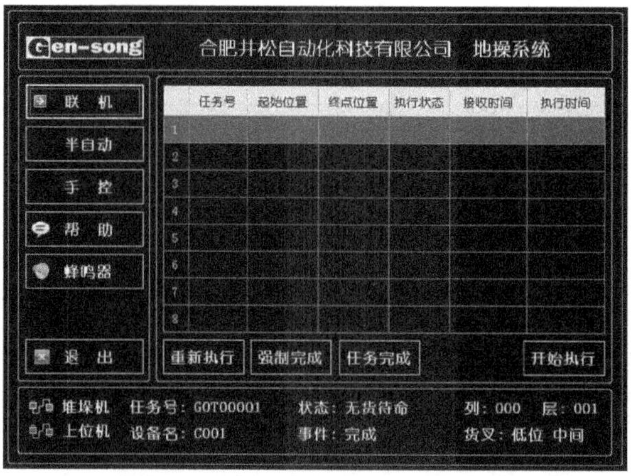

图 7-3-3

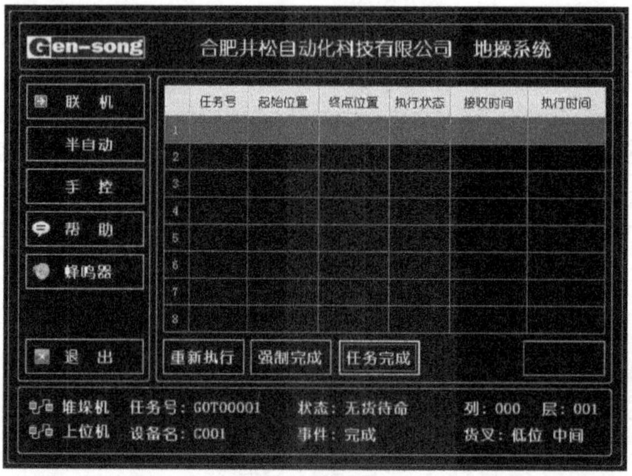

图 7-3-4

6. 两个学生负责把地上的空托盘抬到输送带上后，按动边上的“入库”按键，如图 7-3-5、图 7-3-6。

图 7-3-5

图 7-3-6

7. 检查完后，学生退到立库安全区，进行观摩。

【注意事项】

1. 检查过程中一定要按照一定的顺序进行检查，以免遗漏检查项目。

2.若发现故障问题，及时向老师提出，不可自行进行维修，尤其在带电情况下。

【知识链接】 仓储部门位置确定

货仓部门的位置因厂而异，它取决于各工厂实际需要情形。但是在决定货仓部门的位置时，应该考虑以下因素：

1.物料容易验收。

2.物料进仓容易。

3.物料储存容易。

4.在仓库容易工作。

5.适合仓储而且安全。

6.容易发料。

7.容易搬运。

8.容易盘点。

9.有货仓扩充的弹性与潜能。

【考核评价】

日　期：　　年　　月　　日　　　　　　　　节　次：

操作人：

检查表

序号	作业环节	说明	备注	是否正常
1	操作前准备	电脑、设备是否正常开始		
2	操作前准备	PLC 面板指示灯是否为绿色		
3	操作前准备	输送带是否为初始状态		
4	操作前准备	输送带是否为“自动”模式		
5	操作前准备	地操是否联机，并处于联机状态		
6	操作前准备	入库托盘是否有托盘号，位置时候可以被完整扫描		
心得体会				

填表人：

【课后作业】

1.当堂上交考核评分表。

2.对自动化立体库进行全自动操作前，应做好哪些事项的检查？

3.工厂在决定货仓部门的位置时，应该考虑哪些因素？

任务二 全自动入库

【实训目标】

要求每个同学制作入库单，并使立库自动完成入库操作。

【任务说明】

全自动入库要求学生根据入库通知单在金蝶 K3 中完成入库单的制作，保存并审核，然后拨动“入库”开关即可，操作比手控、半自动都快捷方便。该任务安排 1/4 课时，每个学生规定用时 3 分钟。

【实训准备】

PLC 控制面板，输送带，入库通知单 1 份，待入库的托盘 1 托，立库。该任务安排一个 4 人小组进行操作。

【实训内容】

一、课程组织

本节课由 4 个任务组成，分别是：操作前准备、全自动入库、全自动出库、全自动调仓。实训时分为四组，分别为准备/观摩组，入库组，出库组和调仓组。授新课时，全大组同学集中进行，由老师先示范演示全自动入库操作。待授课结束后，教师引领全组学生依次讲解其余任务。实训时，观摩组在立库前进行观摩，入库组、调仓组、出库组分别使用各自的电脑，先由入库组的第一个同学下入库单，入库结束后由调仓组的第一个同学下调拨单，调拨结束后由出库组第一个同学下出库单，出库结束后每个组的第二个同学依次接上做入库操作，待每个组的所有学生轮完后，再进行小组交换。一名学生操作，一名学生进行操作前准备，两名学生检查评分，具体轮换方式见表 7-3-2。

表 7-3-2

	准备/观摩组	入库组	调仓组	出库组
第一轮	第一组	第二组 1	第三组 1	第四组 1
第二轮	第一组	第二组 2	第三组 2	第四组 2
第三轮	第一组	第二组 3	第三组 3	第四组 3
第四轮	第一组	第二组 4	第三组 4	第四组 4
第五轮	第二组	第三组 1	第四组 1	第一组 1
第六轮	第二组	第三组 2	第四组 2	第一组 2
第七轮	第二组	第三组 3	第四组 3	第一组 3
第八轮	第二组	第三组 4	第四组 4	第一组 4

续　表

	准备/观摩组	入库组	调仓组	出库组
第九轮	第三组	第四组 1	第一组 1	第二组 1
第十轮	第三组	第四组 2	第一组 2	第二组 2
第十一轮	第三组	第四组 3	第一组 3	第二组 3
第十二轮	第三组	第四组 4	第一组 4	第二组 4
第十三轮	第四组	第一组 1	第二组 1	第三组 1
第十四轮	第四组	第一组 2	第二组 2	第三组 2
第十五轮	第四组	第一组 3	第二组 3	第三组 3
第十六轮	第四组	第一组 4	第二组 4	第三组 4

二、实训过程

第一步：做完操作前准备后，地操处于以下状态，如图 7-3-7。

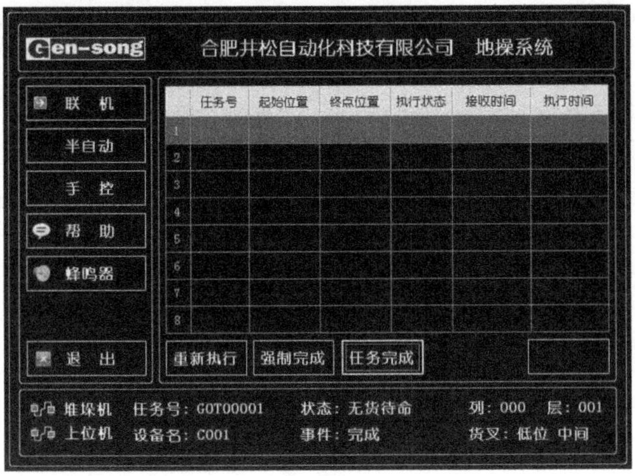

图 7-3-7

第二步：根据入库通知单在金蝶 K3 软件中完成外购入库单的制作，如图 7-3-8。

入库通知单

商品	供应商	入库数量	入库储位	业务员	结算周期
高露洁草本脆爽牙膏	娃哈哈杭州有限公司	10 箱	01-002-0010-002	张三	01

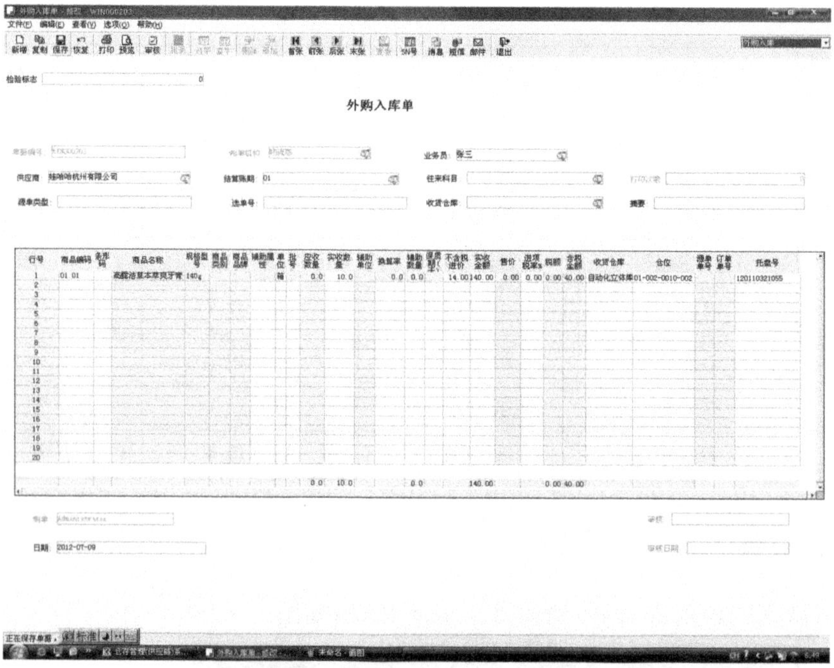

图 7-3-8

第三步:将左上角“检验标志”由“0”改为“1”,点击“保存”并“审核”,如图 7-3-9;金蝶审核完入库单后将信息传输给地操,此时操作界面显示如图 7-3-10。

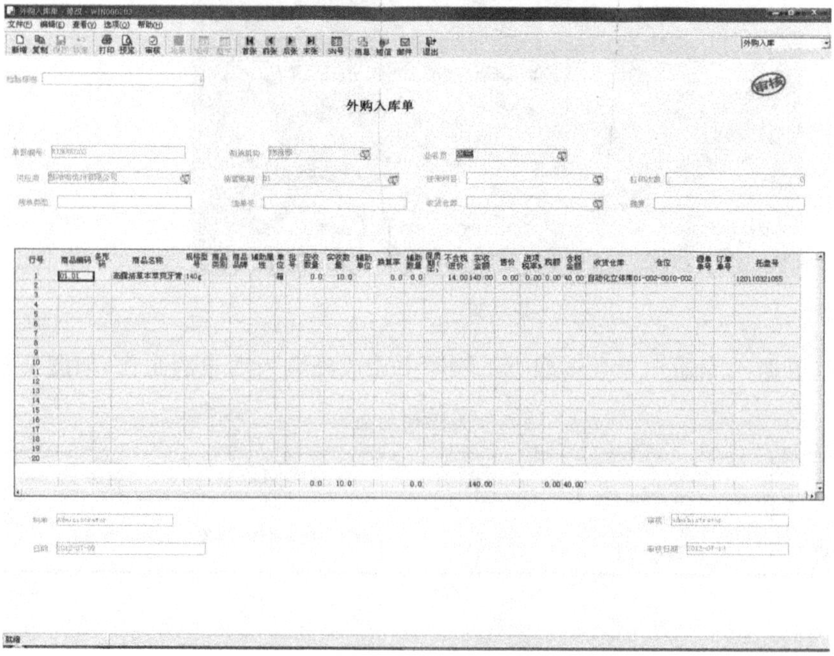

图 7-3-9

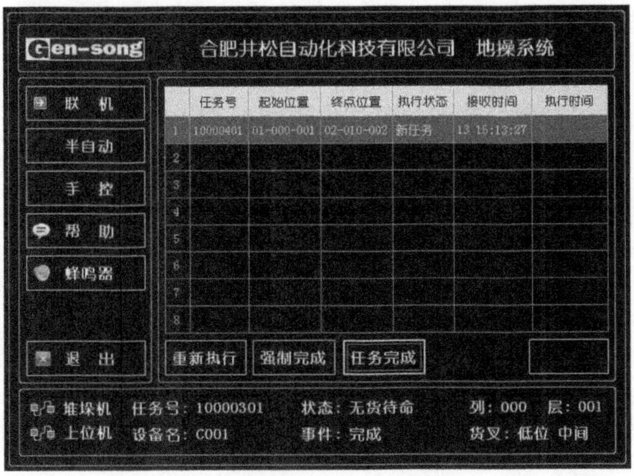

图 7-3-10

第四步：学生审核完单子后走到输送带入口前，拨动“入库”按键，托盘就自动开始入库，此时地操界面显示如图 7-3-11。

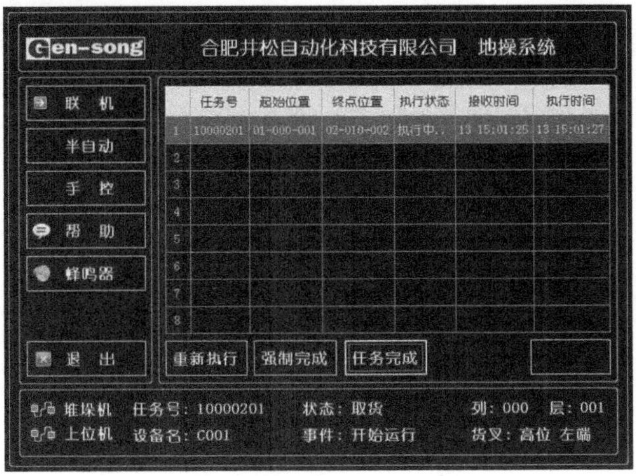

图 7-3-11

第五步：待堆垛机完成自动入库作业后，地操界面显示如图 7-3-12。

图 7-3-12

第六步：待“执行状态”显示为任务完成后，方可执行下一步操作。

【注意事项】

1. 立库指令下达后，黄色指示灯会闪烁，此时不可进行其他界面操作。

2. 运行过程中若发现红色指示灯闪烁，应立刻按下急停按钮，并操作钥匙切换到手动模式，等待老师处理。

【知识链接】 仓库区位规划设计

货仓区位的规划设计应满足以下要求：

1. 仓区要与生产现场靠近，通道顺畅。

2. 每仓要有相应的进仓门和出仓门，并有明确的标牌。

3. 货仓的办公室尽可能地设置在仓区附近，并有仓名标牌。

4. 测定安全存量、理想最低存量或定额存量，并有标牌。

5. 按储存容器的规格、楼面载重承受能力和叠放的限制高度，将仓区划分若干仓位，并用油漆或美纹胶在地面标明仓位名、通道和通道走向。

6. 仓区内要留有必要的废次品存放区、物料暂存区、待验区、发货区等。

7. 仓区设计，须将安全因素考虑在内，须明确规定消防器材所在位置、消防通道和消防门的位置及救生措施等。

8. 每仓的进仓门处，须张贴货仓平面图，反映该仓所在的地理位置、周边环境、仓区仓位、仓区内各类通道、门、窗、电梯等内容。

【考核评价】

日　期：　　年　　月　　日　　　　　　　节　次：

操作人：

评分要素表

序号	作业环节	说明	级别	分值	箱数/次数	小计
1	立库自动入库	单据信息录入错误	4级	1		
2	立库自动入库	信息没有输入完整，无法保存	2级	0.4		
3	立库自动入库	审核标志没有修改	5级	2		
4	立库自动入库	保存后没有审核	2级	0.4		
5	立库自动入库	没有启动“入库”按钮	2级	0.4		
6	立库自动入库	其他危险操作	4级	1		
心得体会						

填表人：

【课后作业】

1. 当堂上交考核评分表。
2. 简述自动化立体库全自动入库操作的操作步骤。
3. 货仓区位的规划设计应满足哪些要求？

任务三　全自动出库

【实训目标】

要求每个同学制作出库单，并使立库自动完成出库操作。

【任务说明】

全自动出库和全自动入库类似，要求学生制作一张出库单，唯一不同的是不需要输入托盘编号，完成单据后，修改检验标志，保存审核，立库会自动将出库托盘运至入库起始位置，操作也比较简单。该任务安排1/4课时，每个学生规定用时3分钟。

【实训准备】

PLC控制面板，输送带，立库，出库通知单1份。该任务安排一个4人小组进行操作。

【实训内容】

一、课程组织

本节课由 4 个任务组成，分别是：操作前准备、全自动入库、全自动出库、全自动调仓。实训时分为四组，分别为准备/观摩组，入库组，出库组和调仓组。授新课时，全组同学集中进行，由老师先示范演示全自动出库操作。待授课结束后，教师引领全组学生依次讲解其余任务。实训时，观摩组在立库前进行跨立观摩，入库组、调仓组、出库组分别使用各自的电脑，先由入库组的第一个同学下入库单，入库结束后由调仓组的第一个同学下调拨单，调拨结束后由出库组第一个同学下出库单，出库结束后每个组的第二个同学依次接上做入库操作，待每个组的所有学生轮完后，再进行小组交换。一名学生操作，一名学生进行操作前准备，两名学生检查评分，具体轮换方式见下表 7-3-3。

表 7-3-3

	准备/观摩组	入库组	调仓组	出库组
第一轮	第一组	第二组 1	第三组 1	第四组 1
第二轮	第一组	第二组 2	第三组 2	第四组 2
第三轮	第一组	第二组 3	第三组 3	第四组 3
第四轮	第一组	第二组 4	第三组 4	第四组 4
第五轮	第二组	第三组 1	第四组 1	第一组 1
第六轮	第二组	第三组 2	第四组 2	第一组 2
第七轮	第二组	第三组 3	第四组 3	第一组 3
第八轮	第二组	第三组 4	第四组 4	第一组 4
第九轮	第三组	第四组 1	第一组 1	第二组 1
第十轮	第三组	第四组 2	第一组 2	第二组 2
第十一轮	第三组	第四组 3	第一组 3	第二组 3
第十二轮	第三组	第四组 4	第一组 4	第二组 4
第十三轮	第四组	第一组 1	第二组 1	第三组 1
第十四轮	第四组	第一组 2	第二组 2	第三组 2
第十五轮	第四组	第一组 3	第二组 3	第三组 3
第十六轮	第四组	第一组 4	第二组 4	第三组 4

二、实训过程

第一步：做完操作前准备后，地操处于以下状态，如图 7-3-13。

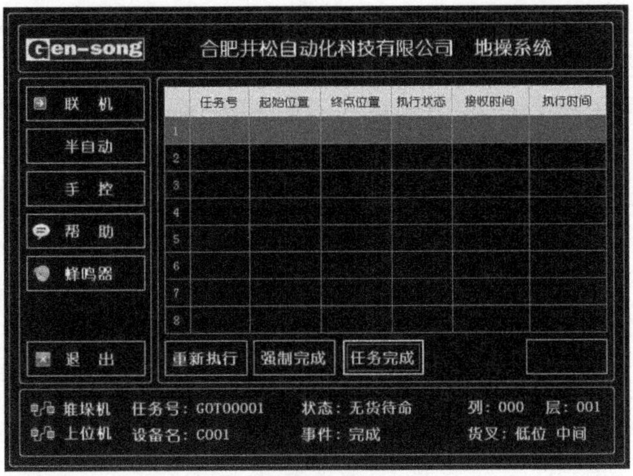

图 7-3-13

第二步：根据出库通知单在金蝶 K3 软件中完成外购入库单的制作，如图 7-3-14。

出库通知单

商品	购货单位	出库数量	调出储位	发货	保管
高露洁草本脆爽牙膏	三江海曙店	10 箱	001-002-0010-002	张三	李四

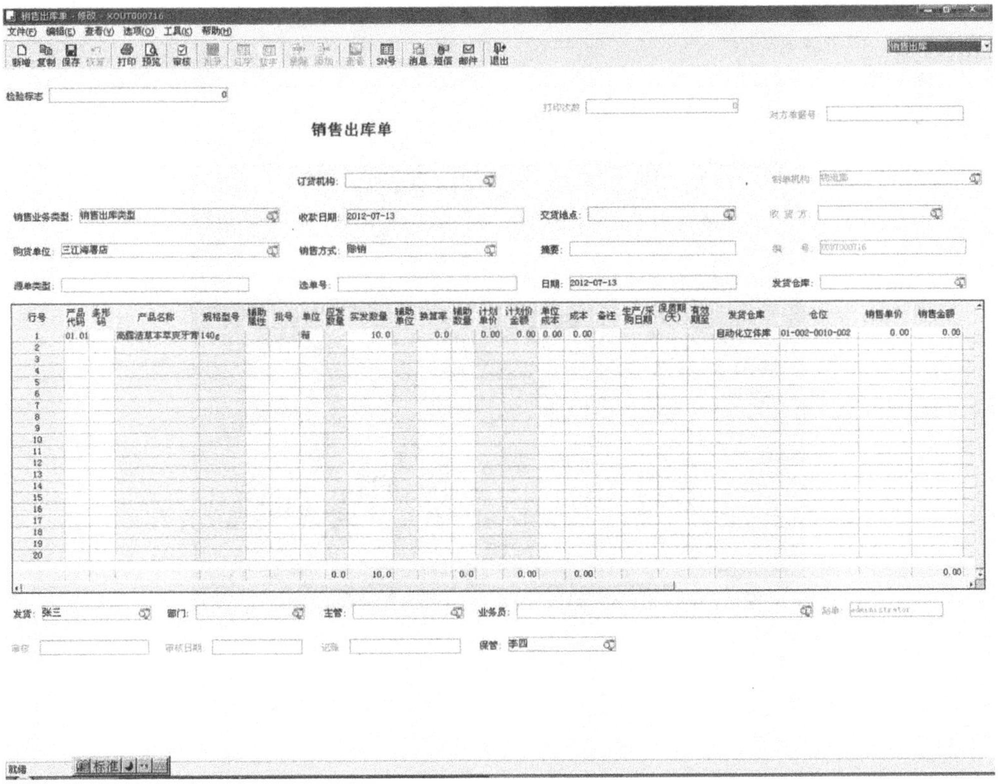

图 7-3-14

第三步:将左上角“检验标志”由“0”改为“1”,点击“保存”并“审核”,如图 7-3-15,金蝶审核完出库单后将信息传输给地操,此时地操界面显示如图 7-3-16。

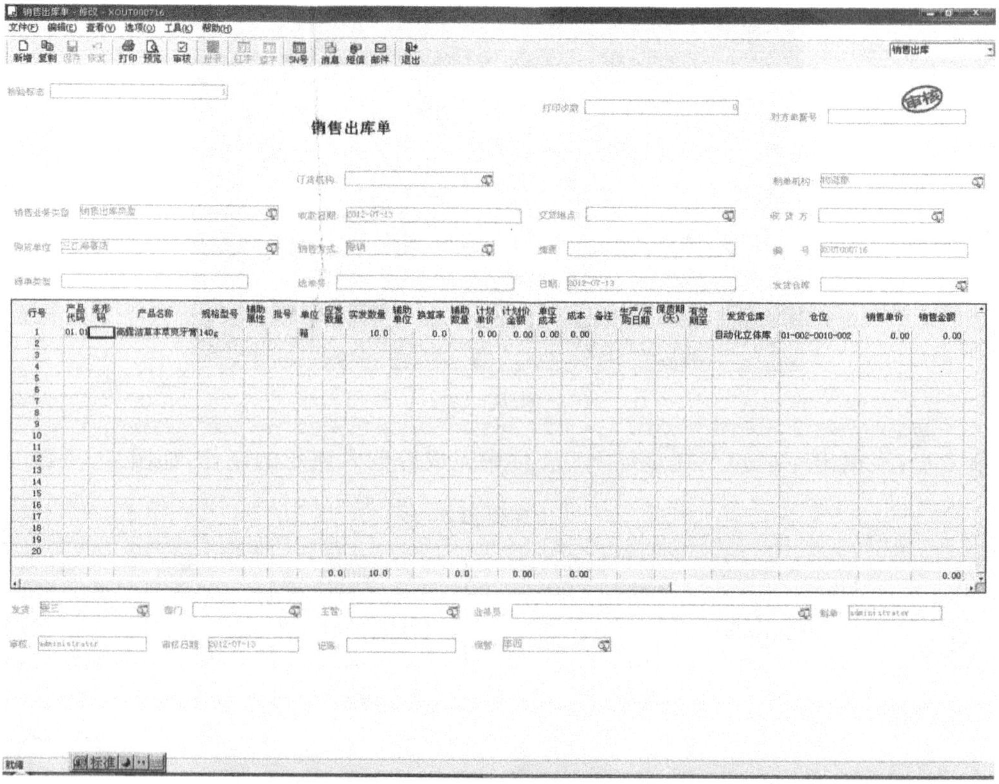

图 7-3-15

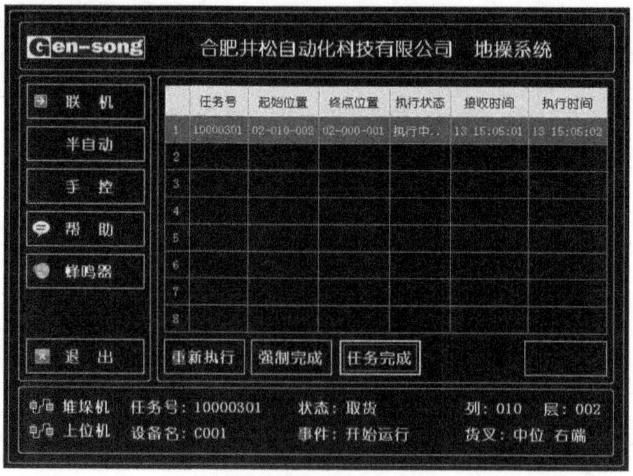

图 7-3-16

第四步:待堆垛机完成自动出库作业后,地操界面显示如图 7-3-17。

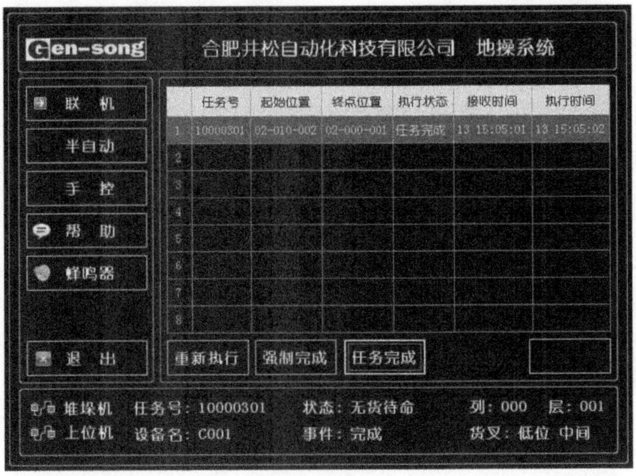

图 7-3-17

第五步：待“执行状态”显示为任务完成后，方可执行下一步操作。

【注意事项】

1. 立库指令下达后，黄色指示灯会闪烁，此时不可进行其他界面操作。

2. 运行过程中若发现红色指示灯闪烁，应立刻按下急停按钮，并操作钥匙切换到手动模式，等待老师处理。

【知识链接】　仓库总平布置

仓库总平布置是指对仓库的各个组成部分，如库房、货棚、货场、辅助建筑物、铁路专用线、库内道路、附属固定设备等，在规定的范围内进行平面和立体的全面合理安排。

仓库总平布置应该满足以下要求：

1. 适应仓储生产的作业流程。

库房、货棚、货场等储放场所的数量和比例要与储存物资的数量和保管要求相适应，要保证库内物资流动方向合理、运输距离最短、作业环节和次数最少、仓库面积利用率最高，并能做到运输通畅，方便保管。

2. 有利于提高仓库的经济效率。

总体布置时要考虑地形、工程地质条件等，因地制宜，使之既能满足物资运输和存放的要求，又能避免大挖大掘，减少土方工程量。平面布置应该与竖向布置相适应，既满足仓储生产上的要求，有利于排水，又要充分利用原有地形。总平布置应能充分合理地利用库内的一些固定设备，以充分发挥设备的效能，合理利用空间。

3. 符合安全、卫生要求。

库内各区域间、各建筑物间应该留有一定的防火间距，同时要设有各种防火、防盗等安全保护设施。此外，库内布置要符合卫生要求，考虑通风、照明、绿化等情况。

【考核评价】

日　期：　　年　　月　　日　　　　　　　节　次：

操作人：

评分要素表(出库环节)

序号	作业环节	说明	级别	分值	箱数/次数	小计
1	立库自动出库	单据信息录入错误	4 级	1		
2	立库自动出库	信息没有输入完整,无法保存	2 级	0.4		
3	立库自动出库	审核标志没有修改	5 级	2		
4	立库自动出库	保存后没有审核	2 级	0.4		
5	立库自动出库	其他危险操作	4 级	1		
心得体会						

填表人：

【课后作业】

1. 当堂上交考核评分表。
2. 简述自动化立体库全自动出库操作的操作步骤。
3. 解释仓库总平布置的含义。
4. 仓库总平布置应满足哪些要求?

任务四　全自动调仓

【实训目标】

要求每个同学制作调拨单,并使立库自动完成调仓操作。

【任务说明】

全自动调仓和半自动调仓唯一的区别是前者在金蝶 K3 调拨单中输入调出和调入仓位,后者是在地操面板上,操作也很方便。该任务安排 1/4 课时,每个学生规定用时 3 分钟。

【实训准备】

PLC 控制面板,输送带,立库,调拨通知单一份。该任务安排一个 4 人小组进行操作。

【实训内容】

一、课程组织

本节课由 4 个任务组成,分别是:操作前准备、全自动入库、全自动出库、全自动调仓。实训时分为四组,分别为准备/观摩组,入库组,出库组和调仓组。授新课时,全大组同学集中进行,由老师先示范演示全自动调仓操作。待授课结束后,教师引领全组学生依次讲解其余任务。实训时,观摩组在立库前进行跨立观摩,入库组、调仓组、出库组分别使用各自的电脑,先由入库组的第一个同学下入库单,入库结束后由调仓组的第一个同学下调拨单,调拨结束后由出库组第一个同学下出库单,出库结束后每个组的第二个同学依次接上做入库操作,待每个组的所有学生轮完后,再进行小组交换。一名学生操作,一名学生进行操作前准备,两名学生检查评分。具体轮换方式见表 7-3-4。

表 7-3-4

	准备/观摩组	入库组	调仓组	出库组
第一轮	第一组	第二组 1	第三组 1	第四组 1
第二轮	第一组	第二组 2	第三组 2	第四组 2
第三轮	第一组	第二组 3	第三组 3	第四组 3
第四轮	第一组	第二组 4	第三组 4	第四组 4
第五轮	第二组	第三组 1	第四组 1	第一组 1
第六轮	第二组	第三组 2	第四组 2	第一组 2
第七轮	第二组	第三组 3	第四组 3	第一组 3
第八轮	第二组	第三组 4	第四组 4	第一组 4
第九轮	第三组	第四组 1	第一组 1	第二组 1
第十轮	第三组	第四组 2	第一组 2	第二组 2
第十一轮	第三组	第四组 3	第一组 3	第二组 3
第十二轮	第三组	第四组 4	第一组 4	第二组 4
第十三轮	第四组	第一组 1	第二组 1	第三组 1
第十四轮	第四组	第一组 2	第二组 2	第三组 2
第十五轮	第四组	第一组 3	第二组 3	第三组 3
第十六轮	第四组	第一组 4	第二组 4	第三组 4

二、实训过程

第一步:做完操作前准备后,地操处于以下状态,如图 7-3-18。

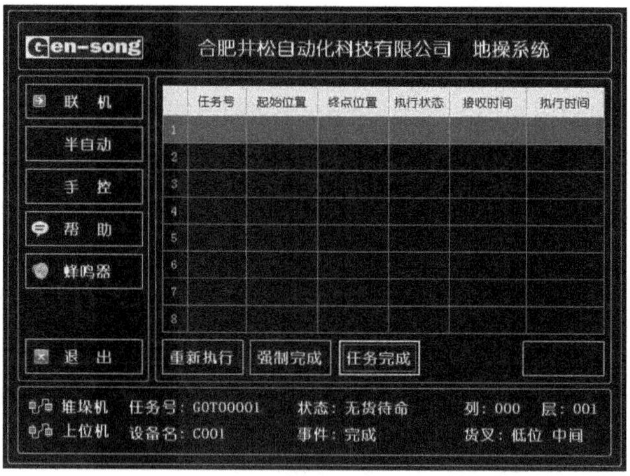

图 7-3-18

第二步：根据出库通知单在金蝶 K3 软件中完成调拨单的制作，如图 7-3-19。

调拨通知单

商品	调入数量	调出储位	调入储位	部门	验收	保管
高露洁草本脆爽牙膏	16 箱	01-002-0010-002	01-001-0002-002	采购部	张三	李四

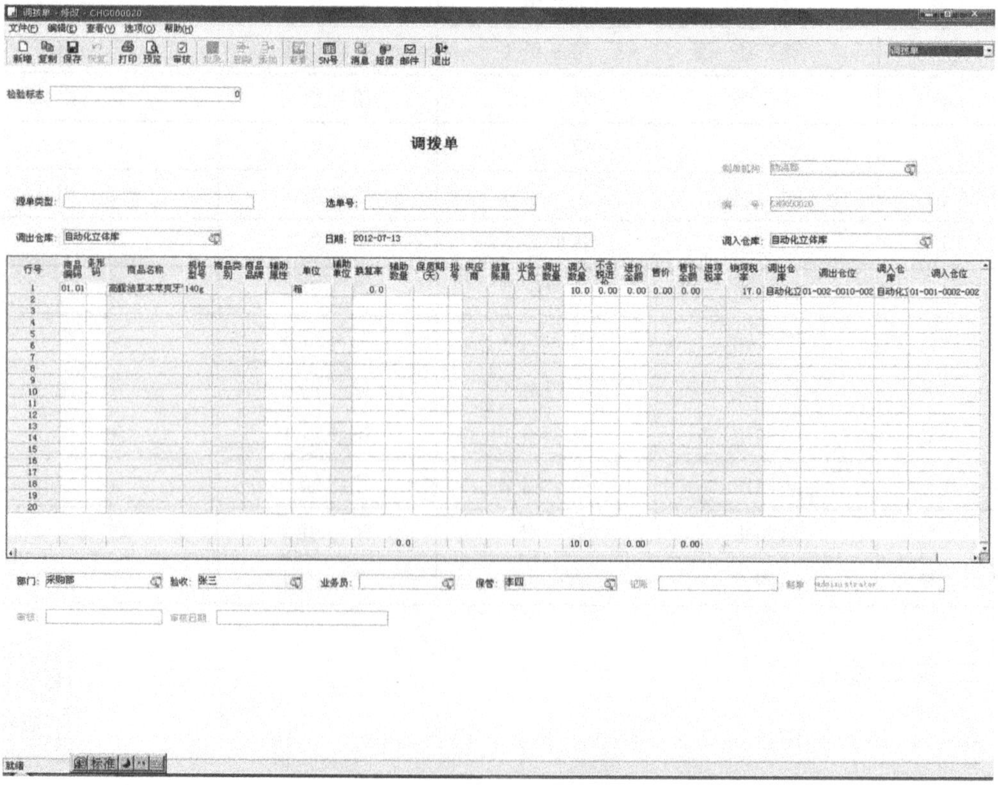

图 7-3-19

第三步:将左上角"检验标志"由"0"改为"1",点击"保存"并"审核",如图 7-3-20;金蝶审核完调拨单后将信息传输给地操,此时地操出现以下界面,如图 7-3-21。

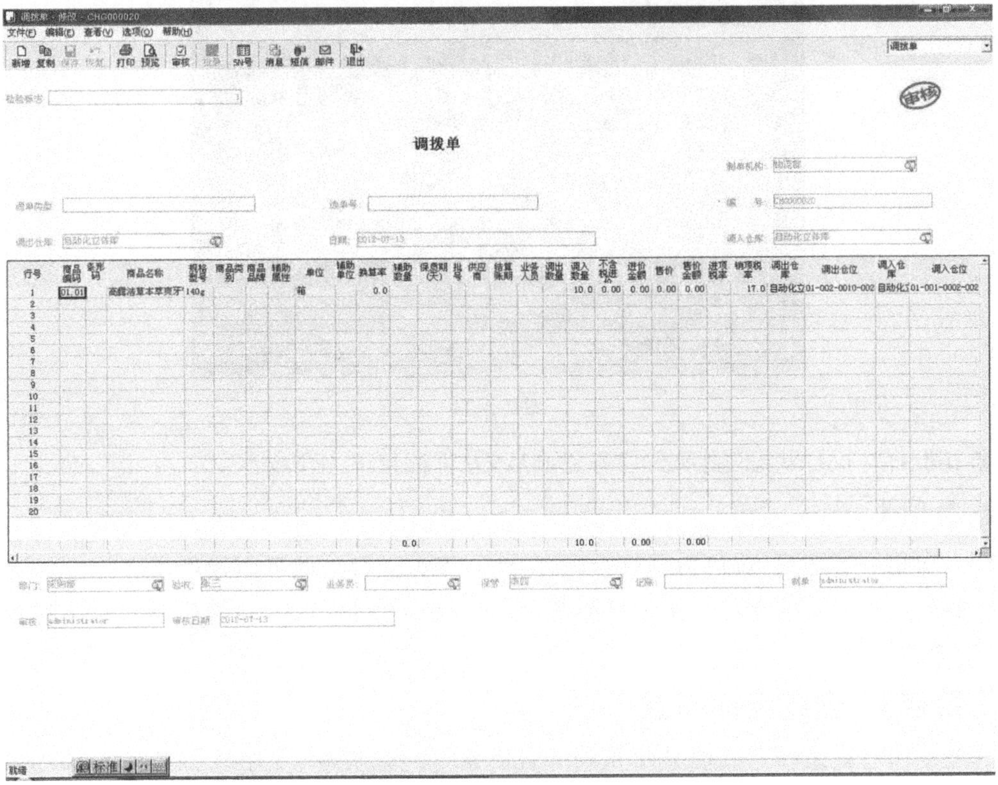

图 7-3-20

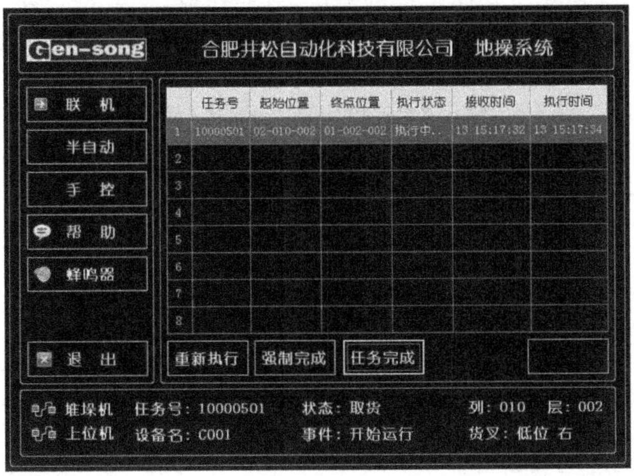

图 7-3-21

第四步:待堆垛机完成自动调仓作业后,地操界面显示如图 7-3-22。

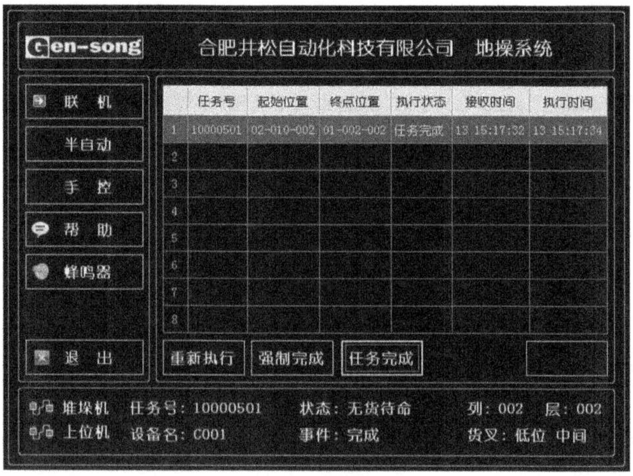

图 7-3-22

第五步：待“执行状态”显示为任务完成后，方可执行下一步操作。

【注意事项】

1. 立库指令下达后，黄色指示灯会闪烁，此时不可进行其他界面操作。

2. 运行过程中若发现红色指示灯闪烁，应立刻按下急停按钮，并操作钥匙切换到手动模式，等待老师处理。

【知识链接】 仓库竖向布置

仓库竖向布置是确立场地平面布局等各因素（库房、货场、专用线、道路、排水、供电等）在地面标高线上的相对位置。仓库竖向布置要与总平布置相适应，充分考虑各方面的条件因素，进行综合平衡，既要满足仓储生产的需要，方便作业，又要符合安全生产的要求。

【考核评价】

日　期：　　年　　月　　日　　　　　　节　次：

操作人：

评分要素表

序号	作业环节	说明	级别	分值	箱数/次数	小计
1	立库自动调仓	单据信息录入错误	4级	1		
2	立库自动调仓	信息没有输入完整，无法保存	2级	0.4		
3	立库自动调仓	审核标志没有修改	5级	2		
4	立库自动调仓	保存后没有审核	2级	0.4		
5	立库自动调仓	其他危险操作	4级	1		

续　表

评分要素表	
心得体会	

填表人：

【课后作业】

1. 当堂上交考核评分表。
2. 简述自动化立体库全自动调仓操作的操作步骤。
3. 解释仓库竖向布置的含义。
4. 仓库竖向布置应考虑哪些因素？

模块八　超市管理

项目一　电子标签与门禁

任务一　电子标签的读写与门禁报警系统

【实训目标】

在规定时间内制作一个电子标签，并建立门禁连接。

【任务说明】

电子标签(TAG)是一种智能标签，具有植入和读写功能，广泛应用于无线射频领域。本模块所讲到的电子标签应用在我们实训室超市区，首先要求学生通过读写器完成电子标签的读写操作及门禁的启动。该任务安排 1/4 课时，每个学生规定用时 5 分钟。

【实训准备】

电子标签若干，电子标签读写器一台，实物货品若干。该任务安排一个 4 人小组进行操作。

【实训内容】

一、课程组织

本节课由 4 个任务组成，分别是：电子标签的读写于门禁报警系统，RFID 网络连接及入库、出库、盘点操作，POS 机收银软件操作，RF 超市盘点。授新课时，全大组同学集中进行，由老师示范演示电子标签的读写与门禁报警系统的规范操作。待授课结束后，教师引领全组学生依次讲解其余任务。实训时，分成四组，第一组进行电子标签读写和门禁的操作，第二组学生先进行网络连接操作，然后进行入库、出库、盘点体验，第三组学生完成 POS 机收银软件操作，第四组要求学生先在金蝶上完成单据作业，然后用 RF 手持完成对超市区的盘点操作。一名学生操作，一名学生进行操作前准备，两名学生检查评分。具体轮换方式见表 8-1-1。

表 8-1-1

	TAG 读写于门禁	网络连接及入库、出库、盘点体验	POS 机操作	RF 超市盘点
第一轮	第一组	第二组	第三组	第四组
第二轮	第二组	第三组	第四组	第一组
第三轮	第三组	第四组	第一组	第二组
第四轮	第四组	第一组	第二组	第三组
第五轮	第一组	第二组	第三组	第四组

二、实训过程

(一)电子标签的读写操作

第一步:双击桌面“读写器”,如图 8-1-1。

图 8-1-1

第二步:在“选择系列”提示框中选择“启动 800 系列读写器演示软件”,进入主界面,如图 8-1-2、图 8-1-3。

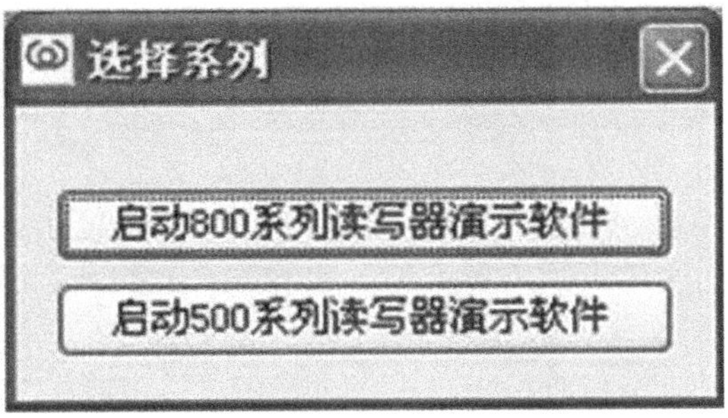

图 8-1-2

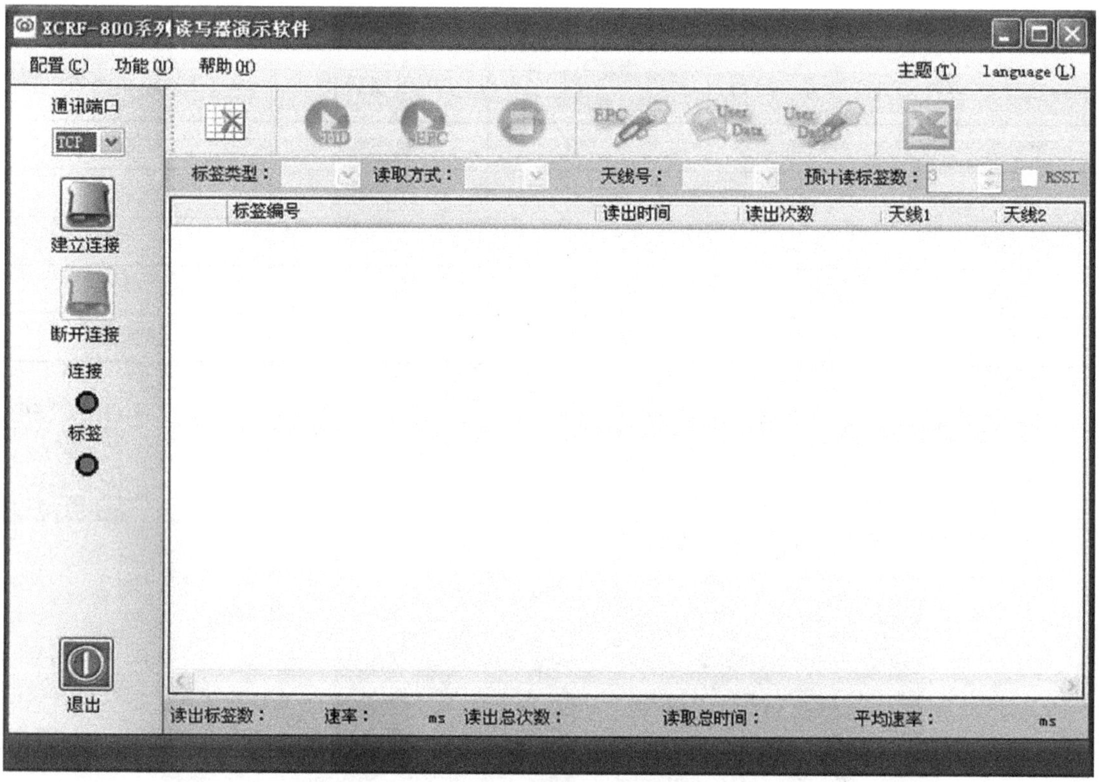

图 8-1-3

第三步：点击左上角“建立连接”，在弹出“确定连接 IP”提示框后点击“确定连接”，如图 8-1-4。

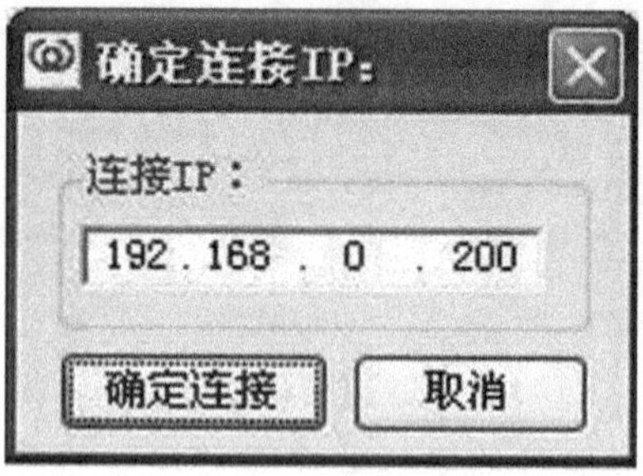

图 8-1-4

第四步：观察左边“连接”下面“○”变绿即可，如图 8-1-5。

图 8-1-5

第五步：将事先准备好的电子标签放在读写器上，点击“EPC”，如图 8-1-6、8-1-7。

图 8-1-6

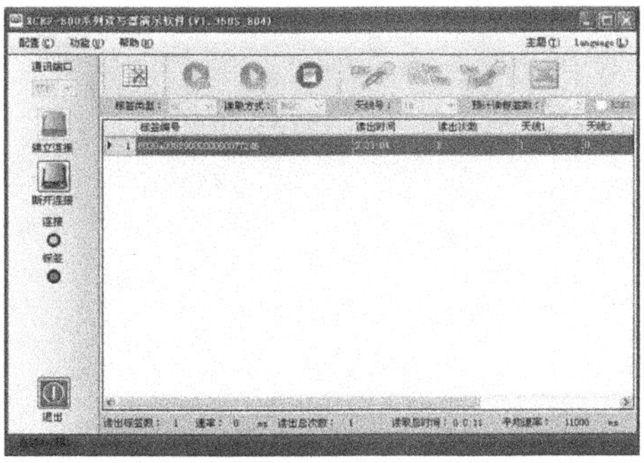

图 8-1-7

第六步：发现信息栏中出现标签编号信息时，点击红色“□”停止读取，如图 8-1-8。

图 8-1-8

第七步:点击菜单栏中"EPC 写入"(F6),如图 8-1-9。

图 8-1-9

第八步:在"写入 EPC"数据栏中写入物料条码,只需前 12 位即可,如写入农夫山泉饮用天然水,条码为"692116850925",如图 8-1-10。

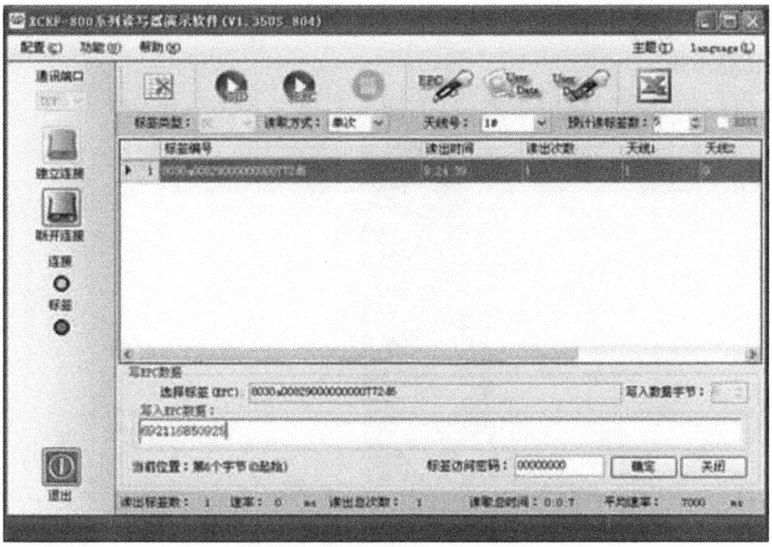

图 8-1-10

第九步:点击“确定”,出现“系统信息”,点击“确定”,如图 8-1-11、图 8-1-12。

图 8-1-11

图 8-1-12

第十步:将写完的电子标签取下,进行下一个货品电子标签的读写。

(二)门禁报警系统

第一步:开启门禁上的红色电源按钮,如图 8-1-13。

图 8-1-13

第二步:双击桌面"门禁报警系统",打开门禁界面,如图 8-1-14、图 8-1-15。

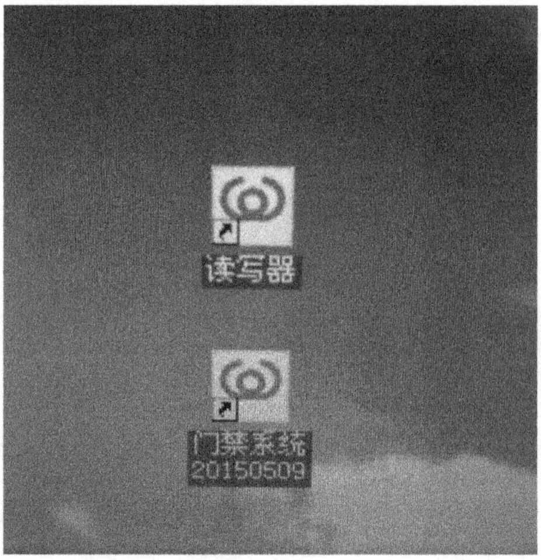

图 8-1-14

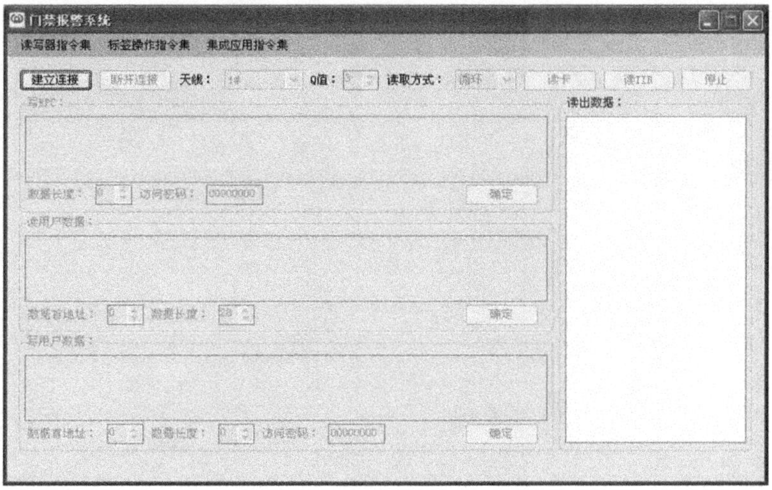

图 8-1-15

第三步：点击左上角“建立连接”，如图 8-1-16。

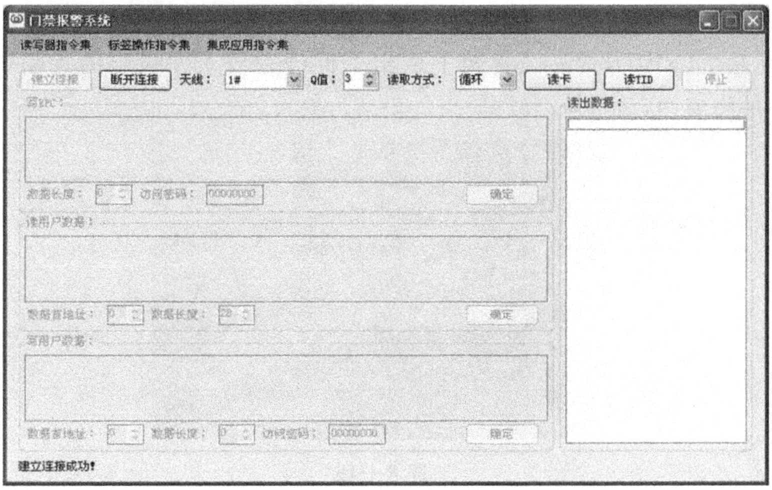

图 8-1-16

第四步：待左下角出现“建立连接成功”后，点击右上角“读 ITD”按钮，如图 8-1-17。

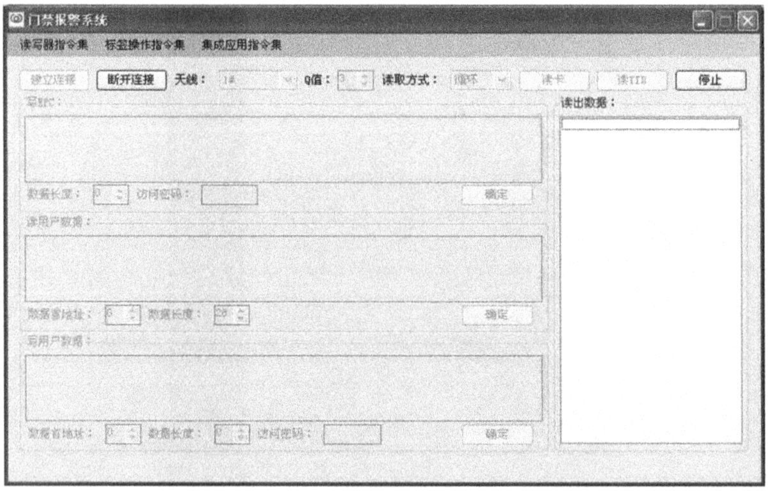

图 8-1-17

第五步：待右上角出现“停止”即代表门禁已经启动。

（三）门禁报警体验

第一步：在超市（RFID）货品区货架上取出一件已完成入库检验的货品，将该货品放置在手推车的小件物流内，如图 8-1-18。

图 8-1-18

第二步：推行手推车通过门禁，如图 8-1-19。

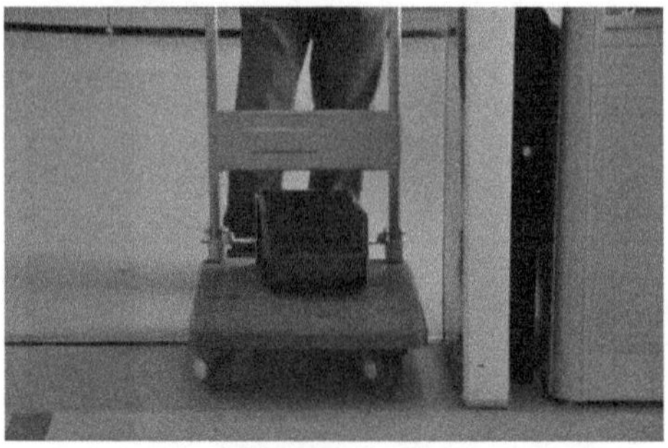

图 8-1-19

第三步：门禁发出警报鸣笛。

【知识链接】

一、什么是 RFID

RFID 是 Radio Frequency Identification 的缩写，即射频识别。常称为感应式电子晶片或近接卡、感应卡、非接触卡、电子标签、电子条码等。

一套完整 RFID 系统由 Reader 与 Transponder 两部分组成，其动作原理为由 Reader 发射一特定频率之无限电波能量给 Transponder，用以驱动 Transponder 电路将内部之 ID Code 送出，此时 Reader 便接收此 ID Code。Transponder 的特殊在于免用电池、免接触、免刷卡故不怕脏污，且晶片密码为世界唯一无法复制，安全性高，寿命长。

RFID 的应用非常广泛，目前典型应用有动物晶片、汽车晶片防盗器、门禁管制、停车场管制、生产线自动化、物料管理。RFID 标签有两种：有源标签和无源标签。

二、什么是电子标签

电子标签即为 RFID，有的称射频标签、射频识别。它是一种非接触式的自动识别技术，通过射频信号识别目标对象并获取相关数据，识别工作无须人工干预，作为条形码的无线版本，RFID 技术具有条形码所不具备的防水、防磁、耐高温、使用寿命长、读取距离大、标签数据可加密、存储数据容量大、存储信息易更改等优点。

三、什么是 RFID 技术

RFID 射频识别是一种非接触式的自动识别技术，它通过射频信号自动识别目标对象并获取相关数据，识别工作无须人工干预，可工作于各种恶劣环境。RFID 技术可识别高速运动物体并可同时识别多个标签，操作快捷方便。

【考核评价】

日　期：　　年　　月　　日　　　　　　节　次：

操作人：

电子标签读写与门禁						
序号	作业环节	说明	级别	分值	箱数/次数	小计
1	TAG 读写	启动读写软件时系列选择错误	2 级	0.4		
2	TAG 读写	读取成功后，没有按“停止读取”继续操作	3 级	0.6		
3	TAG 读写	写入时货品条码输入错误	3 级	0.6		
4	TAG 读写	写入没有成功	4 级	1		
5	安全	其他不规范操作	2 级	0.4		
6	门禁	门禁电源没有开启就操作软件	3 级	0.6		

续 表

电子标签读写与门禁						
7	门禁	“建立连接”后没按“读取 TID”	2 级	0.4		
8	安全	其他不规范操作	2 级	0.4		
心得体会						

填表人：

【课后作业】

1. 当堂上交考核评分表。
2. 什么是 RFID?
3. 什么是电子标签 ?
4. 什么是 RFID 技术?

任务二 RFID 手持功能键介绍与操作

【实训目标】

要求学生独立完成 RFID 网络连接及入库、出库、盘点体验。

【任务说明】

本次任务先介绍 RFID 的几个基本功能键，然后让学生进行网络连接设置操作，让学生进行复习，网络连接成功后进行入库、出库、盘点体验。该任务安排 1/4 课时，每个学生规定用时 8 分钟。

【实训准备】

RFID 手持 1 台，手推车 1 辆，制作好的电子标签若干。该任务安排一个 4 人小组进行操作。

【实训内容】

一、课程组织

本节课由 4 个任务组成，分别是：电子标签的读写于门禁报警系统，RFID 网络连接及入库、出库、盘点操作，POS 机收银软件操作和 RF 超市盘点。授新课时，全组同学集中进行，由老师示范演示 RFID 网络连接及入库、出库、盘点的规范操作。待授课结束后，教师引领全组学生依次讲解其余任务。实训时，分成四组，第一个组进行电子标签读写于门禁的操作，第二个组学生先进行网络连接操作，然后进行入库、出库、盘点体验，第三个组学生完成 POS 机收银软件操作，第四个组要求学生先在金蝶上完成单据作业，然后用 RF 手持设备完成对超市区的盘点操作。一名学生操作,一名学生进行操作前准备,两名学生检查评分,具体轮换方式见表 8-1-2。

表 8-1-2

	TAG 读写于门禁	网络连接及入库、出库、盘点体验	POS 机操作	RF 超市盘点
第一轮	第一组	第二组	第三组	第四组
第二轮	第二组	第一组	第三组	第四组
第三轮	第三组	第一组	第二组	第四组
第四轮	第四组	第一组	第二组	第三组
第五轮	第一组	第四组	第二组	第三组

二、实训过程

(一)功能介绍

XC2900 型便携式读写器俯视图:

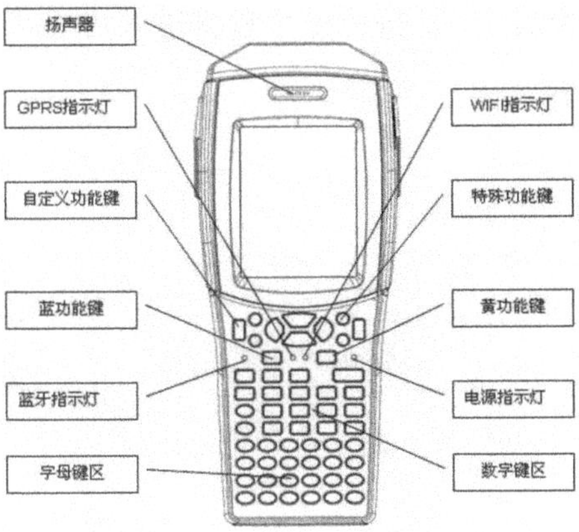

全功能键盘使用介绍:

观察按键板上的字体是否清晰,按照按键板的结构,按键板包括:功能按键(深红色框内)、数字按键(粉红色框内)、字母按键(红色框内)、指示灯(黄色框内)等。

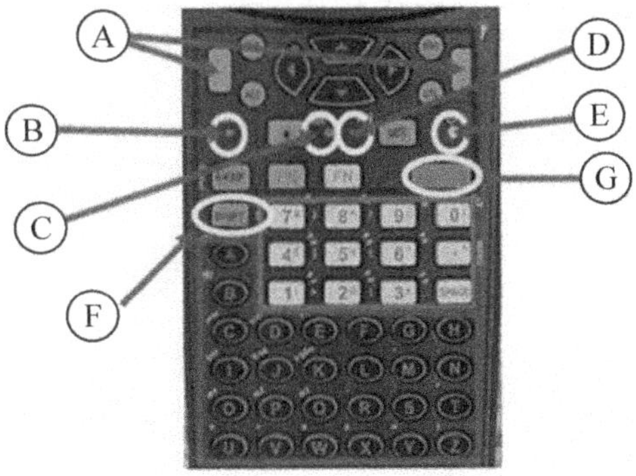

①数字键及字母键是输入相对应的数字及字母的，这里不详述，重点介绍功能按键。

②A 处所指为左、右自定义键；B 处为蓝牙指示灯，C 处为 GPRS 指示灯，D 处 WIFI 指示灯，E 处为电源指示灯，恒亮表示通电，均匀闪烁表示充电快速，闪烁表示电量低。

③背光调节键

删除键
静音调节键

④

当点击一次时，按键左侧的蓝色字符将启用一次。当再次点击任何键，键盘将进入初始状态。

⑤

当点击一次时，按键右上侧的黄色字符将启用一次。当再次点击任何键，键盘将进入初始状态。

⑥

可配合“字母键”输入大写字符。点击一次，可组合输入一个大写字符。连续点击两次，可一直输入大写字符，直至再次点击。

⑦在正常工作状态下，长按此键 1 秒将进入待机状态。在待机状态下，点击此键即可让设备恢复到正常工作状态。

（二）操作步骤

RFID 手持的握法，如图 8-1-20。

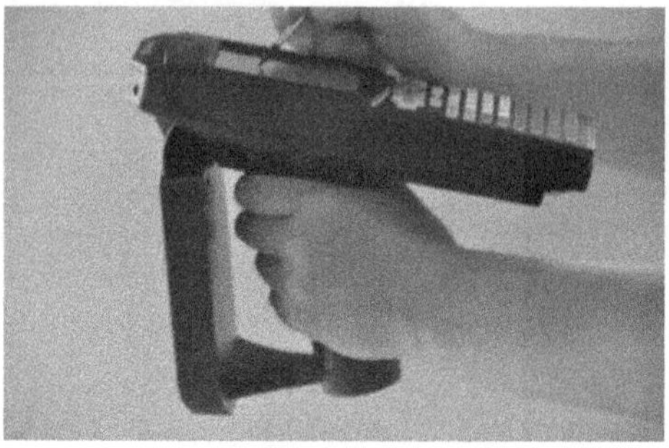

1. 网络连接。

第一步：重启 RFID 后，双击桌面“本机模块”图标，如图 8-1-21。

图 8-1-21

第二步：点击“模块控制与操作”，如图 8-1-22、图 8-1-23。

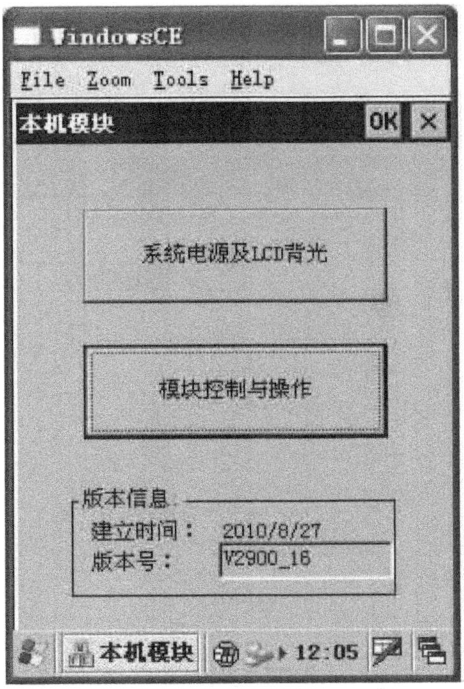

图 8-1-22

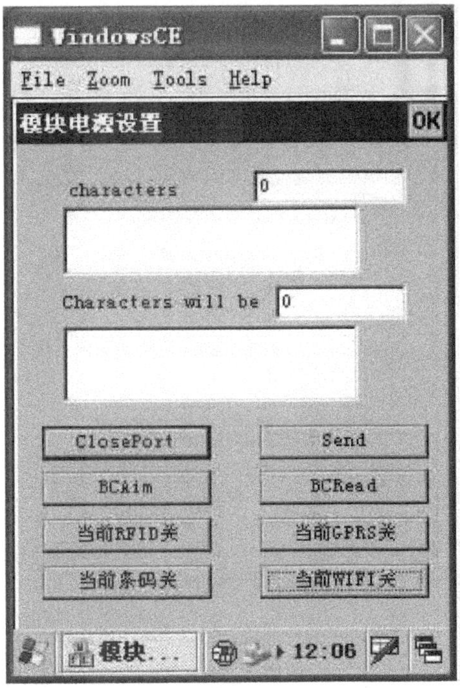

图 8-1-23

第三步：当前状态下 WIFI 没开，可观察右下角“当前 WIFI 关”图标并点击该图标，使手持自动搜索网络，如图 8-1-24、图 8-1-25。

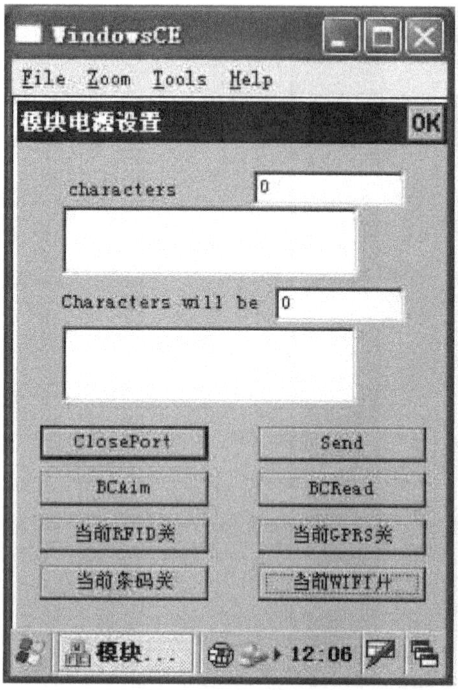

图 8-1-24

图 8-1-25

第四步：选择实训室网络"MERCURY_1830C6"，如图 8-1-26。

第五步：点击左下角"连接"，图 8-1-27。

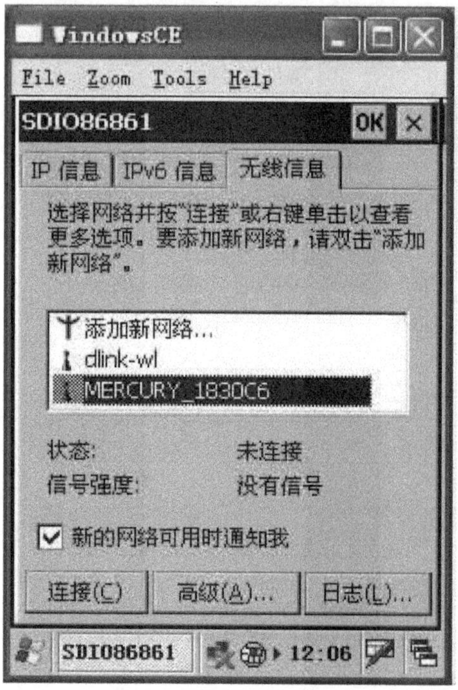

图 8-1-26

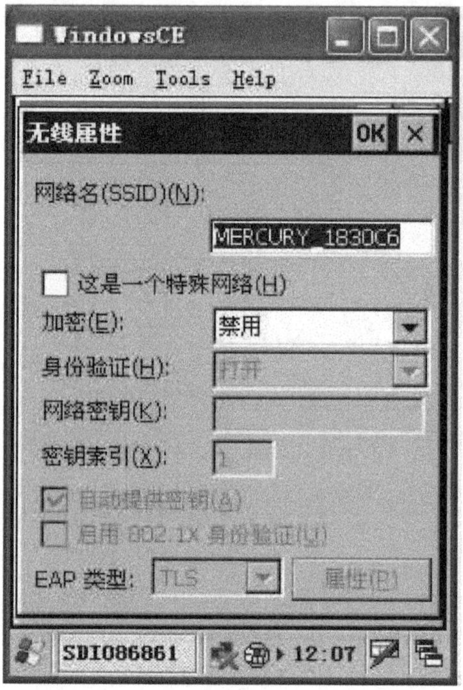

图 8-1-27

第六步：点击右上角"OK"即可，如图 8-1-28。

第七步：可观察“状态”是否连到实训室网络，确认后点击右上角“OK”，如图 8-1-29。

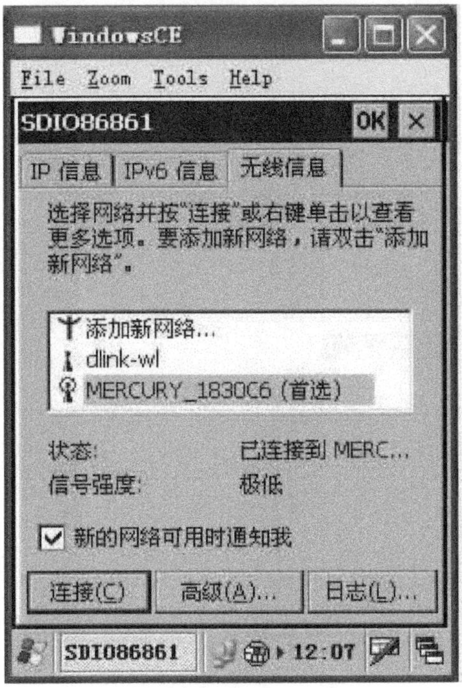

如图 8-1-28

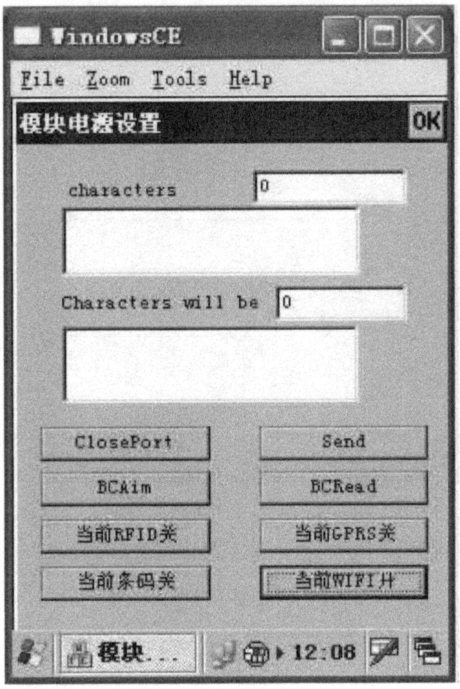

图 8-1-29

第八步：点击右上角“OK”退出，如图 8-1-30。

第九步：点击右上角“OK”退出，如图 8-1-31。

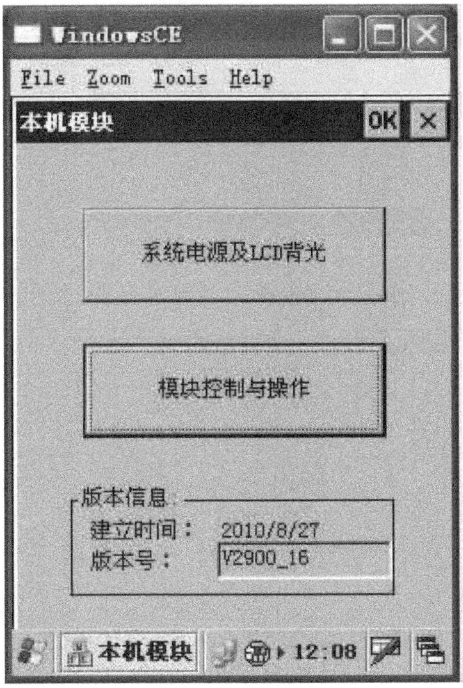

图 8-1-30

图 8-1-31

第十步：点击“开始”→“设置”→“网络和拨号连接”，如图 8-1-32、图 8-1-33。

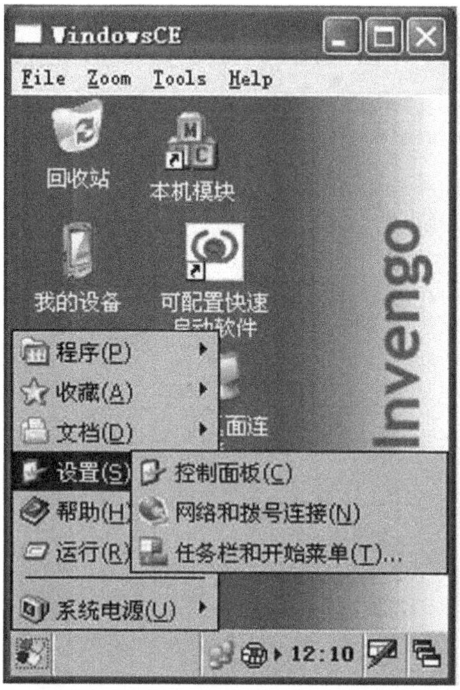

图 8-1-32

图 8-1-33

第十一步：双击“SDIO86861”，输入指定 IP、子网掩码、默认网关，如图 8-1-34。

第十二步：点击右上角“OK”退出，如图 8-1-35。

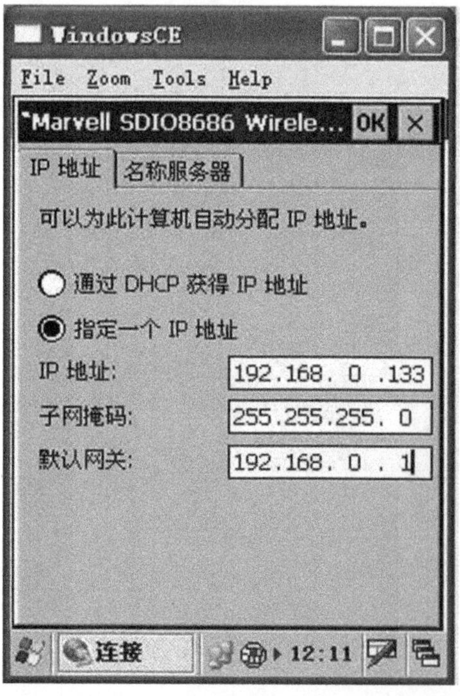

图 8-1-34

图 8-1-35

第十三步：点击右上角“×”退回到桌面，如图 8-1-36。

图 8-1-36

2. 入库、出库、盘点体验。

(1)入库体验。

第一步：将贴有 TAG 且 TAG 中已写入商品信息的货品摆运至超市收货区。

第二步：点击桌面“我的设备”→“InvengoFlash”→“RF_QX_invengo”→“bin”→“Debug”→“RF_QX_invengo”，选定后点击“文件”→“发送到”→“桌面快捷方式”(若桌面上已存在该图标，则省略此步骤操作)，如图 8-1-37。

第三步：点击右上角“×”，退到桌面，如图 8-1-38。

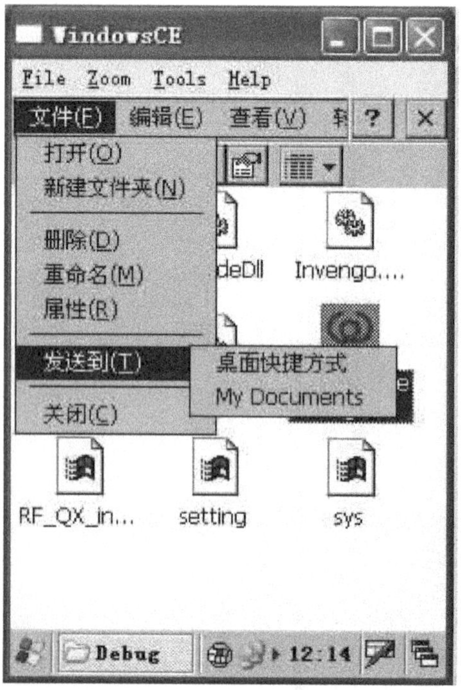

图 8-1-37

图 8-1-38

第四步：双击“RF_QX_invenngo 的快捷方式”图标，进入超市管理软件页面，如图8-1-39。

第五步：点击“入库检验”，进入入库验收界面，如图 8-1-40。

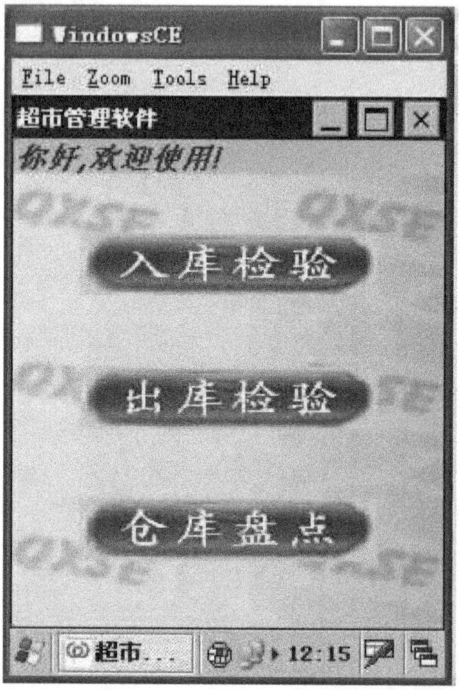

图 8-1-39

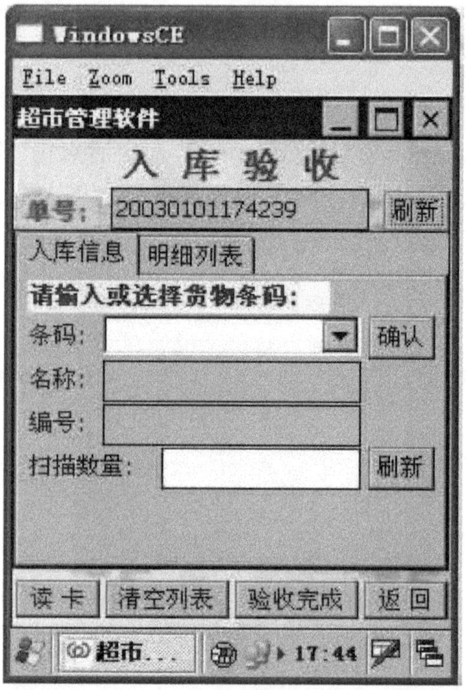

图 8-1-40

第六步：使 RFID 手持与待验货品处在一定距离范围内。

第七步：点击左下角“读卡”或按动手持手柄处的扳机，左下角的“读卡”会变为“停止”，然后扫描需要入库的电子标签如图 8-1-41、图 8-1-42。

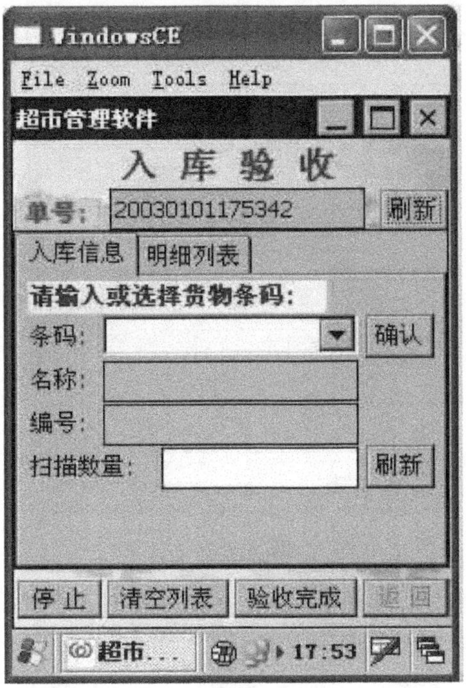

图 8-1-41

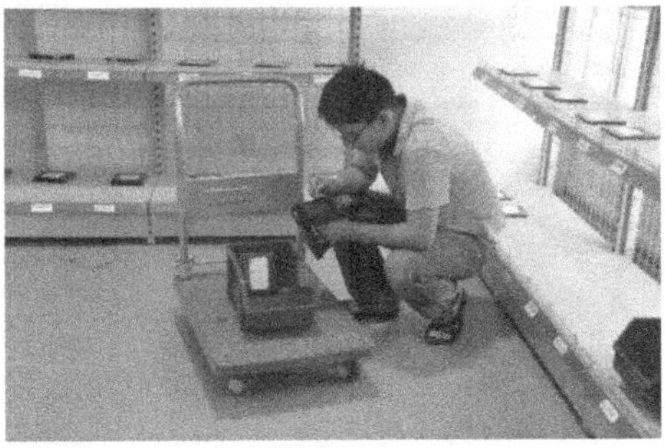

图 8-1-42

第八步：听到“滴”的一声，松开扳机或点击“停止”按钮，在“条码”里选择读到的标签，如图 8-1-43。

第九步：选中读出的条码，点击“确定”，如图 8-1-44。

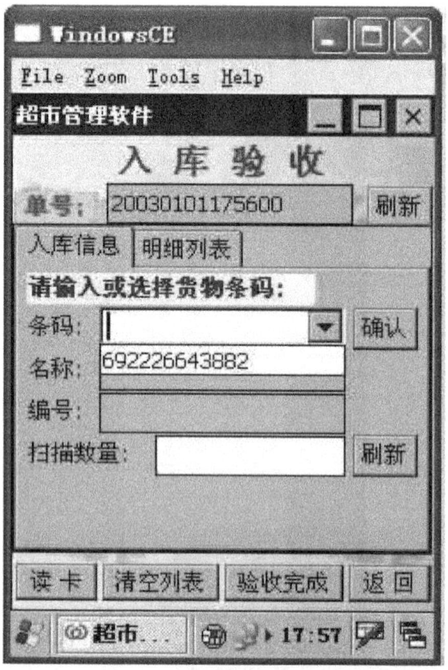

图 8-1-43

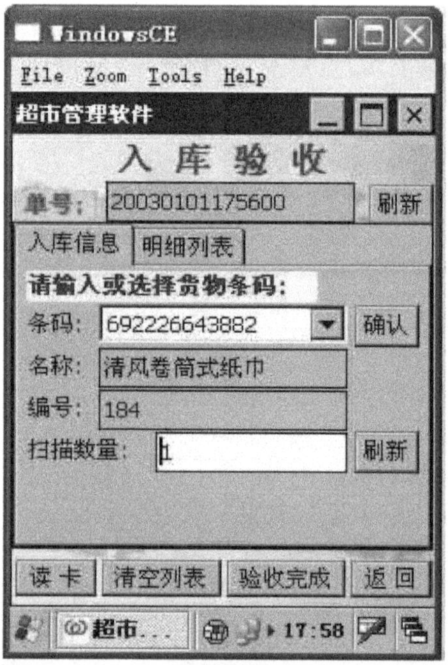

图 8-1-44

第十步：在“扫描数量”中输入要入库的数量，点击右下角的“验收完成”，如图 8-1-45。

第十一步：出现“提交成功”提示，点击左上角的“OK”，如图 8-1-46。

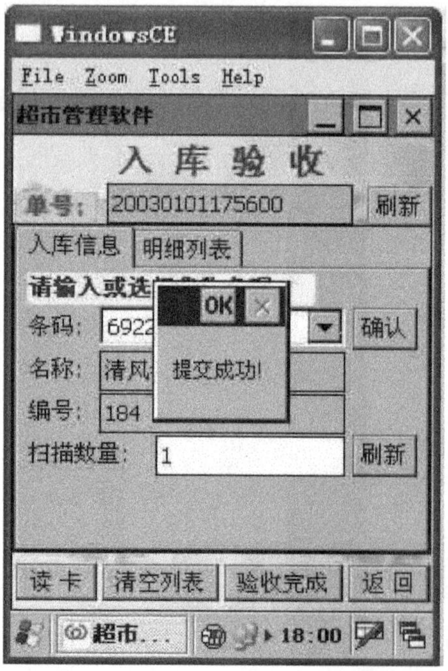

图 8-1-45

图 8-1-46

第十二步：点击“返回”回到主界面，如图 8-1-47。

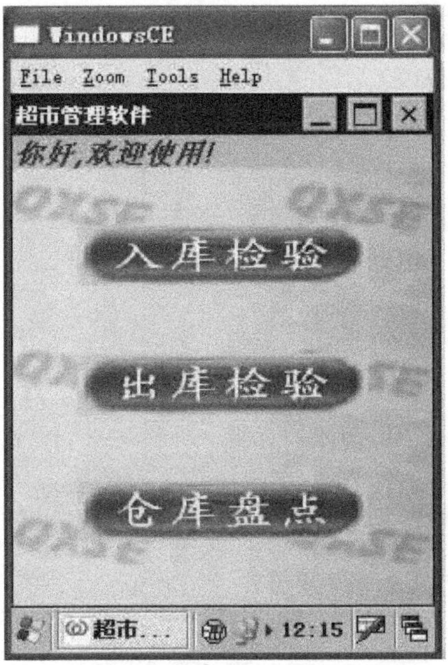

图 8-1-47

图 8-1-48

第十三步：将贴有电子标签的货品通过门禁，门禁会发出警报，即代表入库成功。

第十四步：将逐件商品进行检验，直到所有标签完成检验。

第十五步：将已完成检验的货品上架到超市 RFID 货品区相应货位，如图 8-1-48。

(2)仓库盘点。

第一步：点击“仓库盘点”，进入盘点界面，如图 8-1-49。

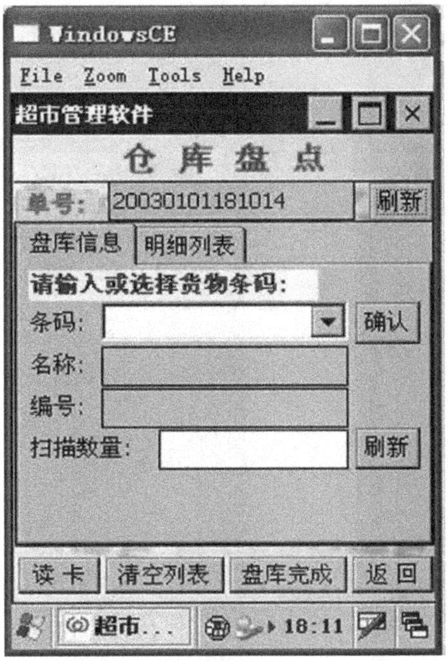

图 8-1-49

第二步：点击左下角“读卡”或按动手持手柄处的扳机，左下角的“读卡”会变为“停止”，然后扫描需要盘点的电子标签，如图 8-1-50、图 8-1-51。

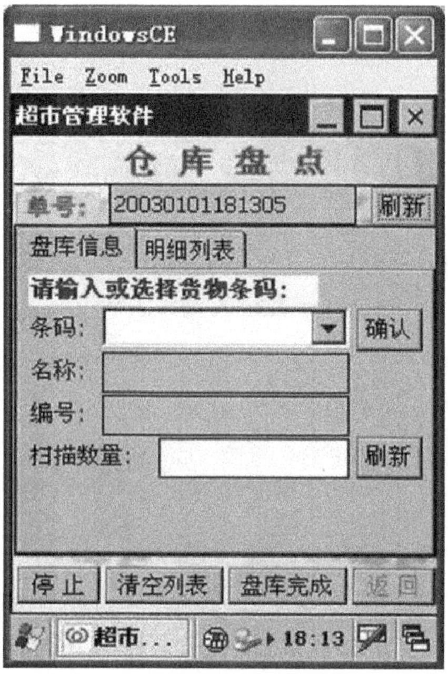

图 8-1-50

图 8-1-51

第三步：听到“滴”的一声，松开扳机或点击“停止”按钮，在“条码”里选择读到的标签，如图 8-1-52；

第四步：选中读出的条码，点击“确定”，如图 8-1-53。

图 8-1-52

图 8-1-53

第五步：在“扫描数量”中输入实际库存数量，点击“盘库完成”，如图 8-1-54。

第六步：出现“提交成功”提示，点击“OK”，如图 8-1-55。

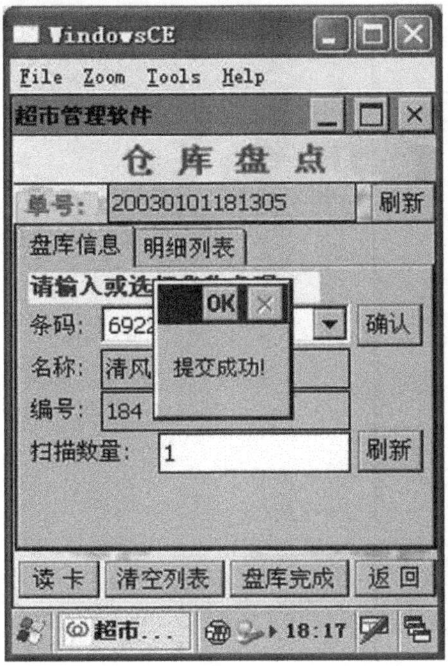

图 8-1-54

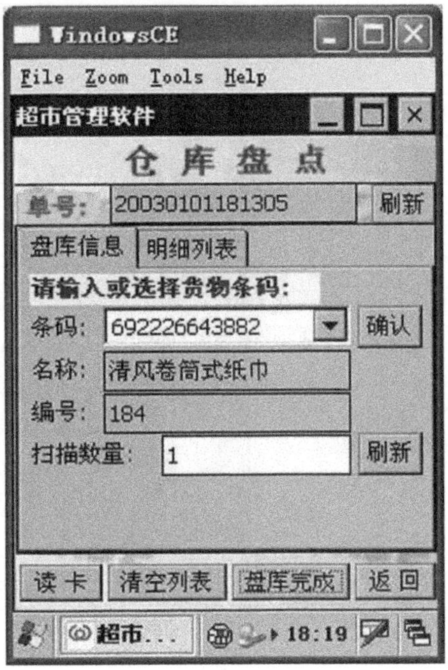

图 8-1-55

第七步：点击“返回”回到主界面，如图 8-1-56。

图 8-1-56

(3)出库检验。

第一步:点击“出库检验”,进入出库检验界面,如图 8-1-57。

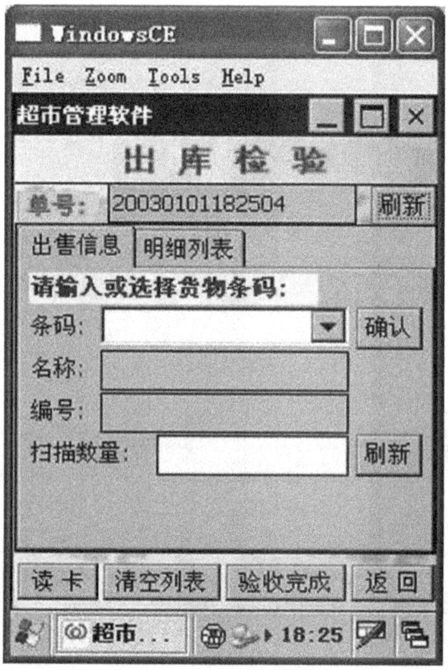

图 8-1-57

第二步:点击左下角“读卡”或按动手持手柄处的扳机,左下角的“读卡”会变为“停止”,然后扫描需要出库的电子标签,如图 8-1-58、图 8-1-59。

图 8-1-58

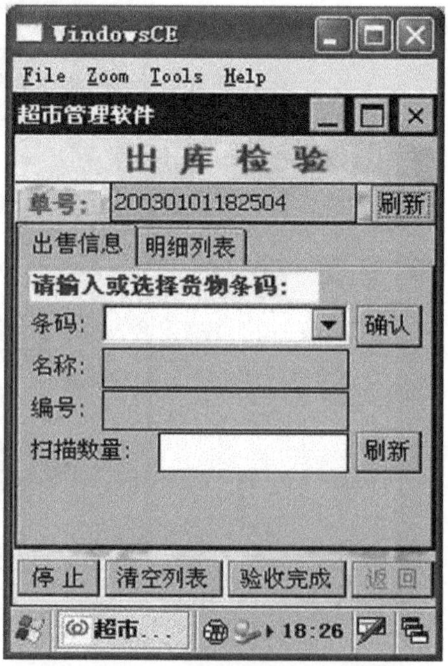

图 8-1-59

第三步：听到“滴”的一声，松开扳机或点击“停止”按钮，在“条码”里选择读到的标签，如图 8-1-60。

第四步：选中读出的条码，点击“确定”，如图 8-1-61。

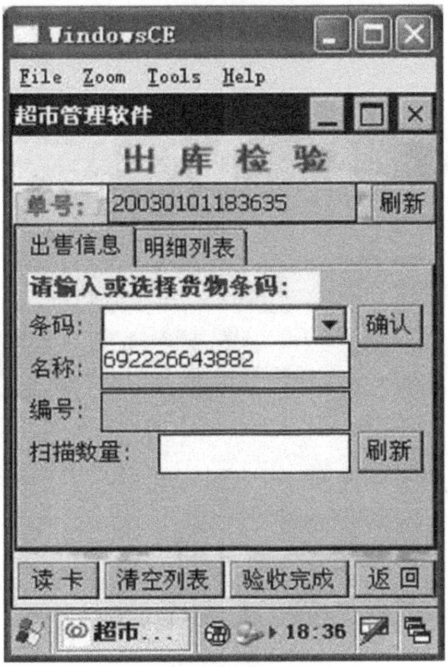

图 8-1-60

图 8-1-61

第五步：在“扫描数量”中输入要出库的数量，点击“验收完成”，如图 8-1-62。

第六步：出现“提交成功”提示，点击“OK”，如图 8-1-63。

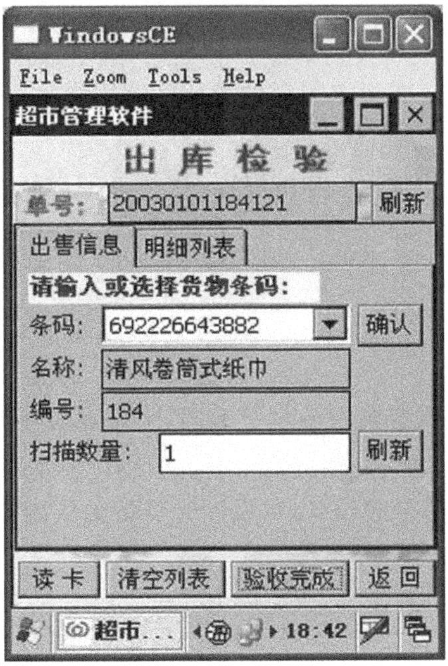

图 8-1-62

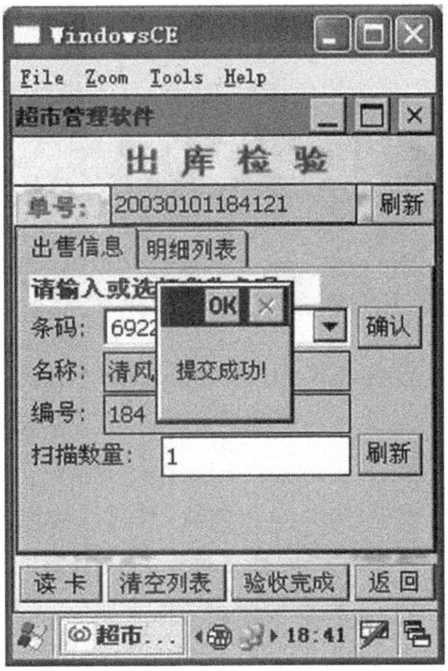

图 8-1-63

第七步：点击“返回”回到主界面，如图 8-1-64。

第八步：将出库的货品放入手推车上的周转箱内，如图 8-1-65。

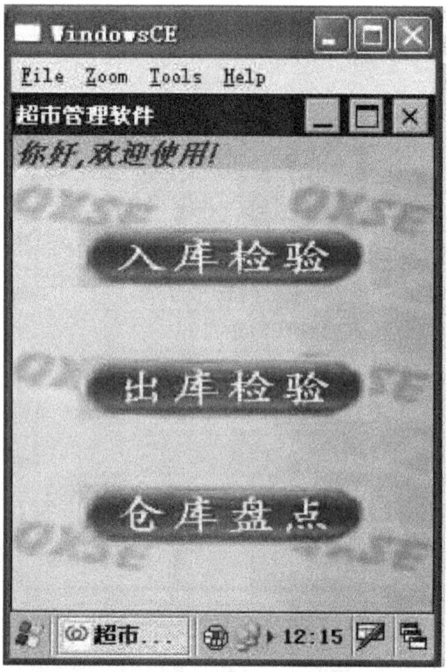

图 8-1-64

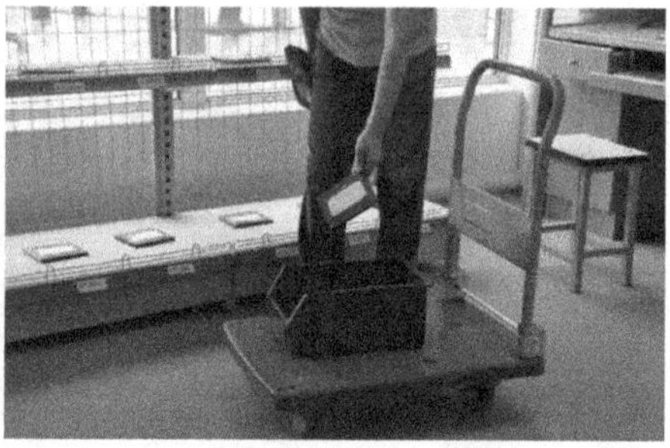

图 8-1-65

第九步：将贴有电子标签的货品通过门禁，门禁没有发出警报，即代表出库成功。

【知识链接】

一、什么是 RFID 解决方案

RFID 解决方案是 RFID 技术供应商针对行业发展特点制定的 RFID 应用方案，可根据不同企业的实际要求“量身定做”。

RFID 解决方案可按照行业进行分类，物流、防伪防盗、身份识别、资产管理、动物管理、快捷支付等。

二、RFID 系统的基本组成部分

最基本的 RFID 系统由三部分组成：

标签（Tag）：由耦合元件及芯片组成，每个标签具有唯一的电子编码，附着在物体上标识目标对象；

阅读器（Reader）：读取（有时还可以写入）标签信息的设备，可设计为手持式或固定式。

天线（Antenna）：在标签和读取器间传递射频信号。

【考核评价】

日　期：　　年　　月　　日　　　　　　　节　次：

操作人：

评分要素表

序号	作业环节	说明	级别	分值	箱数/次数	小计
1	手持设备操作	手持设备与其他设备和设施碰撞；或者手持设备离开操作员（按发生次数计数）	4级	1		
2	手持设备操作	手持设备跌落（按发生次数计数）	5级	2		
3	手持设备操作	运动中操作手持设备，包括在操作其他设备过程中同时使用手持设备（按发生次数计数）	2级	0.4		
4	安全	作业过程中人员、设备、设施之间发生碰撞或者人员摔倒	4级	1		
心得体会						

填表人：

【课后作业】

1. 当堂上交考核评分表。
2. 什么是RFID解决方案？
3. RFID系统的基本组成部分有哪些？

项目二　超市零售

任务一　POS机收银软件操作

【实训目标】

熟练掌握功能键的使用及学会简单的业务流程操作。

【任务说明】

要求学生了解POS机原理和常用的功能键及业务流程操作，让学生独立完成软件启动登录、功能键操作、销售体验、退货处理等业务作业。该任务安排 1/4 课时，每个学生规定用时 10 分钟。

【实训准备】

POS 机一台，日用品区实物若干。该任务安排一个 4 人小组进行操作。

【实训内容】

一、课程组织

本节课由 4 个任务组成，分别是：电子标签的读写于门禁报警系统，RFID 网络连接及入库、出库、盘点操作，POS 机收银软件操作，RF 超市盘点。授新课时，全组同学集中进行，由老师示范演示 POS 机收银软件的规范操作。待授课结束后，教师引领全组学生依次讲解其余任务。实训时，分成四组，第一组进行电子标签读写和门禁的操作，第二组学生先进行网络连接操作，然后进行入库、出库、盘点体验，第三组学生完成 POS 机收银软件的操作，第四组要求学生先在金蝶上完成单据作业，然后用 RF 手持完成对超市区的盘点操作。一名学生操作，一名学生进行操作前准备，两名学生检查评分。具体轮换方式见表 8-2-1：

表 8-2-1

	TAG 读写于门禁	网络连接及入库、出库、盘点体验	POS 机操作	RF 超市盘点
第一轮	第一组	第二组	第三组	第四组
第二轮	第二组	第三组	第四组	第一组
第三轮	第三组	第四组	第一组	第二组
第四轮	第四组	第一组	第二组	第三组
第五轮	第一组	第二组	第三组	第四组

二、实训过程

主要组成部分

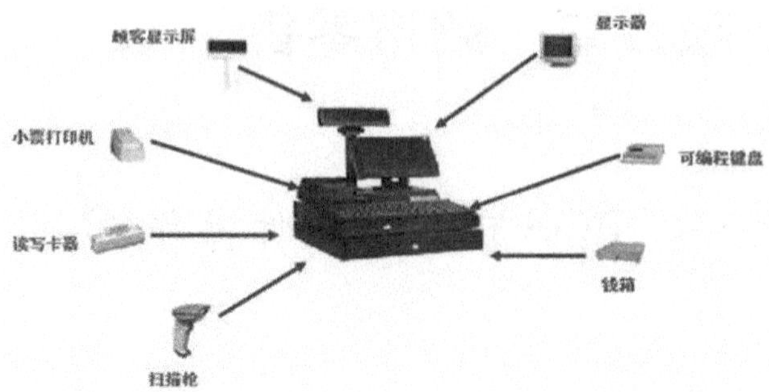

(一)软件启动

第一步：按下主机启动键，进入桌面，点击图标。

第二步：选择“菜单选择”→“联网收银”，如图 8-2-1。

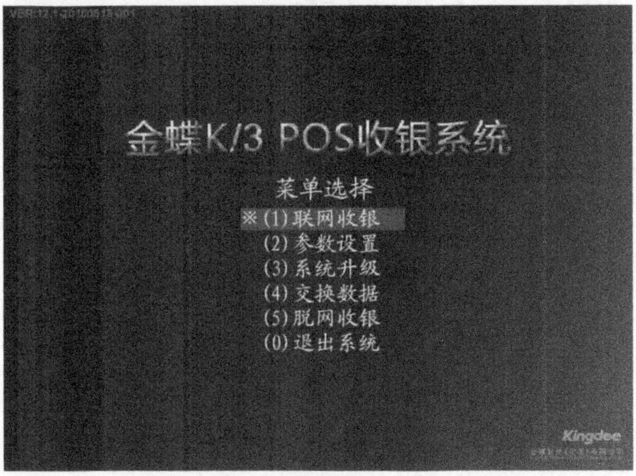

图 8-2-1

第三步：在“系统登录”中输入工号：001，密码：111111。输完按“Enter”键，如图 8-2-2。

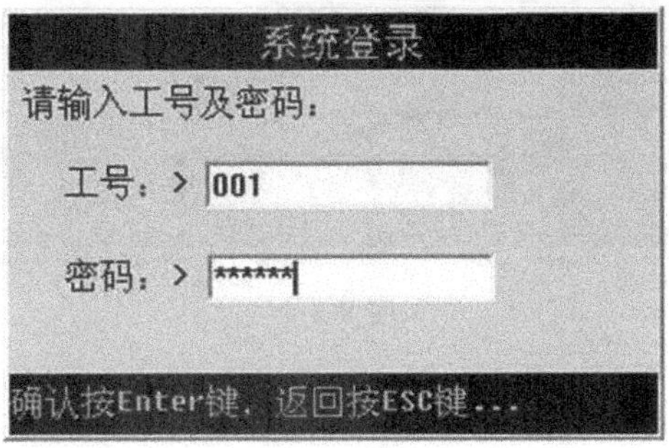

图 8-2-2

第四步：出现“提示信息”后，根据所给提示，按“ESC”键关闭提示信息，进入销售总界面，如图 8-2-3、图 8-2-4。

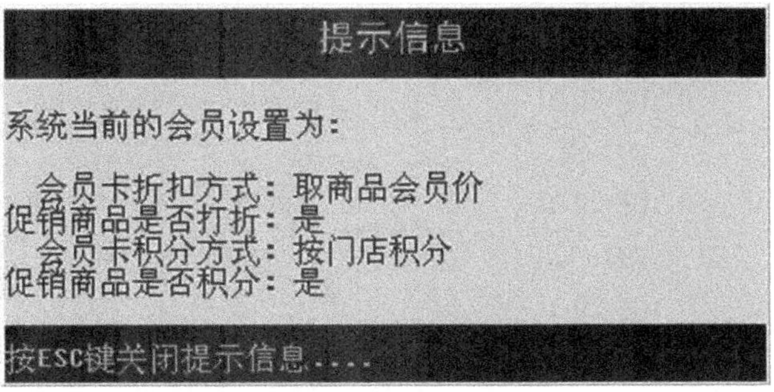

图 8-2-3

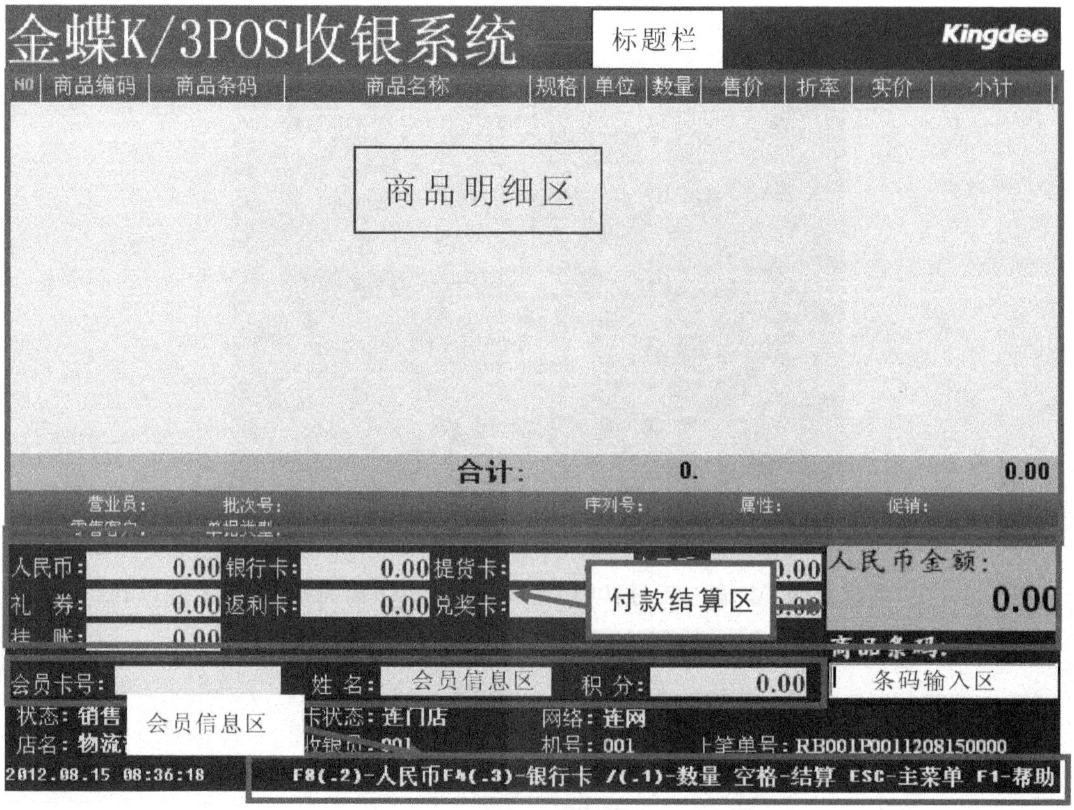

图 8-2-4

(二)功能键介绍

重点介绍以下功能键。

键一F1:在销售主界面按"F1"可进入功能按键定义界面,如图 8-2-5、图 8-2-6。

银行卡	键--F4	礼 券	键--F6
返利卡	键--H	抹 零	键--F2
数 量	键--/	实 价	键--[
单品折扣	键--S	整单折扣	键--A
结 算	键--空格	钱 箱	键--F9
单品取消	键--Del	赠送	键--C
营业员	键--Y	会员卡	键--L
手输会员卡	键--M	提货卡	键--T

图 8-2-5

会员服务	键--K	批　号	键--P
输入顾客信息	键--F3	促销选择	键--Z
退货原因	键--R	输入辅助数量	键--Q
销售兑奖	键--X	赠卡销售	键--G
兑奖卡	键--F11	家电下乡	键--J
生日赠品	键--B	会员卡(IC)	键--D
盘点	(未定义)	费用收款	键--F
零售客户	键--V	积分返利	键--E
特价保护	键--O	会员密码修改	键--I
单据类型	键--W	序列号	键--;
港　币	键--F5	发票管理	键--,
换开发票	键--'	变换回找币种	键--F12
读电子称	键--U	挂　账	(未定义)

图 8-2-6

键—F4：在销售主界面按“F4”可进入银行卡付款界面，根据栏下提示，点击“A”可手工输入付款银行、卡号，如图 8-2-7。

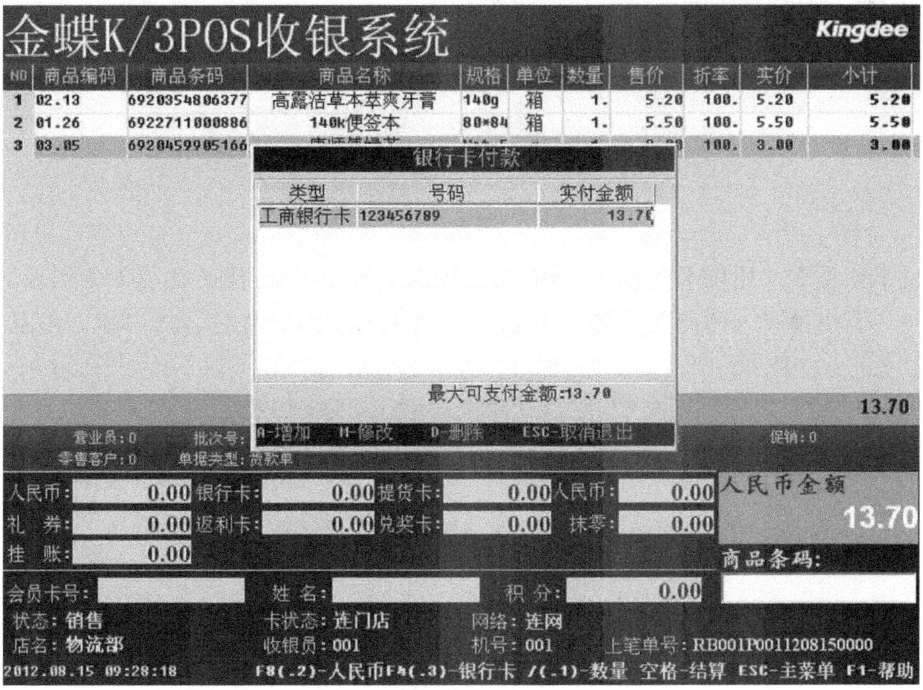

图 8-2-7

按照“银行卡付款”框中操作提示键进行操作。

键—H：在销售主界面按“H”可进入返利卡界面，但目前该操作无法进行，出现“提示信息”后，按“ESC”键关闭，如图 8-2-8。

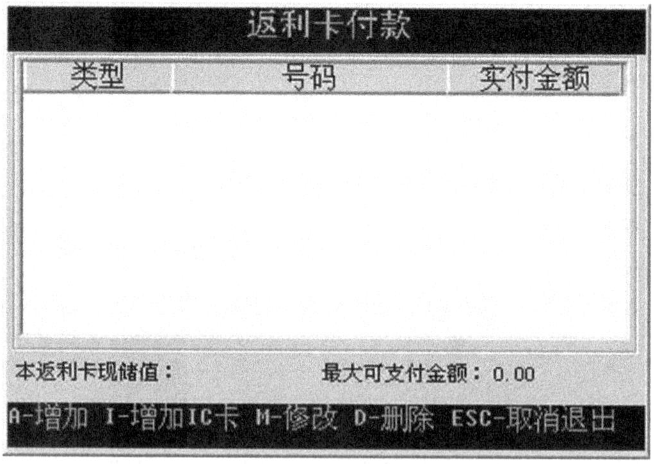

图 8-2-8

按“A”键，弹出“请读卡……”框，如图 8-2-9。

图 8-2-9

此读卡操作需使用读卡器读取专用卡，我校未配置专用卡，故此功能无法实现。

键—/：若当前录入的商品数量不为 1，需在输入其实际数量时，按“/”键，“商品条码”变为“数量”方可，如图 8-2-10。

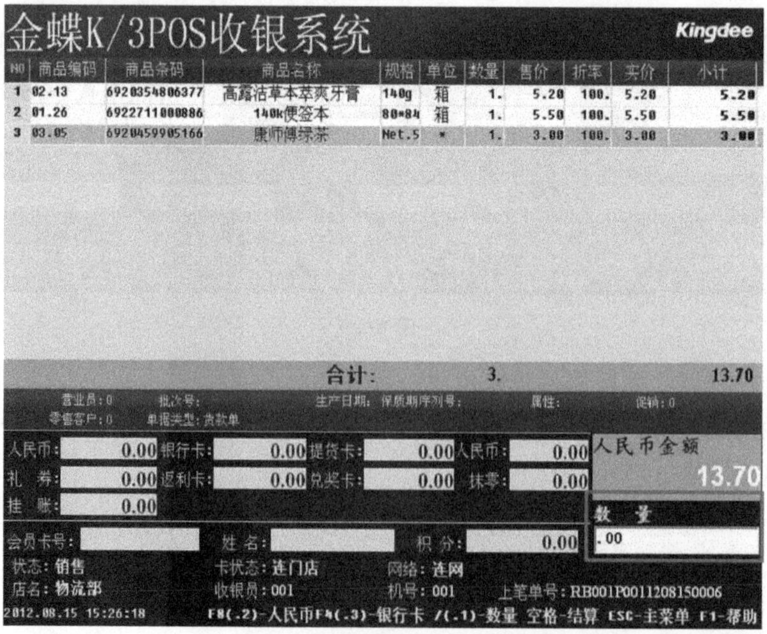

图 8-2-10

输入实际数量，如图 8-2-11；

图 8-2-11

按“回车”后，当前商品实际数量发生改变，且输入区“数量”变为“商品条码”同时，商品总金额也发生改变，如图 8-2-12。

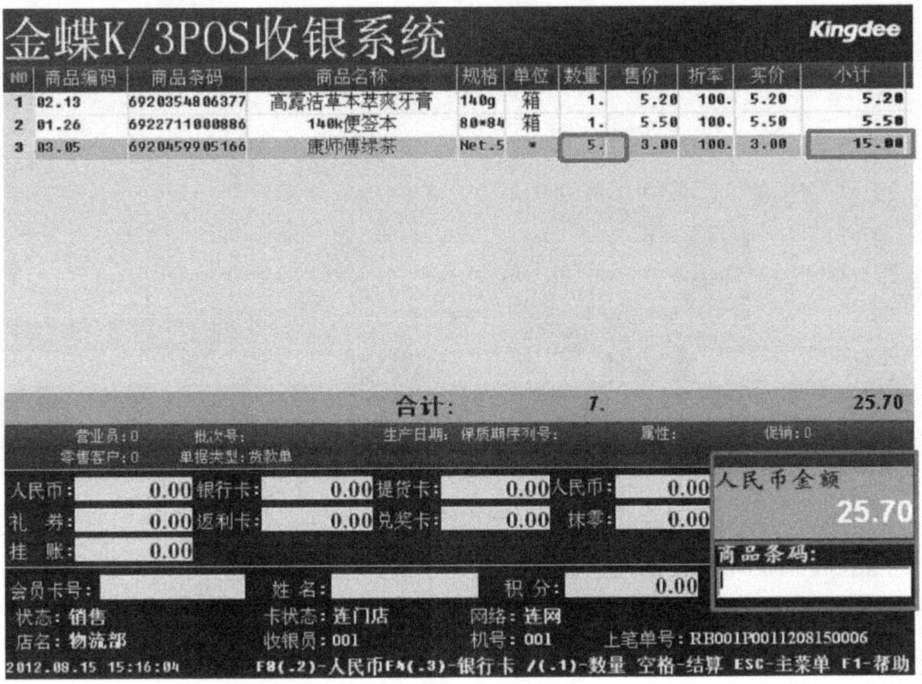

图 8-2-12

键—S：选中扫描完的某种商品，按下“S”键可进行单品折扣修改（系统设置最高折扣为 75 折），修改后按“Enter”进入“打折原因”选项，根据需要选择其一便可，如图 8-2-13、图 8-2-14、图 8-2-15。

图 8-2-13

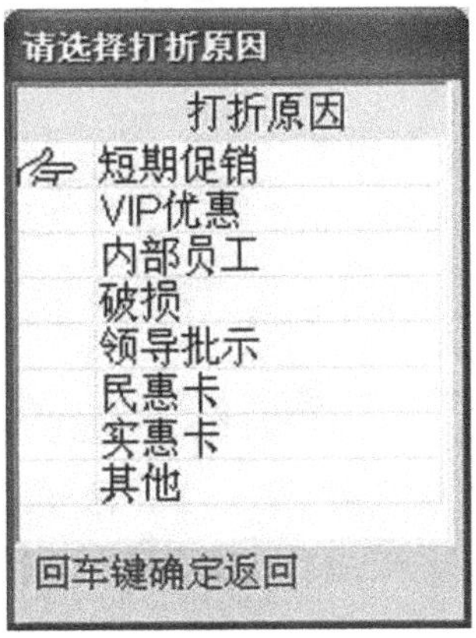

图 8-2-14

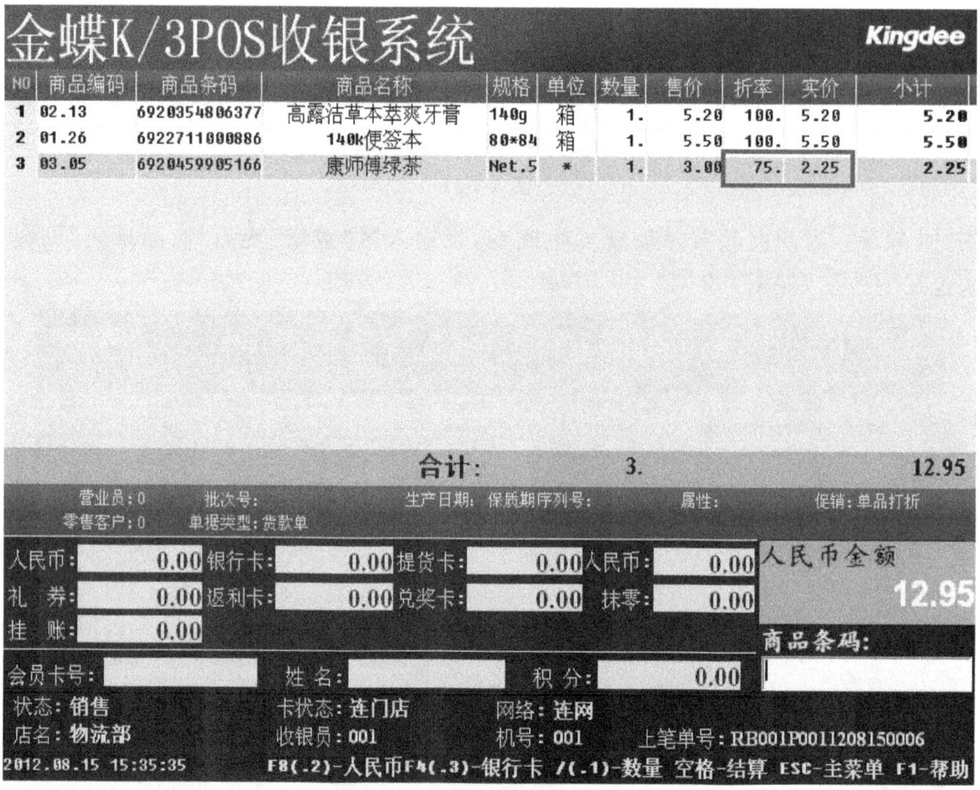

图 8-2-15

键一空格:在扫描完所有商品后按下"空格"键,系统会自动进行结算,并出小票。

键一Del:该键为单品取消键,选择一条扫描记录,按下"Del"键,根据提示,按下"Enter"键可删除该条单品记录,如图 8-2-16。

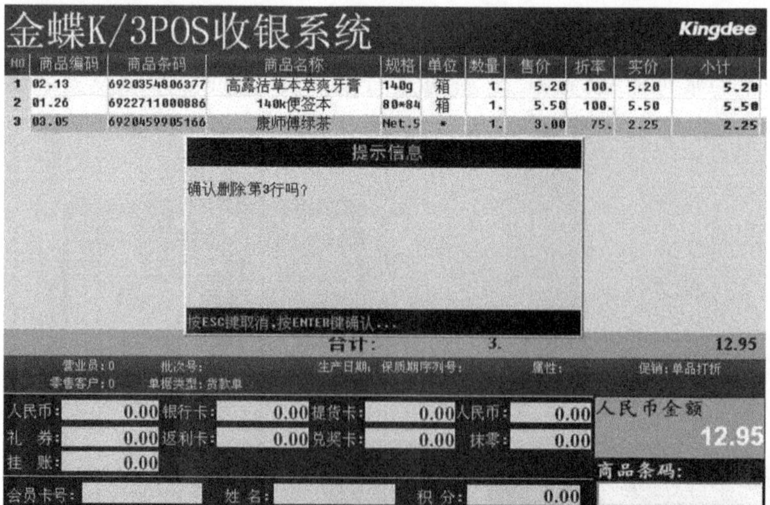

图 8-2-16

键—Y：该键为营业员选择键(暂无法使用)，按下后出现提示后按“确定”退出，如图8-2-17。

图 8-2-17

键—M：该键为手输会员卡键，按下“M”键后根据需要选择会员卡号，如图8-2-18。

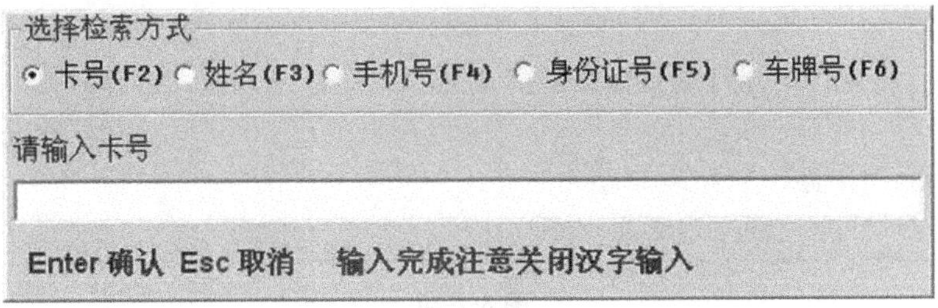

图 8-2-18

此处输入已维护好的会员号，会员卡号为：111111111，也可通过条码扫描，扫描打印好的条形码，如图8-2-19。

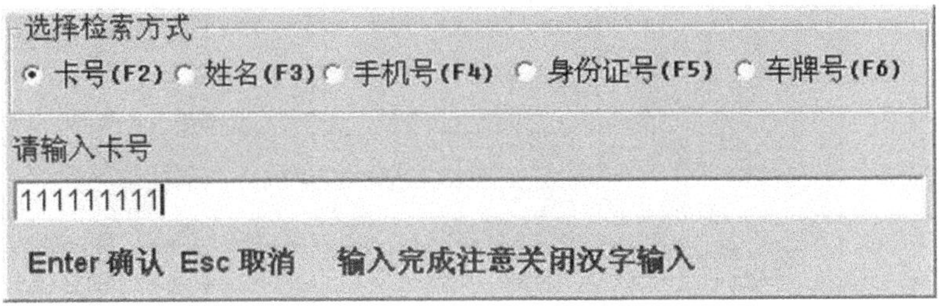

图 8-2-19

按下“回车”键，弹出“会员选择”框，如图8-2-20。

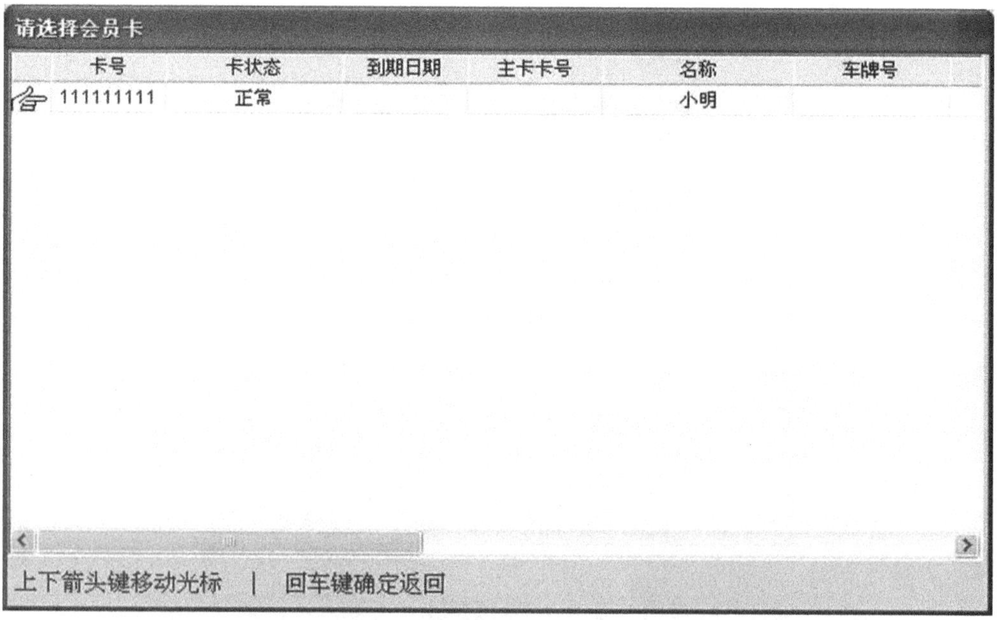

图 8-2-20

选择手指所指的相应会员后，按“回车”，弹出会员卡信息框，如图 8-2-21。

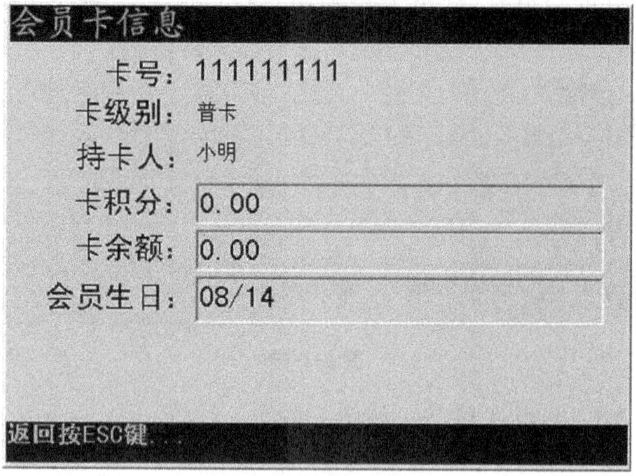

图 8-2-21

按“ESC”键，返回主界面，如图 8-2-22，可以看到在会员信息栏中显示出了所选择的会员。

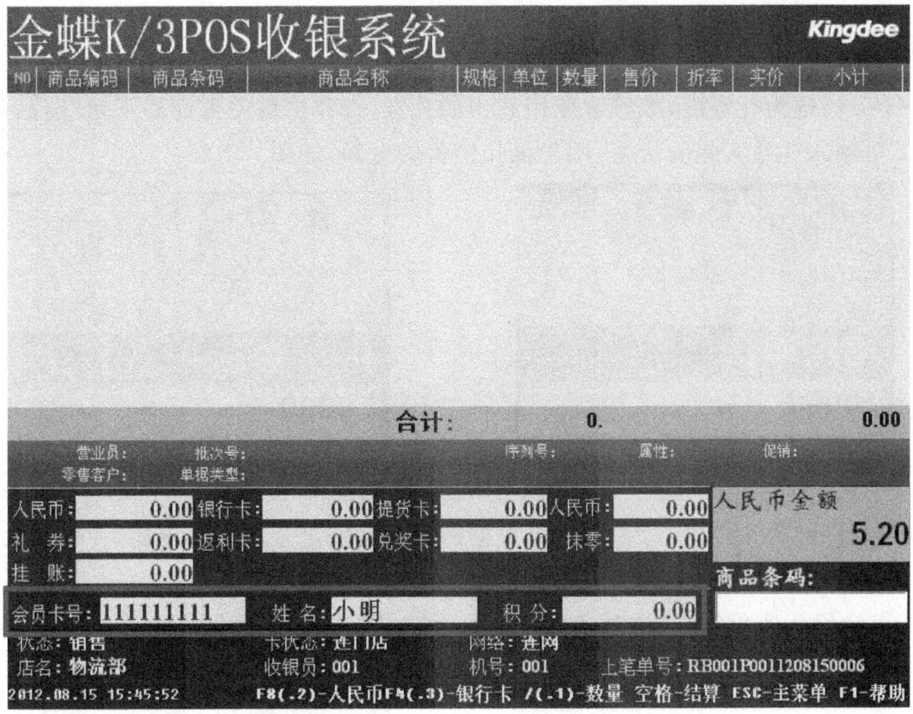

图 8-2-22

在录入商品时,若该商品维护了会员价格,则所录入的商品"实价"处将显示该商品的会员价,如本例中的康师傅绿茶,其零售价为 3.00 元,会员价为 2.80 元,如图 8-2-23。

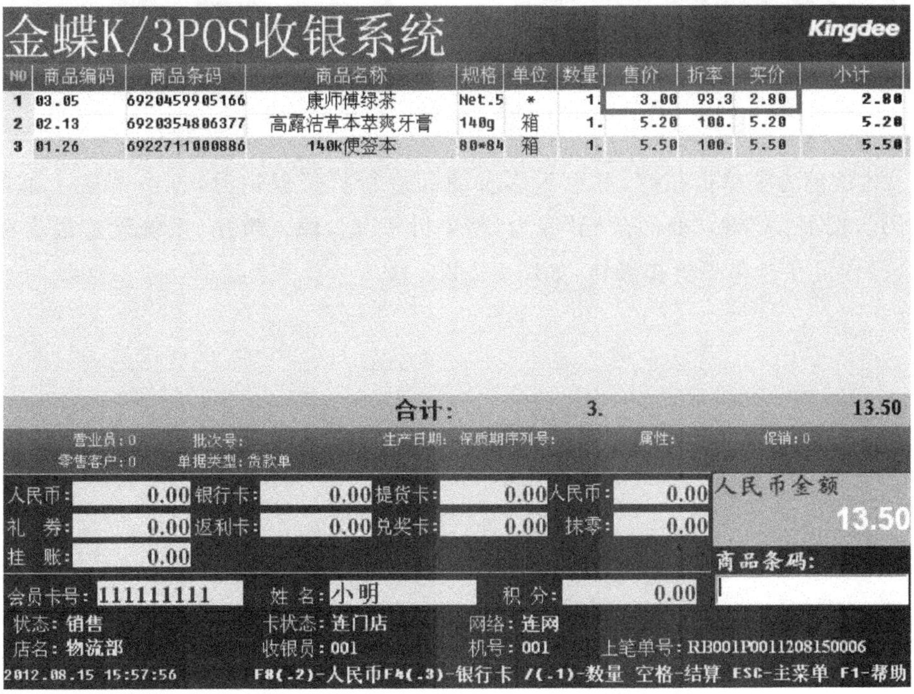

图 8-2-23

键—F8：该键为人民币键，选中销售主界面右下角“商品条码”栏，按下“F8”后，输入实际收银的金额，如图 8-2-24。

键—F6：该键为礼券键，如顾客使用超市的礼券，选择销售主界面右下角“商品条码”栏，按下“F6”可输入礼券实际的价值，用于抵扣销售的金额，如图 8-2-25。

图 8-2-24

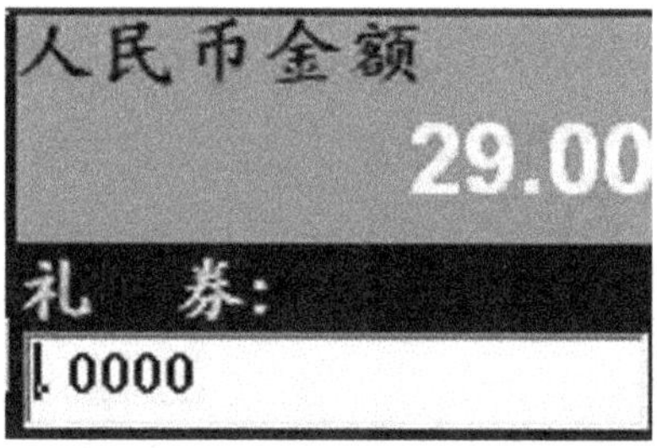

图 8-2-25

键—F2：该键为抹零键，意为商家可根据需要舍去一定金额用于促销，一般舍去角、分进行促销，如图 8-2-26。

键—[：该键为实价键，选中某条商品记录，按“[”键输入实际销售价格，系统会自动计算其折扣等信息，如图 8-2-27。

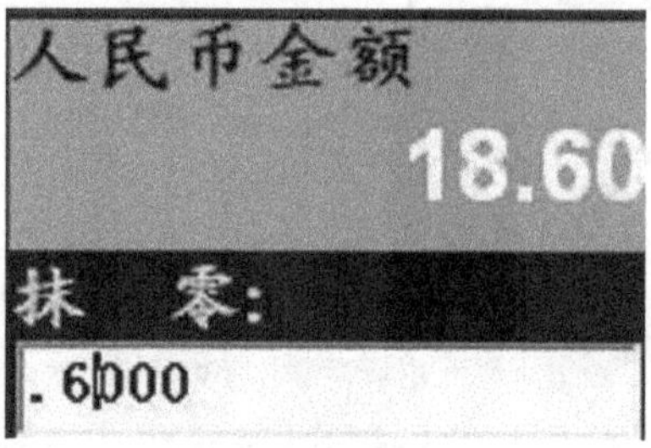

图 8-2-26

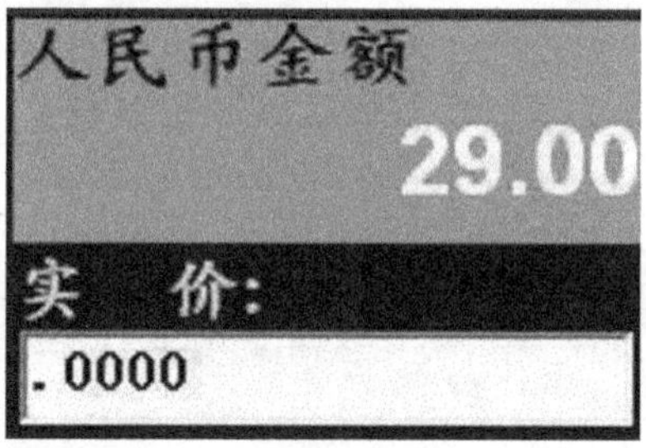

图 8-2-27

键—A：该键为整单折扣键，意思为多种商品进行打折促销时，点击销售主菜单右下角“商品条码”，按下“A”键，“商品条码”变为“整单折率”后，输入折扣（系统设置最高额度为 85 折），其余操作可参考单品折扣操作，如图 8-2-28。

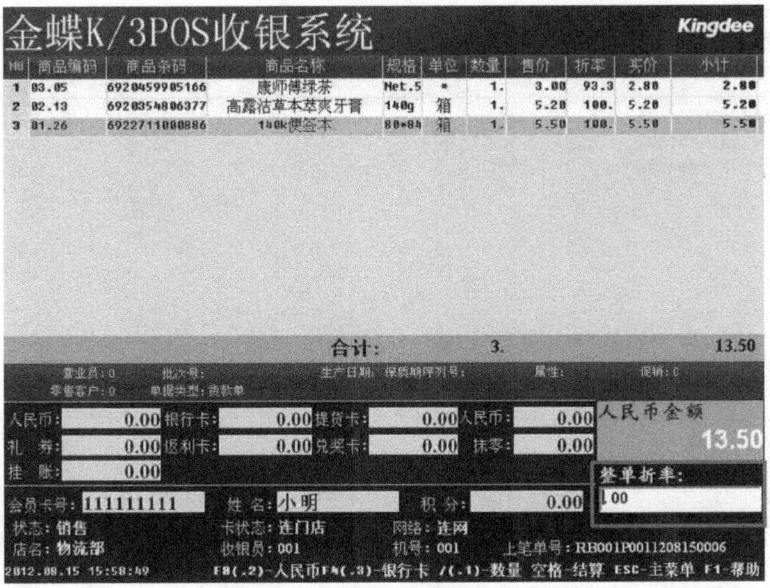

图 8-2-28

输入整单折扣率，如图 8-2-29。

“回车”确认后，弹出打折原因选择，如图 8-2-30。

图 8-2-29

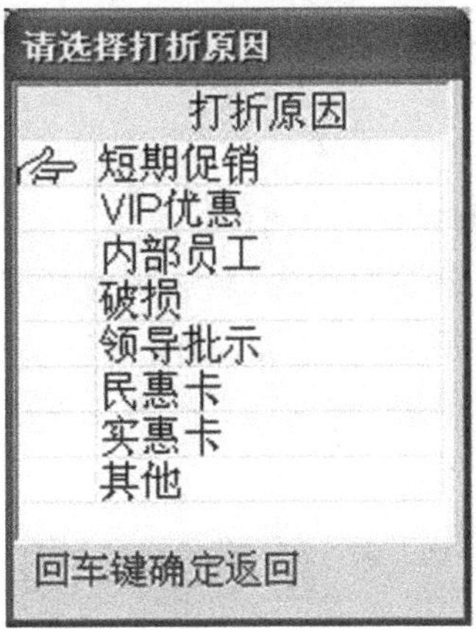

图 8-2-30

选择打折原因，“回车”确认后，商品折率发生改变，价格也随之变化，但已设会员价的商品按会员价计价，如图 8-2-31。

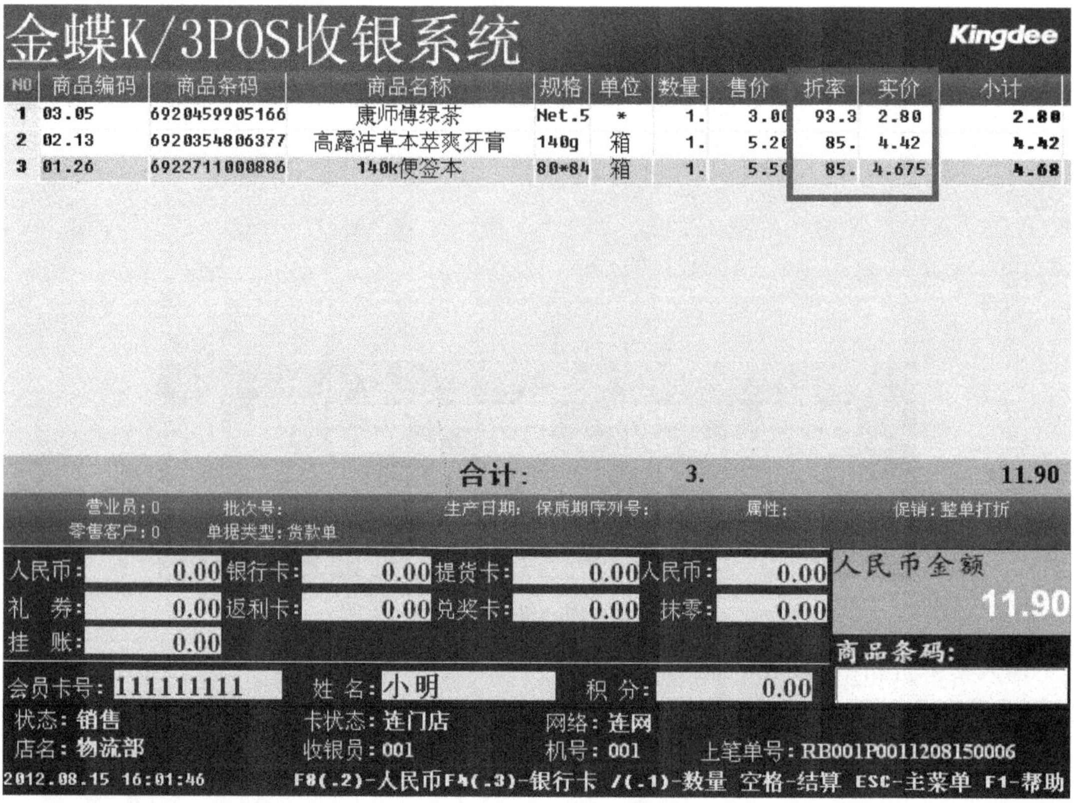

图 8-2-31

键—F9:该键为钱柜键,点击“F9”可弹出钱柜。

键—C:该键为赠送键,选中要赠送货品的记录,点击“C”键进入赠送提示,点击“确定”后,即该货品不计入总价,如图 8-2-32。

键—L:该键为会员卡键,点击该键进入会员卡刷卡界面,因硬件不支持,此功能不能实现,如图 8-2-33。

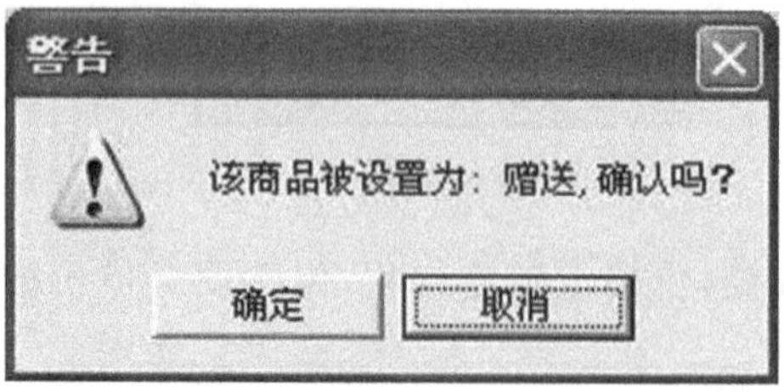

图 8-2-32

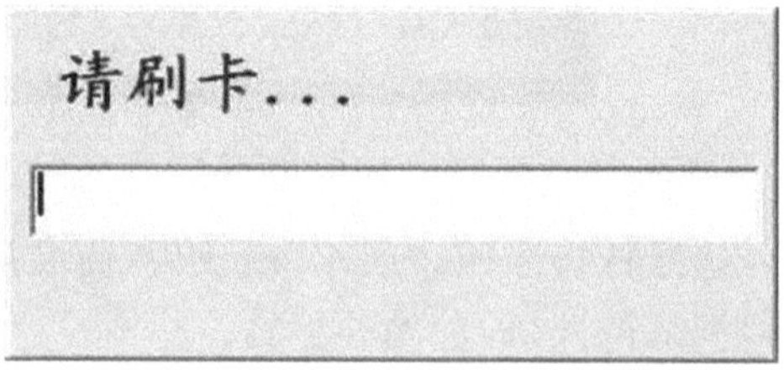

图 8-2-33

(三)收银操作

1. 完整的收银过程。

任务描述:顾客购买了三种货品,走到收银台前结账,商品品项与数量由教师根据超市在售商品决定。本例所选用的三种货品及其零售价如第一步图示。

操作步骤：

第一步：商品录入，如图 8-2-34。

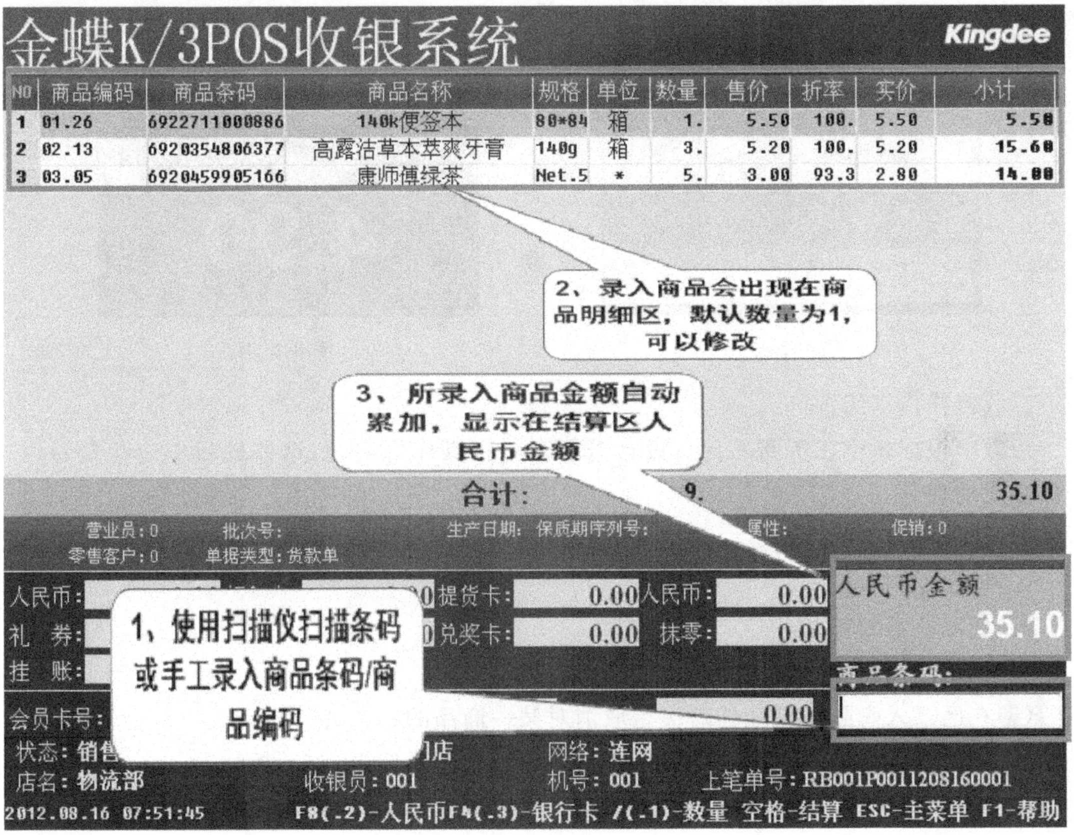

图 8-2-32

在录入商品时，可分别尝试使用扫描仪扫描条码、手工录入商品条码、手工录入商品编码的方法进行商品录入。

第二步：按下“F8”键。

商品及相应数量输入完后，金额显示 35.10 元；收银员按下“F8”键，右下角出现(人民币)空格栏，如图 8-2-35。

第三步：在人民币的这格里输入顾客付出的 40.00 元，如图 8-2-36。

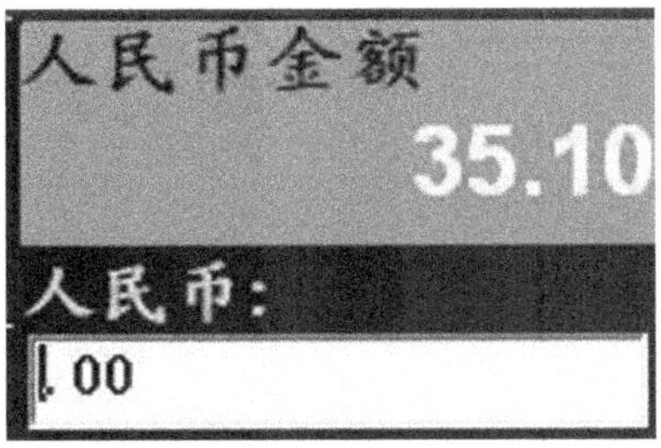

图 8-2-35

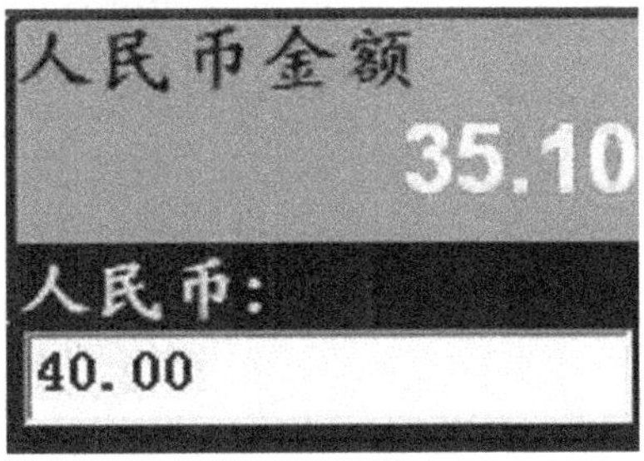

图 8-2-36

输入金额完成后，按“回车”，输入区返回到“商品条码”输入状态，“人民币金额”变为“回找人民币”，如图 8-2-37。

第四步：输入完成后，先按一下“回车”键确认，最后按“空格”键结账。按完“空格”键结账时，会弹出回找人民币画面，如图 8-2-38。

图 8-2-37

图 8-2-38

2. 收银操作训练。

由教师根据超市在售商品自行设计若干套收银操作练习题，这些题目中应包括对以下操作功能的训练。

(1)使用银行卡结算；

(2)使用返利卡结算；

(3)使用礼券结算；

(4)在结算商品中将某一商品设置为赠品；

(5)在已录入商品中顾客临时决定取消对某一商品的购买，需进行单品取消操作；

(6)在结算商品中，对某一单品设置折扣(系统设置最低折扣 75 折)；

(7)在结算商品时，对整单设置折扣(系统设置最低折扣 85 折)；

(8)在结算商品中，设置某一商品的结算实价(要求实价小于零售价)；

(9)在录入商品前，手工输入会员卡；

(10)在最终结算时，将小数点后的零头抹去。

3. 取消本单销售。

任务描述：取消本单销售就是将正在进行的销售收银操作终止，使系统处在收银前准备状态。

操作步骤：

第一步：在商品明细区有商品输入的情况下按“ESC”键，弹出主菜单，如图 8-2-39。

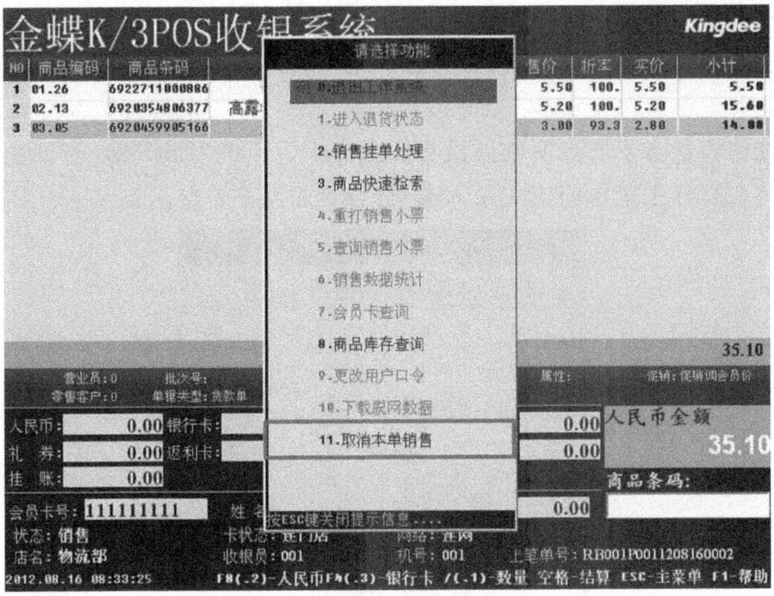

图 8-2-39

第二步:选择“取消本单销售”,按“回车”,弹出提示信息,如图 8-2-40。

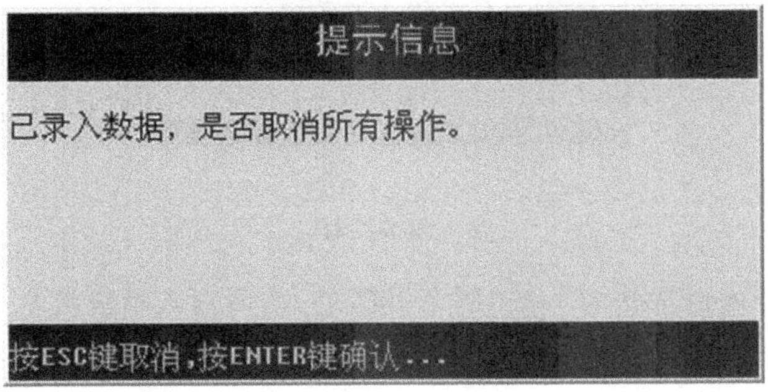

图 8-2-40

第三步:按“ESC”键取消本次操作;按“回车”键确认“取消本单销售”,返回到销售状态主界面,商品明细区商品全部清除。

(四)退货

顾客在退货时原则上要求手持销售小票退货,所以我们应该根据销售小票调整退货时商品的实价,另外退货时不需要输入付款金额,因为退货时资金的流向是相反的,直接按结算按钮计算机就记录这张单据了。

退货和其他异常销售有些不同之处,它的入口在主菜单中,而且必须在商品明细区没有商品的时候才可以进入。

退货单据进入计算机后,系统自动恢复为“销售”状态。

只有授权人员才可以执行退货功能,如果没有赋予当前收银人员退货的权限,系统会提示输入授权人员代码和密码或刷权限卡。

1. 整单退货处理。

任务描述：即对整单货进行退货处理，在实际操作中，销售小票单据号应根据实际要求退货的小票确定。若销售小票的单据号无法确定，可参考“查询销售小票”操作进行查询。

操作步骤：

第一步：在销售状态下商品明细区没有商品的情况下按“ESC”键，打开主菜单。若退货对象为会员，则在打开主菜单前应先录入会员信息，如图 8-2-41。

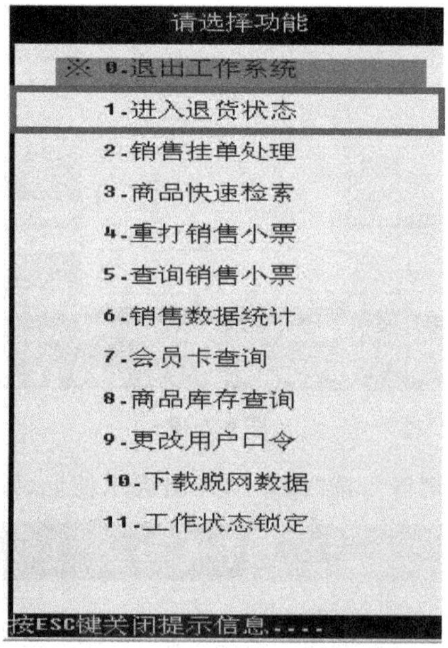

图 8-2-41

第二步：选择“进入退货状态”，按“回车”键，进入“请输入销售流水号”，如图 8-2-42。

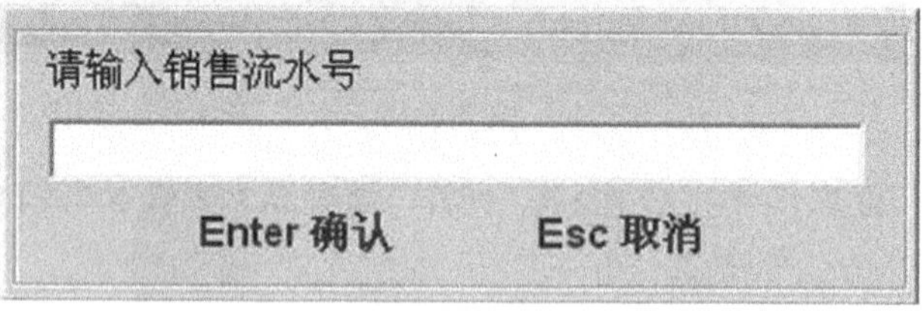

图 8-2-42

第三步：输入销售小票中的单据号，如图 8-2-43。

图 8-2-43

注意：在输入销售流水号时，英文字母区分大小写，使用 POS 机键盘输入大写英文字母的方法是按住“Shift”键的同时键入相应的英文字母，这样输入的英文字母即为大写的英文字母。

第四步：输入完销售流水号后，按“回车”键，进入退货状态主界面，如图 8-2-44。

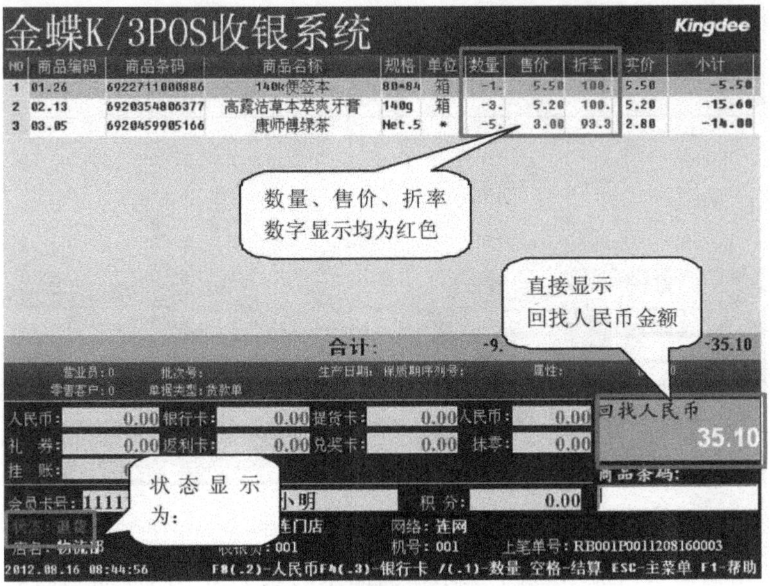

图 8-2-44

第五步：若确认退货，直接单击“空格”键进行结算，弹出回找金额，如图 8-2-45。

图 8-2-45

2. 单品退货处理。

任务描述：所谓单品退货处理即对已售商品中的某一种单品或某几种单品进行退货处理，在进行退货处理时不需输入销售流水号。但在退货时，仍需以销售小票为依据。如：对之前已售的 5 瓶康师傅绿茶进行退货处理。

操作步骤：

第一步：在销售状态下商品明细区没有商品的情况下按“ESC”键，打开主菜单。

第二步：选择“进入退货状态”，按“回车”键，进入“请输入销售流水号”。

第三步：按“ESC”键，退出“请输入销售流水号”界面，进入退货主界面，如图 8-2-46。

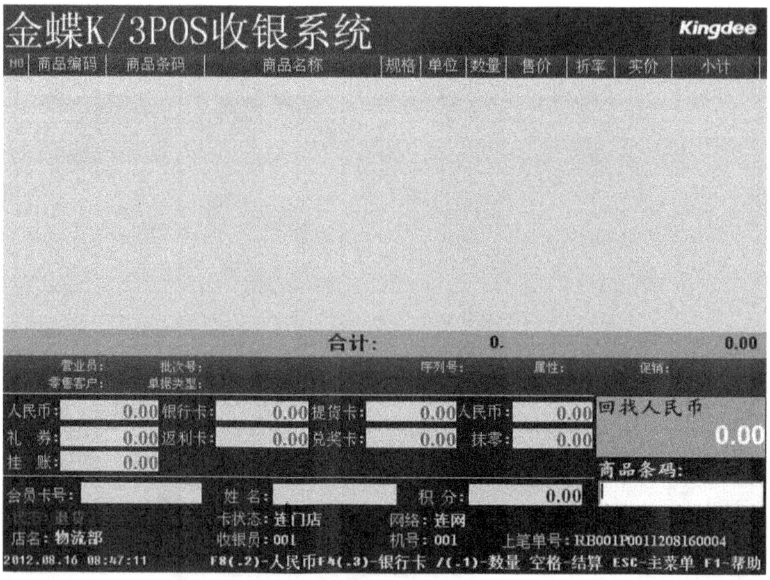

图 8-2-46

第四步:使用扫描仪扫描条码、手工录入商品条码或手工录入商品编码的方法录入康师傅绿茶,如图 8-2-47。

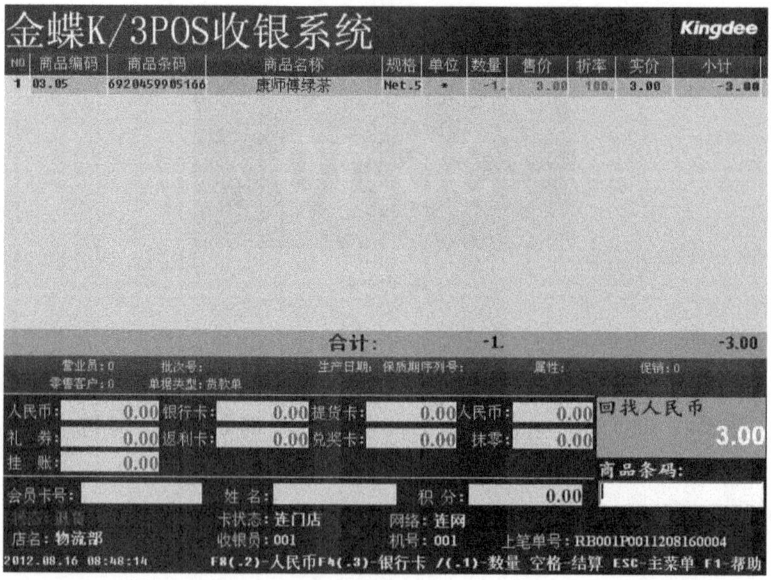

图 8-2-47

第五步:按"/"键,输入退货商品的数量,如图 8-2-48。

图 8-2-48

第六步：输入数量后，按“回车”键确认，如图 8-2-49。

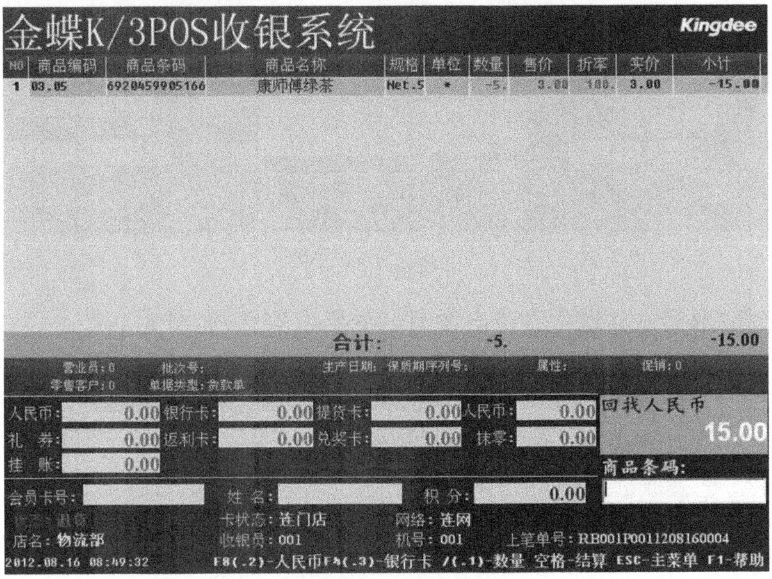

图 8-2-49

第七步：按“空格”键进行结算，弹出回找画面，如图 8-2-50。

图 8-2-50

3.取消对当前退货处理。

任务描述：取消本单退货就是取消当前正在操作的单子的退货处理，使退货操作终止，维持待退商品已售状态。取消本单退货既可对整单退货进行操作也可对单品退货进行操作，其功能只是对当前正在操作单子进行取消。可自行设计一整单退货，或单品退货，然后完成取消本单退货的操作。

操作步骤：

第一步：退货状态下，在商品明细区已有商品输入且未进行结算的情况下，按“ESC”键，弹出主菜单，如图 8-2-51。

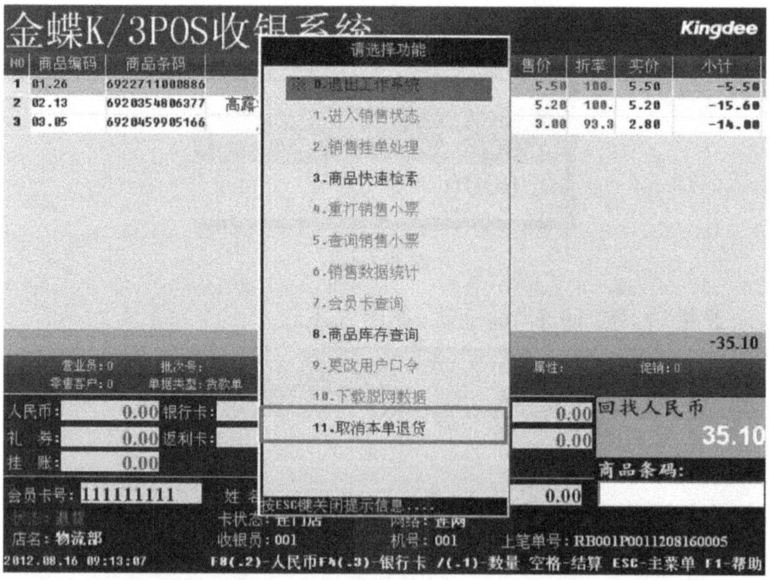

图 8-2-51

第二步：选择“取消本单退货”，弹出取消退货提示信息，如图 8-2-52。

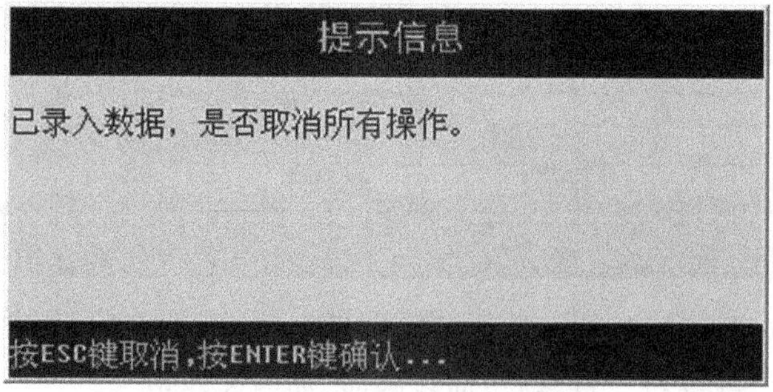

图 8-2-52

第三步：按“回车”键确认。

（五）挂单处理

任务描述：挂单处理的主要功能是将当前收银业务暂存，等处理完紧急事情后再调出该收银单继续处理；在调出挂单时，所有挂单都会显示出来让收银员从中选择，系统会将单据重新取出，放在商品明细区里；挂起的销售单必须处理完毕后，系统才允许退出；挂起的销售单不记录付款信息，调用后，系统自动重新提取商品当前的售价并重置付款信息。

1. 将当前在售单子挂起。

操作步骤：

第一步：进入销售状态后，随意录入几种商品，如图 8-2-53。

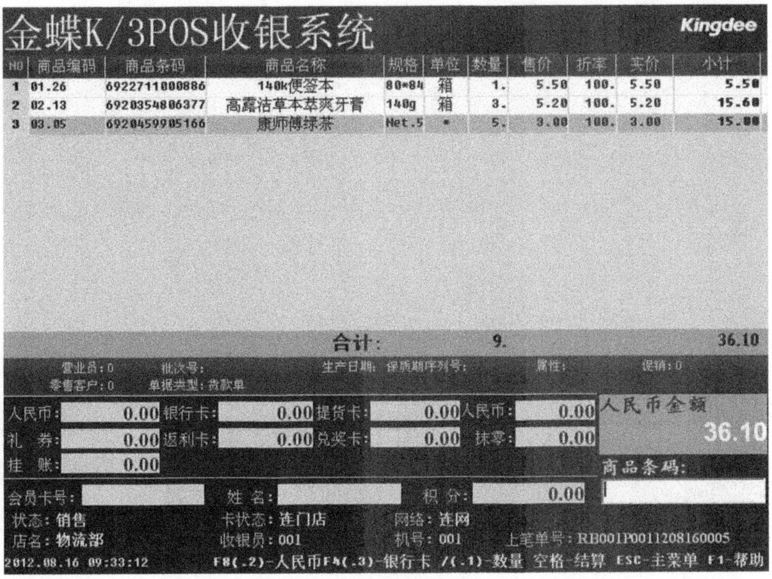

图 8-2-53

第二步：商品录入完成后，不进行结算，直接按“ESC”键，调出主菜单，如图 8-2-54。

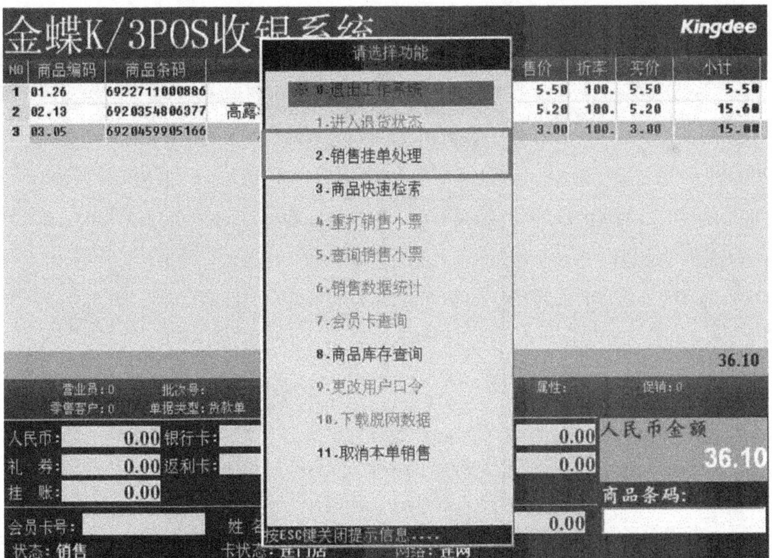

图 8-2-54

第三步：选择“销售挂单处理”，按“回车”键，当前单子即被挂起，系统自动进入销售状态，如图 8-2-55。

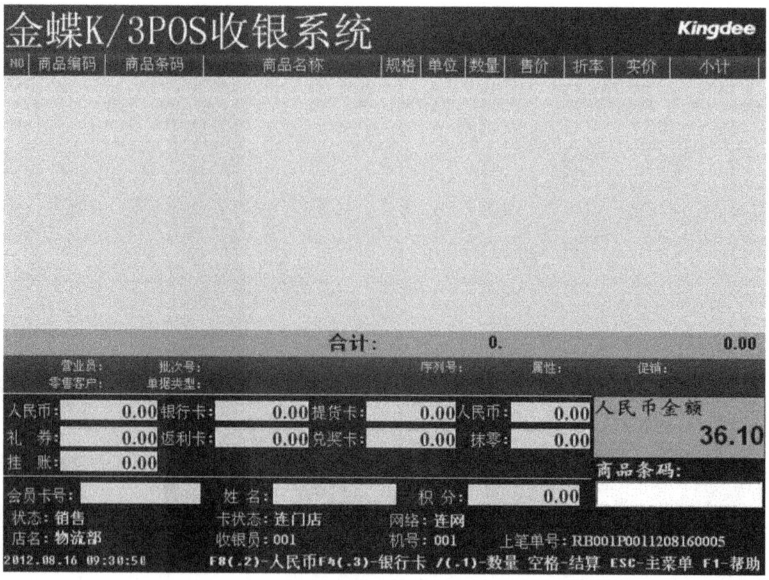

图 8-2-55

2. 挂单处理。

第一步：在销售状态下，商品明细区无商品输入，按“ESC”键，调出主菜单，如图 8-2-56。

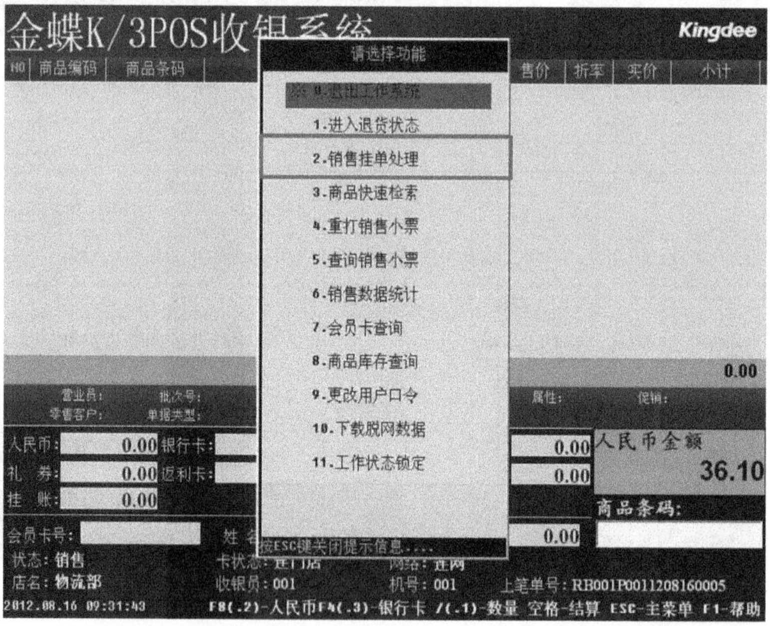

图 8-2-56

第二步：选择“销售挂单处理”，按“回车”键，调出销售挂选择框，如图 8-2-57。

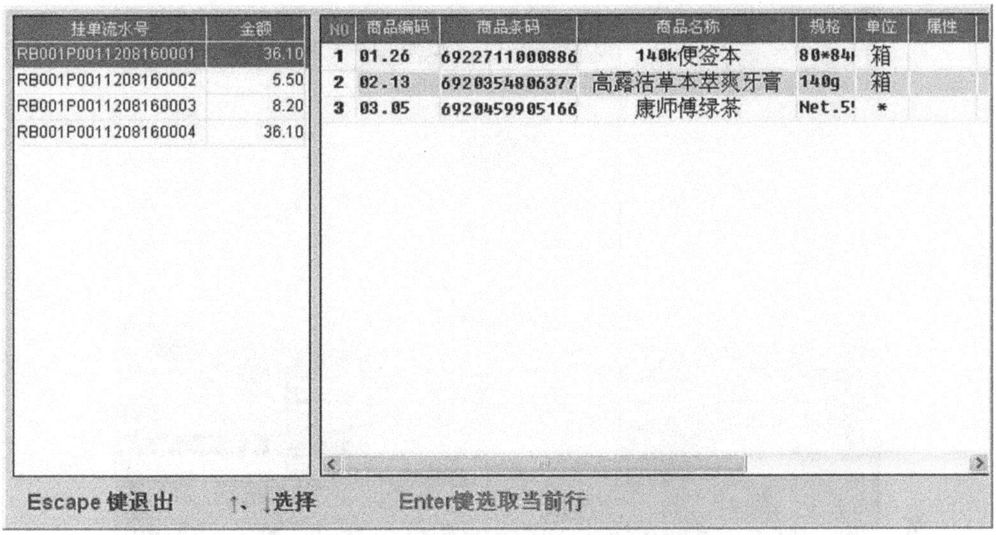

图 8-2-57

第三步：选择等处理的挂单，按“回车”键，调出该商品，进入系统销售状态，如图8-2-58。

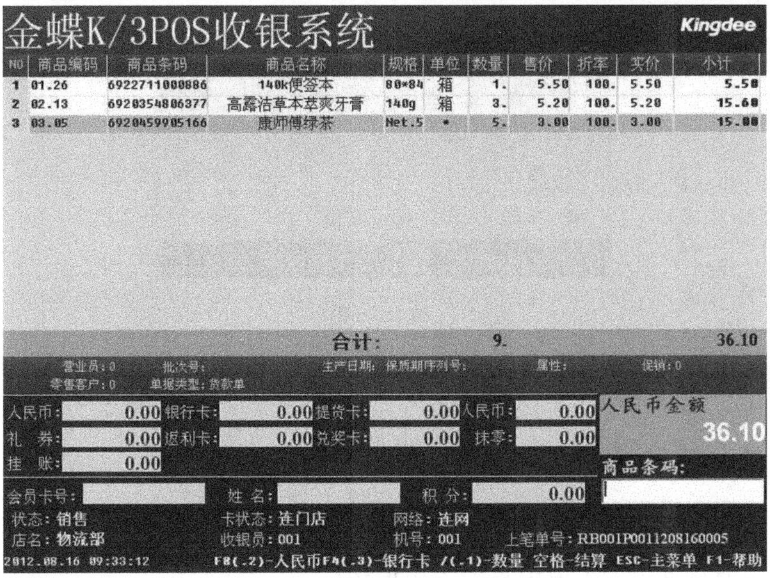

图 8-2-58

第四步：继续完成对该单的收银处理。

（六）工作状态锁定

任务描述：锁定 POS 收银系统，重新进入需输入收银员密码。

操作步骤：

第一步：销售状态，商品明细区没有商品录入的情况下，按“ESC”键，调出主菜单，如图8-2-59。

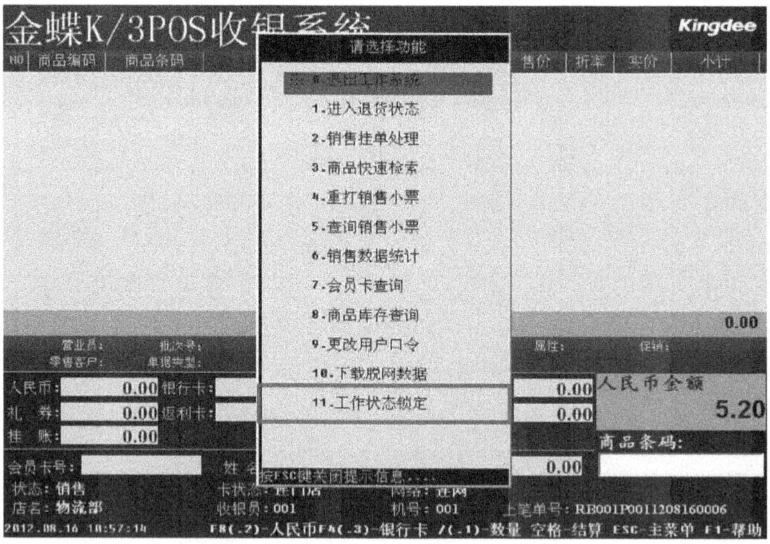

图 8-2-59

第二步：选择“工作状态锁定”，按“回车”键，进入工作状态锁定，欲重新返回，需进行解锁，输入收银员密码，如图 8-2-60。

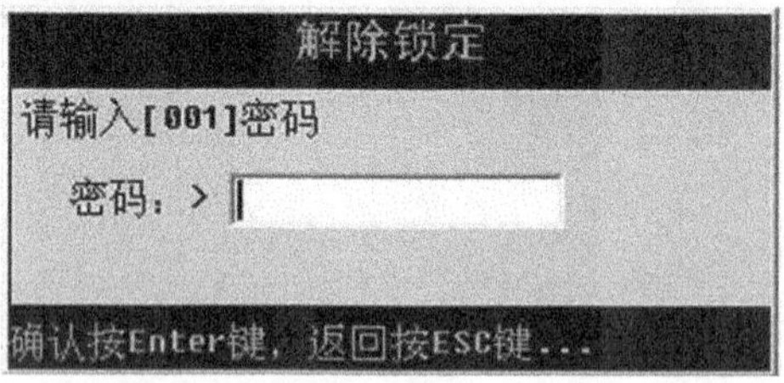

图 8-2-60

【知识链接】

一、零售商业的含义

零售商业是商品流通过程中的最后一个环节。与批发商业不同，它是指将商品或劳务直接出售给最终消费者用作生活消费的交易活动。

1.零售交易的目的是向最终消费者提供商品或劳务。消费者从零售商处购买商品的目的不是为了用于转卖或生产所用，而是为了自己的消费。

2.零售交易的标的物不仅有商品，还有劳务。

3.零售交易活动通常除了销售商品以外，还要为顾客提供各种服务，如送货、安装、维修等。而且随着市场竞争的激烈加剧，零售商提供的售前、售中与售后服务也成为重要的竞争领域。

二、零售商业的经营特点

1.零售商业平均每笔交易量较小。这是零售商业的应有之义。这是因为，零售交易本身就是零星的买卖，交易的对象是众多而分散的单个消费者，这就决定了零售交易每笔交易量不会太大。与之相伴随的是零售交易频率较高，这是因为每笔交易量较少，而消费者要生活，每天都要进行消费活动，由于较少的交易量不可能维持较久的消费，从而造成零售交易活动特别频繁。由于零售交易平均每笔交易量较少、交易频繁，因此，零售商必须严格控制库存量。

2. 零售交易大多在店内进行。正因如此，零售商为了扩大销售规模，吸引更多的消费者来店购买，应对店址的选择、店内商品位置摆布、营业时间的安排、店前的范围等诸多方面进行认真地考虑，做出最佳决策。

3. 零售交易受消费者购买行为的影响比较大。零售交易的对象是最终消费者，而消费者的购买行为具有多种类型，而大多数消费者在购买商品时表现为无计划的冲动型或情绪型。面对着这随机性购买行为明显的消费者，零售商欲达到扩大销售商品的目的，要特别注意激发消费者的购买欲望和需求兴趣。为此，零售商可以在备货物、商品陈列、广告促销等方面下功夫，把生意做活、做大。

4. 零售商业的网点比较多。这是由于消费的广泛性、分散性与多样性造成的。为了满足广大消费者生活的需要，在一个地区，靠少数几个零售网点是根本不够的。零售网点从规格还有布局上必须以满足消费者需求为出发点，否则就会出现排队购买、影响消费者生活等不良现象。

5. 零售交易的品种应有特色而且丰富多样。由于消费者购买商品时，往往要进行挑选，“货比三家”，以买到自己所喜欢的商品，因此，作为零售商在做买卖时，一定要有自己的经营特色，以吸引顾客。为了满足各个消费者挑选的需要，备货应充足，品种也要丰富。

【考核评价】

日　期：　　年　　月　　日　　　　　　节　次：

操作人：

评分要素表

序号	作业环节	说明	级别	分值		小计
1	软件启动	无法顺利的开启金蝶 K/3 POS 收银系统	1 级	1		
2	熟悉功能键	没有牢记各个功能键的作用 各个功能键作用的混淆记忆	2 级	2		
3	完整收银过程	不会熟练地录入商品 不会灵活使用“F8”键 不会灵活使用“回车键”及“空格键”进行确认及结账	5 级	5		
4	取消本单销售	不知道该操作的具体步骤 不会灵活地运用“ESC”及“回车键”	2 级	2		

续 表

评分要素表						
5	单品退货处理	不知道该操作的具体步骤 不会灵活运用“ESC”“回车键”“/”“空格”键	3 级	3		
6	挂单处理	不知道该操作的具体步骤	1 级	1		
心得体会						

填表人：

【课后作业】

1. 当堂上交考核评分表。
2. 简述如何在金蝶 K/3 POS 收银系统中进行完整的收银操作流程。
3. 简述三种退货处理的相同点与不同点。
4. 零售商业的含义。
5. 零售商业的经营特点有哪些?

任务二　RF 超市区盘点

【实训目标】

要求学生根据 RF 内信息提示，对所有货品进行盘点。

【任务说明】

盘点是指定期或临时对库存商品的实际数量进行清查、清点的作业，即为了掌握货物的流动情况，本次任务要求学生借助 RF 手持，对货架库现有物品的实际数量与金蝶软件记录的数量相核对，以便掌握最新动态。该任务安排 1/4 课时，每个学生规定用时 5 分钟。

【实训准备】

RF 手持终端 1 个，超市货架 1 组。该任务安排一个 4 人小组进行操作。

【实训内容】

一、课程组织

本节课由 4 个任务组成，分别是：电子标签的读写于门禁报警系统，RFID 网络连接及入库、出库、盘点操作，POS 机收银软件操作，RF 超市盘点。授新课时，全组同学集中进行，由老师示范演示 RF 超市盘点的规范操作。待授课结束后，教师引领全组学生依次讲解其余任务。实训时，分成四组，第一组进行电子标签读写于门禁的操作，第二组学生先进行网络连接操作，然后进行入库、出库、盘点体验，第三组学生完成POS机收银软件操作，第四组学生先在金蝶上完成单据作业，然后用RF手持完成对超市区的盘点操作。一名学生操作，一名学生进行操作前准备，两名学生检查评分。具体轮换方式见表8-2-2：

表 8-2-2

	TAG读写于门禁	网络连接及入库、出库、盘点体验	POS机操作	RF超市盘点
第一轮	第一组	第二组	第三组	第四组
第二轮	第二组	第三组	第四组	第一组
第三轮	第三组	第四组	第一组	第二组
第四轮	第四组	第一组	第二组	第三组
第五轮	第一组	第二组	第三组	第四组

二、实训过程

第一步：开启RF，双击桌面"YZKuWeiSys"图标，如图8-2-61、图8-2-62。

图 8-2-61

图 8-2-62

第二步：输入"用户名"和"密码"，用户名和密码相同，用户名从1001～1009，任选一个，按"登录"，如图8-2-63、图8-2-84。

图 8-2-63

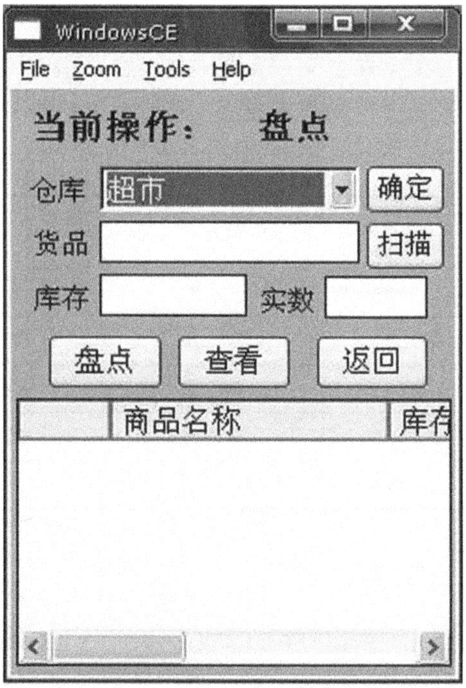

图 8-2-63

第三步：点击“盘点”，进入盘点界面。

第四步：在“仓库”中选择“超市”，点击“确定”，如图 8-2-65。

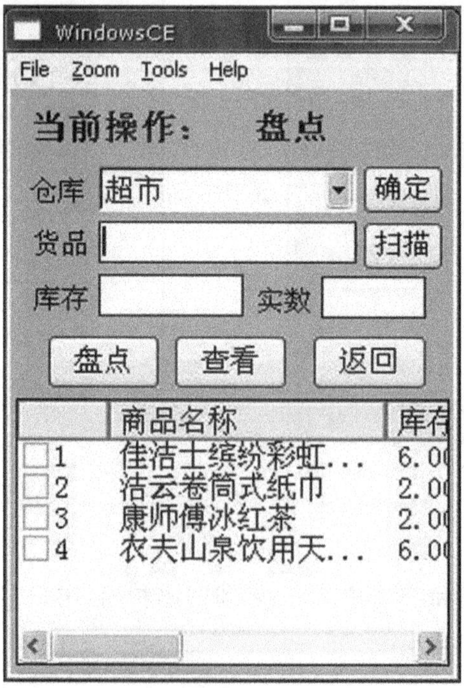

图 8-2-65

第五步：在“货品”中扫描底部信息中的各种商品，进行盘点作业，如图8-2-66、图 8-2-67。

图 8-2-66

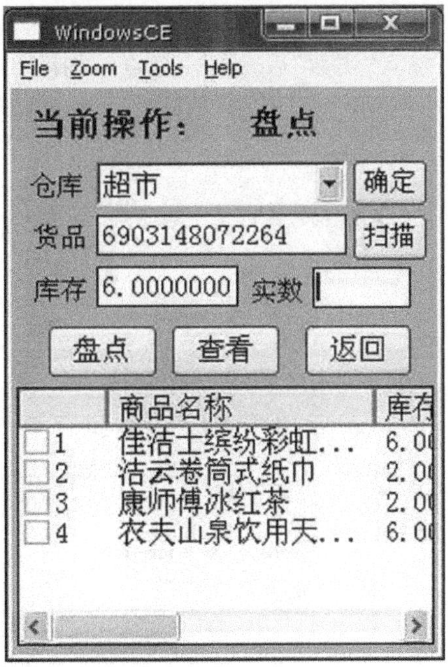

图 8-2-67

第六步：在“实数”中输入货架库相应货品的实际数量，分为以下三种情况：

情况一：库存＝实数，如图 8-2-68。

输入“实数”后点击“盘点”，如图 8-2-69。

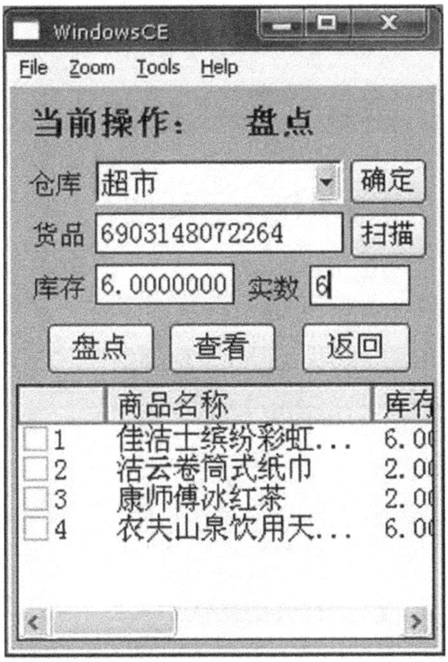

图 8-2-68

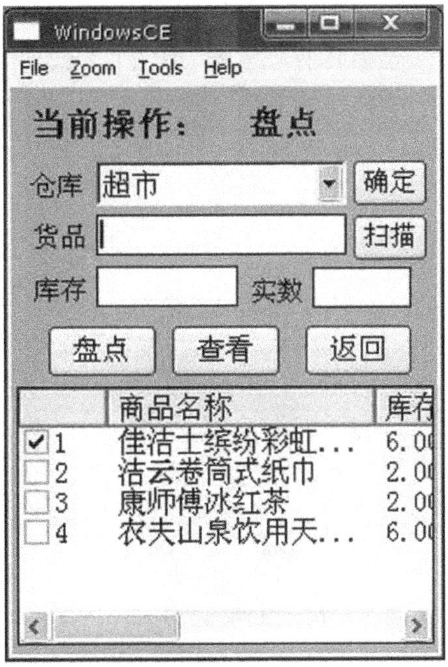

图 8-2-69

此时可观察到货品“□”上出现“√”，对应货品盘点结束。

情况二：库存>实数，如图 8-2-70。

输入“实数”后，点击“盘点”，如图 8-2-71。

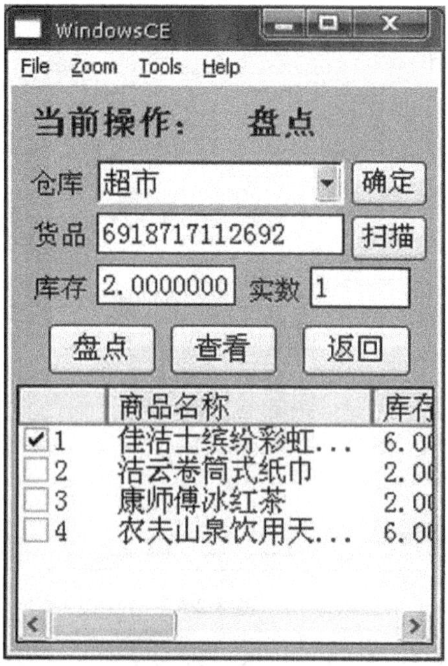

图 8-2-70

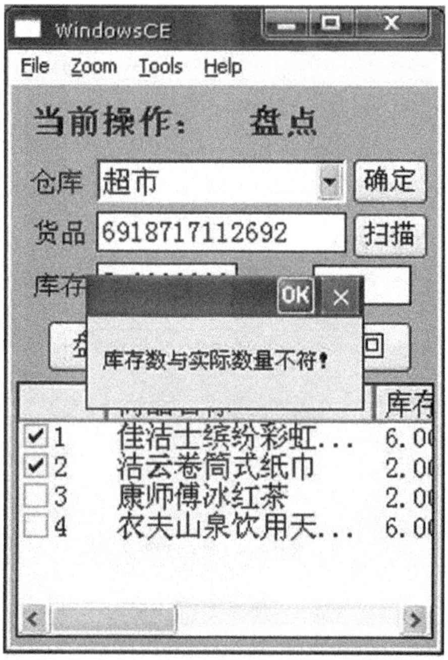

图 8-2-71

出现“库存数与实际数量不符”提示，点击右上角“OK”，如图 8-2-72；

此时可观察到货品“□”上出现“√”，对应货品盘点结束。

情况三：库存<实数，如图 8-2-73。

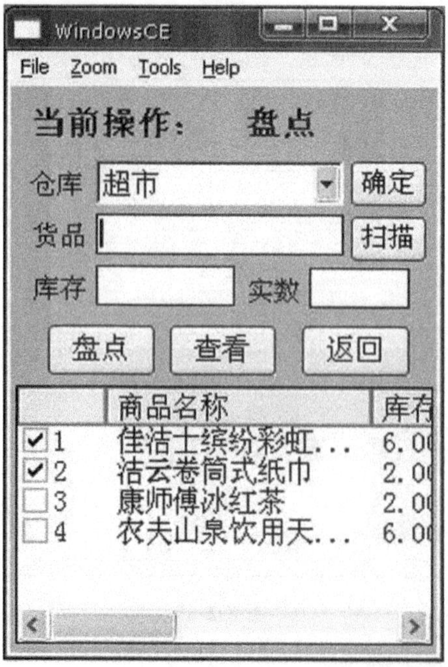

图 8-2-72

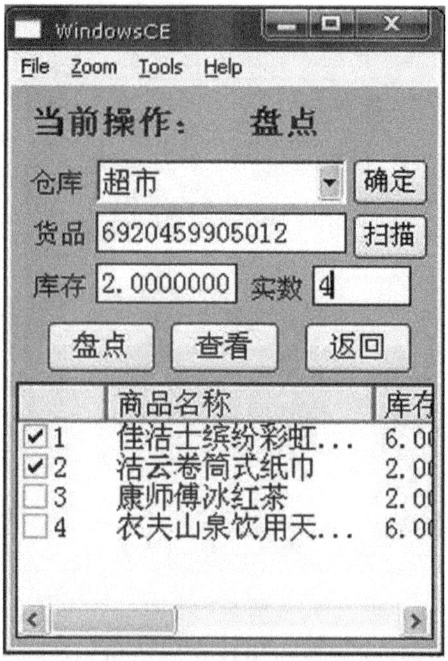

图 8-2-73

输入“实数”后，点击“盘点”，如图 8-2-74。

出现“库存数与实际数量不符”提示，点击右上角“OK”，如图 8-2-75。

此时可观察到货品“□”上出现“√”，对应货品盘点结束。

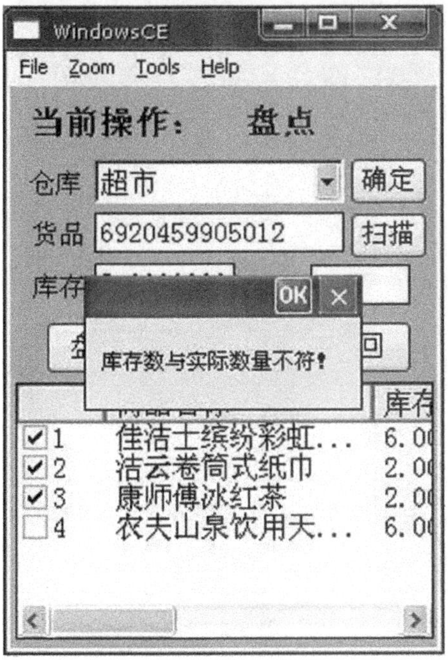

如图 8-2-74

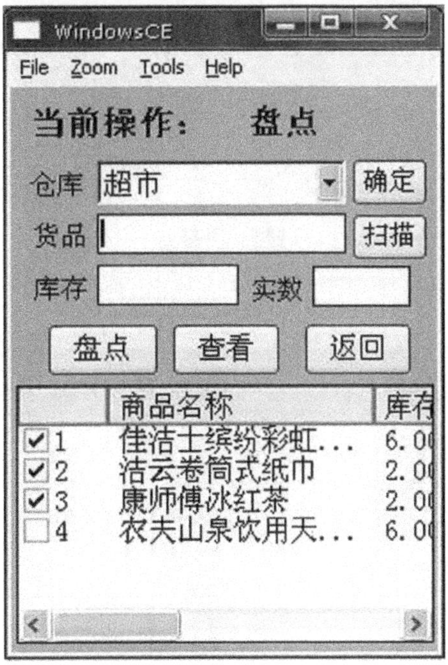

图 8-2-75

第七步：依次盘点完底部信息栏内的所有货品，如图 8-2-76。

第八步：点击“查看”，找出差异，如图 8-2-77。

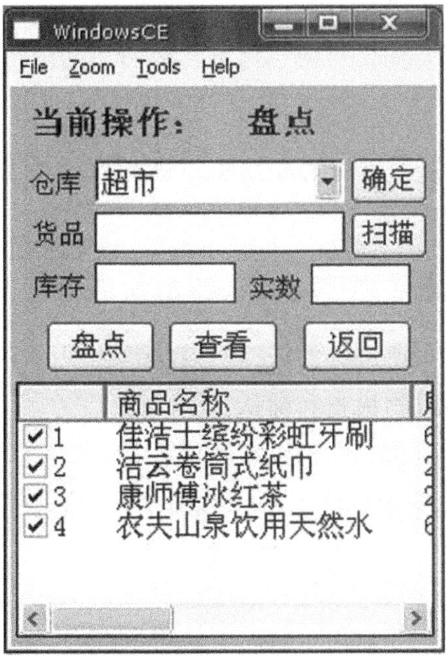

图 8-2-77

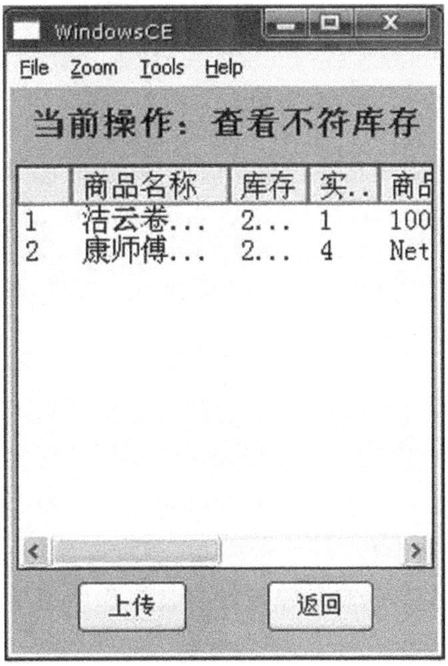

图 8-2-78

第九步：点击“上传”，发送库存差异，如图 8-2-78。

第十步：出现“上传成功”提示，点击右上角“OK”，如图 8-2-79。

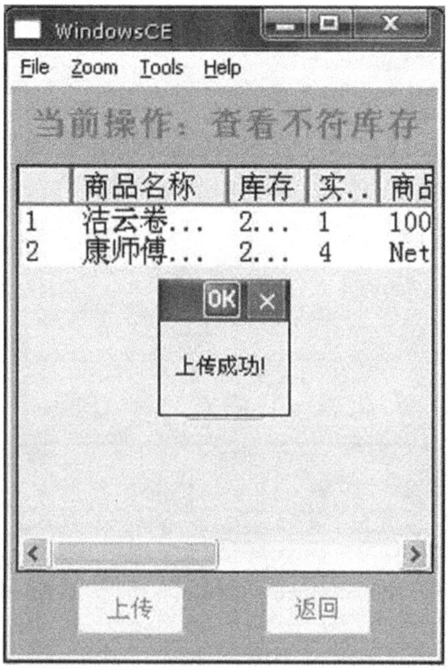

图 8-2-78

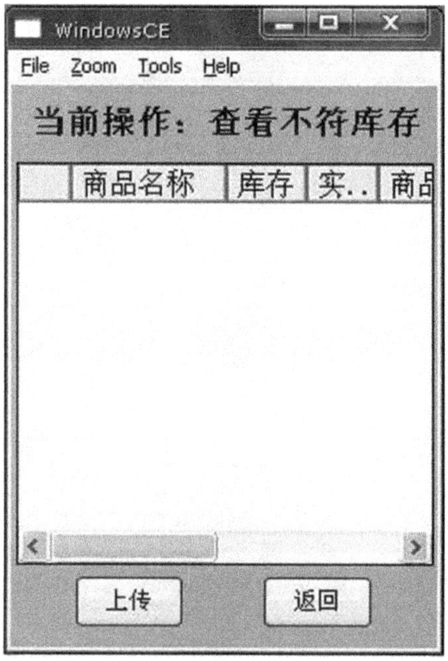

图 8-2-79

上传成功后将会在服务器桌面上看到一个名为“PD”的 EXCLE 文件，这就是上传的盘点差异结果。

第十一步：点击“ESC”，返回主界面。

【知识链接】

一、盘点的概念

盘点是指在规定的时间内，仓库保管员对其所保管的货物及其账目进行查验。也就是说，对其所保管的货物进行实物清点，并核对货、账的作业。

二、日常盘点、月度盘点、年度盘点、停业盘点、整顿盘点、突击盘点概念解释

1. 日常盘点：是指当每日工作结束时，库房保管员所进行的账、物自我确认。

2. 月度盘点：是指当每月工作结束时所进行的账、物检查和确认。

3. 年度盘点：是指当每年工作结束时所进行的账、物全面检查和确认。

4. 停业盘点：是指在终止某项业务时，对与该业务关联的货物进行盘点，以便完全消除存在的影响。

5. 整顿盘点：是指在日常工作中因某项业务出了问题，领导者为了彻底理清头绪而指示的盘点。

6. 突击盘点：一般是针对贵重货物所进行的突击检查，目的是确保贵重货物的安全。

【考核评价】

日 期： 年 月 日 节 次：

操作人：

评分要素表

序号	作业环节	说明	级别	分值	箱数/次数	小计
1	手持设备操作	手持设备与其他设备和设施碰撞；或者手持设备离开操作员（按发生次数计数）	4级	1		
2	手持设备操作	手持设备跌落（按发生次数计数）	5级	2		
3	手持设备操作	运动中操作手持设备，包括在操作其他设备过程中同时使用手持设备（按发生次数计数）	2级	0.4		
4	安全	作业过程中人员、设备、设施之间发生碰撞或者人员摔倒	4级	1		
心得体会						

填表人：

【课后作业】

1. 当堂上交考核评分表。
2. 解释盘点的概念。
3. 盘点差异原因的追查可从哪些方面着手进行？
4. 如何做好盘点差异处理？

附录一：供应链管理实训室商品/物料信息表

商品编码	名称	规格型号	条形码	生产商	货架库仓位	超市仓位
01.14	万仕龙胶装本	206mm×145.5mm 58张	6921505026460	亚龙纸制品有限公司		04020111
01.15	莱特薄本	199mm×140mm 42张	6921316908139	武汉莱特纸品有限公司		04020112
01.16	玛丽薄本	209.5mm×148mm 22张	6911989301443	武汉玛丽文化用品有限公司		04020113
01.17	美丽心情线装本	32K	6940725400966	义乌市浪人文化用品有限公司		04020121

续 表

商品编码	名称	规格型号	条形码	生产商	货架库仓位	超市仓位
01.18	螺旋装订本	A5 148mm×210mm 50 页	6926456900364	何如文化用品（深圳）有限公司		04020122
01.20	32K150 型米黄卡抄	206mm×143mm 64 页	6923304755015	武汉四方文化用品有限公司		04020123
01.21	简单之约/胶装本	206mm×142mm	6950262410069			04020131
01.22	万仕龙精装本	252mm×179mm 96 张	6921505080141	亚龙纸制品有限公司		04020132
01.23	得力佳 25K 线圈本	SH-2571 63 页	6924452325716	浙江得力佳文具有限公司		04020133
01.24	莱特薄本	210mm×148mm 128 张	6921316906548	武汉莱特纸品有限公司		04020211
01.25	A7 50 页双螺旋 PP 面本	DSA750	4891081480616	何如文化用品（深圳）有限公司		04020212
01.26	140K 便签本	80mm×84mm	6922711000886	浙江广博集团股份有限公司		04020213
01.27	拇指家族/PP 线圈本	A7	6940725400270	义乌市浪人文化用品有限公司		04020221
01.28	中佳便笺纸	72K 85mm×130mm	6925550570725	中佳协力纸品有限公司		04020222
01.29	晨光针管中性笔	AGPA2601	6953787327010	浙江晨光文具有限公司		04020223
01.30	高乐高中性笔	296	6937011600469	浙江高乐高文具有限公司		04020231
01.31	奥博圆珠笔	A-638	6926589995589	杭州奥博文具有限公司		04020232
01.32	文明中性笔	GP-380	6944840903807	汕头市欧贝儿文具制造有限公司		04020233
01.33	高乐高圆珠笔	0313	6937011600636	浙江高乐高文具有限公司		04020311

续　表

商品编码	名称	规格型号	条形码	生产商	货架库仓位	超市仓位
01.34	白雪圆珠笔	J-2030A	6920024529957	汕头市欧贝儿文具制造有限公司		04020312
01.35	真彩中性水笔	GP-009	6932835327721	汕头市欧贝儿文具制造有限公司		04020313
01.36	欧飞亚自动铅笔	MP-5028	6951387000531	杭州奥博文具有限公司		04020321
01.37	真彩极细水笔	0961C	6932835309611	汕头市欧贝儿文具制造有限公司		04020322
04.01	海友颗料型花生酱	340g	6901451010751	青岛食品股份有限公司		04020323
04.02	三和四美腐乳	500g	6902445032216	扬州三和四美酱菜有限公司		04020331
04.03	蓬盛香港橄榄菜	180g	6922406898996	广东蓬盛实业有限公司		04020332
04.04	好菜郎茶树菇	140g	6940300200189	晋江农家食品有限公司		04020333
04.05	玉蕾香鱼	170g	6912669958186	汕头市玉蕾食品实业有限公司		04010111
04.06	老干妈油辣椒	210g	6921804700054	贵阳南明老干妈风味食品公司		04010112
04.07	大茂菜心	220g	6922444900170	福建大茂食品工业有限公司		04010113
04.08	三美牌油焖笋	397g	6930007128886	宁波市谷泰食品有限公司		04010121
04.09	三美牌红焖大头菜	397g	6930007158807	宁波市谷泰食品有限公司		04010122
04.10	富记豆瓣酱	250g	6909554021322	福建省莆田大富食品有限公司		04010123
04.11	邓仕酱腌菜	350g	6934268661090	四川省邓仕食品有限公司		04010131
04.12	庆康金针菇	170g	6947289999998	江苏省铜山县庆康食品加工厂		04010132

续 表

商品编码	名称	规格型号	条形码	生产商	货架库仓位	超市仓位
04.13	6月香豆瓣酱	300g	6921204802204	济南欣昌食品有限公司		04010133
03.16	罐装雪碧	330ml	6908512208720	杭州中萃食品有限公司		04010513
03.17	罐装可口可乐	330ml	6908512208645	杭州中萃食品有限公司		04010212
03.18	罐装美年达青苹果味	330ml	6902827110051	上海百事可乐饮料有限公司		04010213
03.19	罐装百事可乐	330ml	6942404210064	上海百事可乐饮料有限公司		04010221
03.20	罐装美年达橙味	330ml	6942404230062	上海百事可乐饮料有限公司		04010222
03.21	青城特制啤酒	320ml	6920461280046	青岛青雪酒业有限公司		04010223
03.22	蓝顿纯生啤酒	320ml	6920461280787	山东森力啤酒饮料有限公司		04010231
03.23	雀巢咖啡饮料	180ml	6917878027333	东莞雀巢有限公司		04010232
04.14	果氏巧克力味瑞士糖	17.2g	6932062120935	汕头市峰乐食品有限公司		04010233
04.15	奥利奥双心脆威化	14.5g	6901668053671	卡夫食品(苏州)有限公司		04010311
04.16	雀巢脆脆鲨奶香味	20g	6917878000879	天津雀巢有限公司		04010312
04.17	怡口莲巧克力味太妃糖	26.6g	6915288011539	吉百利(中国)食品有限公司		04010313
04.18	悠哈特浓抹茶牛奶糖	40g	6930639260282	悠哈味觉糖食品(上海)有限公司		04010321
04.19	任我尝酸奶味瑞士糖	17.2g	6931692989325	禹州市和味绿色食品有限公司		04010322
01.41	便笺纸	GB140101 140k	6922711000886	浙江广博集团股份有限公司	010334	04010323
03.12	娃哈哈饮用纯净水	596ml	6902083881405	杭州娃哈哈集团有限公司	010333	04010331
03.11	石源麦饭石矿泉水	330ml	6922257600021	宁波石源矿泉水开发有限公司	010332	04010332
03.09	太白水	596ml	6920683899033		010331	

续　表

商品编码	名称	规格型号	条形码	生产商	货架库仓位	超市仓位
02.12	清风抽取式纸巾	206mm×155mm（2层）	6922266437861	金红叶纸业集团有限公司	010234	04010411
02.11	清风卷筒式纸巾	110×104mm（3层）	6922266438820	金红叶纸业集团有限公司	010233	04010412
02.10	维达卷筒式纸巾	160g/卷 双层	6901236376058	维达纸业（广东）有限公司	010232	04010413
02.09	泰恩康塑料棉花棒	100支	6931338688810	汕头市泰恩康医用器材有限公司	010231	04010421
02.20	雕牌超能皂	226g	6910019006518	纳爱斯集团有限公司	010134	04010422
02.19	奥妙无磷超效洗衣皂	160g	6902088703658	联合利华（中国）有限公司	010133	04010423
02.18	佳洁士缤纷彩色牙刷	软毛	6903148072264	广州宝洁有限公司	010132	04010431
01.09	deli液态胶水	50ml	6921734973023	得力集团有限公司	010131	04010432
03.08	农夫山泉饮用天然水	550ml	6921168509256	农夫山泉股份有限公司	010324	04010433
03.07	康师傅冰红茶	500ml	6920459905012	杭州顶津食品有限公司	010323	04010511
03.06	冰露矿泉水	550ml	6908198100011	南京中萃食品有限公司	010322	04010512
03.05	康师傅绿茶	550ml	6920459905166	杭州顶津食品有限公司	010321	04010211
02.08	洁柔蓝精品卷纸卫生纸	101mm×115mm/节（3层）	6914068002583	中顺洁柔纸业股份有限公司	010224	04010521
02.07	舒洁抽取式纸巾	200mm×158mm（2层）	6923589421131	上海金佰利纸业有限公司	010223	04010522
02.06	洁云卷筒式纸巾	100mm×114mm（3层）	6918717112692	上海东冠华洁纸业有限公司	010222	04010523
02.05	心相印卫生纸	105mm×115mm/节（3层）	6922868283101	恒安浙江纸业有限公司	010221	04010531
02.17	佳洁士草木水晶牙膏	140g	6903148028155	广州保洁有限公司	010124	04010532
01.07	得力液体胶水	35ml	6921734973016	得力集团有限公司	010123	04010533

续 表

商品编码	名称	规格型号	条形码	生产商	货架库仓位	超市仓位
01.06	回形针	100 枚	6921734900180	得力集团有限公司	010122	04010611
02.16	万用桌椅垫（圆形）	圆形 30mm	6939965630028	宁波市鄞州区万昌顺塑料电器厂	010121	04010612
02.22	妙潔金属钢丝球	2 只装	6917751510204	脱普日用化学品（中国）有限公司	010314	04010613
01.40	得力抽干文件夹	A4	6921734955319	得力集团有限公司	010313	04010621
02.21	李字牌蚊香（檀香味）	34g×（五双盘）	6904588168012	浙江李字蚊香股份有限公司	010312	04010622
03.01	原液茉莉花茶调味饮料	480ml	6920927143649	上海紫泉饮料工业有限公司	010311	04010623
01.39	得力固体胶	21g	6921734971029	得力集团有限公司	010214	04010631
01.38	得力文件袋	5501	6921734955012	得力集团有限公司	010213	04010632
02.01	丹峰垃圾袋（经济装）	45×55cm	6937521700031	浙江台州丹峰塑料厂	010211	04010633
02.15	三笑舒适超净牙刷	中毛	6910021008784	高露洁三笑有限公司	010114	
01.03	广博图钉	100pcs	6922711053325	浙江广博集团股份有限公司	010113	
02.14	黄芩中药高级牙膏	110g	6934632780235	杭州皎洁口腔保健用品有限公司	010112	
02.13	高露洁翠爽草本牙膏	140g	6920354806377	高露洁棕榄（中国）有限公司	010111	04010333
02.02	世家刷洗球	20g	6925828210711	宁波世家欣辉日用品有限公司	010212	

附录二：供应链管理实训室供应商信息表

代码	生产商	代码	生产商
02	亚龙纸制品有限公司	05	义乌市浪人文化用品有限公司
03	武汉莱特纸品有限公司	06	何如文化用品（深圳）有限公司
04	武汉玛丽文化用品有限公司	07	武汉四方文化用品有限公司

续　表

代码	生产商	代码	生产商
08	亚龙纸制品有限公司	36	吉百利(中国)食品有限公司
09	浙江得力佳文具有限公司	37	悠哈味觉糖食品(上海)有限公司
10	浙江广博集团股份有限公司	38	禹州市和味绿色食品有限公司
11	中佳协力纸品有限公司	39	杭州娃哈哈集团有限公司
12	浙江晨光文具有限公司	40	宁波石源矿泉水开发有限公司
13	浙江高乐高文具有限公司	41	金红叶纸业集团有限公司
14	杭州奥博文具有限公司	42	维达纸业(广东)有限公司
15	汕头市欧贝儿文具制造有限公司	43	汕头市泰恩康医用器材厂有限公司
16	青岛食品股份有限公司	44	纳爱斯集团有限公司
17	扬州三和四美酱菜有限公司	45	联合利华(中国)有限公司
18	广东蓬盛实业有限公司	46	广州宝洁有限公司
19	晋江农家食品有限公司	47	杭州皎洁口腔保健用品有限公司
20	汕头市玉蕾食品实业有限公司	48	高露洁棕榄(中国)有限公司
21	贵阳南明老干妈风味食品公司	49	宁波市鄞州区万昌顺塑料电器厂
22	福建大茂食品工业有限公司	50	恒安浙江纸业有限公司
23	宁波市谷泰食品有限公司	51	上海东冠华洁纸业有限公司
24	福建省莆田大富食品有限公司	52	上海金佰利纸业有限公司
25	四川省邓仕食品有限公司	53	中顺洁柔纸业股份有限公司
26	江苏省铜山县庆康食品加工厂	54	杭州顶津食品有限公司
27	济南欣昌食品有限公司	55	南京中萃食品有限公司
28	杭州中萃食品有限公司	56	脱普日用化学品(中国)有限公司
29	上海百事可乐饮料有限公司	57	浙江李字蚊香股份有限公司
30	青岛青雪酒业有限公司	58	宁波世家欣辉日用品有限公司
31	山东森力啤酒饮料有限公司	59	浙江台州丹峰塑料厂
32	东莞雀巢有限公司	60	高露洁三笑有限公司
33	汕头市峰乐食品有限公司	61	农夫山泉股份有限公司
34	卡夫食品(苏州)有限公司	62	上海紫泉饮料工业有限公司
35	天津雀巢有限公司	63	得力集团有限公司

附录三:供应链管理实训室客户信息表

代码	客户名称	代码	客户名称
01	欧尚海曙店	20	沃尔玛绍兴店
02	欧尚江东店	21	沃尔玛宁波店
03	欧尚镇海店	22	沃尔玛南京店
04	欧尚舟山店	23	沃尔玛扬州店
05	欧尚台州店	24	沃尔玛太仓店
06	欧尚绍兴店	25	新江厦邱隘店
07	欧尚湖州店	26	新江厦姜山店
08	欧尚嘉兴店	27	新江厦高桥店
09	欧尚长兴店	28	新江厦石碶店
10	欧尚上海店	29	家乐福江东店
11	欧尚扬州店	30	家乐福琴桥店
12	欧尚无锡店	31	家乐福北仓店
13	沃尔玛临平店	32	家乐福南京店
14	沃尔玛金华店	33	乐购天一店
15	沃尔玛浦江店	34	乐购江北万达店
16	沃尔玛上虞店	35	乐购石碶店
17	沃尔玛桐乡店	36	乐购萧山店
18	沃尔玛嘉兴店	909	零售客户
19	沃尔玛衢州店		

附录四:供应链管理实训室部门信息表

代码	部门名称	代码	部门名称
01	采购部	05	物流部
02	销售部	06	质检部
03	财务部	07	客服部
04	门店	08	信息部

附录五:供应链管理实训室职员名称及所属部门信息表

代码	职员名称	所属部门	代码	职员名称	所属部门
01	张三	采购部	10	陈亮	门店
02	李四	销售部	11	汪洋	物流部
03	李响	采购部	12	王刚	物流部
04	陈晨	采购部	13	王莹	质检部
05	张驰	销售部	14	刘畅	质检部
06	张林	销售部	15	李明	客服部
07	王凯	财务部	16	李伟	客服部
08	吴浩	财务部	17	王军	信息部
09	王伟	门店	18	张帆	信息部